아이가 주인공인 책

아이는 스스로 생각하고 성장합니다.
아이를 존중하고 가능성을 믿을 때
새로운 문제들을 스스로 해결해 나갈 수 있습니다.

길벗스쿨의 학습서는 아이가 주인공인 책입니다.
탄탄한 실력을 만드는 체계적인 학습법으로
아이의 공부 자신감을 높여줍니다.

가능성과 꿈을 응원해 주세요.
아이가 주인공인 분위기를 만들어 주고,
작은 노력과 땀방울에 큰 박수를 보내 주세요.
길벗스쿨이 자녀 교육에 힘이 되겠습니다.

올바른초등교육연구소 지음

국어 실력을 키워주는 초등 신문

초판 1쇄 발행 • 2025년 5월 20일
초판 2쇄 발행 • 2025년 10월 15일

지은이 • 올바른초등교육연구소
발행인 • 이종원
발행처 • (주)길벗스쿨
출판사 등록일 • 2025년 5월 28일
주소 • 서울시 마포구 월드컵로 10길 56(서교동)
대표 전화 • 02)332-0931 | **팩스** • 02) 338-0388
홈페이지 • www.gilbutschool.co.kr | **이메일** • gilbut@gilbut.co.kr

기획 및 책임편집 • 유현우(yhw5719@gilbut.co.kr) | **디자인** • 신세진 | **제작** • 이준호, 손일순, 이진혁
마케팅 • 양정길, 이지민 | **영업유통** • 진창섭 | **영업관리** • 김명자, 심선숙, 정경화 | **독자지원** • 윤정아

전산편집 • 기본기획 | **편집진행** • 주은영 | **일러스트** • 윤병철 | **사진제공** • 셔터스톡코리아, 국립중앙도서관, 홍범도장군기념사업회, 간송미술문화재단
CTP 출력 및 인쇄 • 교보피앤비 | **제본** • 신정문화사

▶ 잘못된 책은 구입한 서점에서 바꿔 드립니다.
▶ 이 책은 저작권법에 따라 보호받는 저작물이므로 무단전제와 무단복제를 금합니다.
　이 책의 전부 또는 일부를 이용하려면 반드시 사전에 저작권자와 (주)길벗스쿨의 서면 동의를 받아야 합니다.

ISBN 979-11-6406-929-3 (73700)
(길벗 도서번호 500025)

정가 17,500원

독자의 1초를 아껴주는 정성 길벗출판사

(주)도서출판 길벗 | IT실용서, IT/일반 수험서, IT전문서, IT입문서, IT교육교재서, 경제경영서, 취미실용서, 자녀교육서
더퀘스트 | 인문교양서, 비즈니스서
길벗이지톡 | 성인어학서
(주)길벗스쿨 | 국어학습서, 수학학습서, 영어학습서, 유아학습서, 어린이교양서, 학습단행본, 교과서

길벗스쿨 공식 카페 〈기적의 공부방〉• cafe.naver.com/gilbutschool
인스타그램 / 카카오플러스친구 • @gilbutschool

제 품 명	국어 실력을 키워주는 초등 신문	주 소	서울시 마포구 월드컵로 10길 56 (서교동)
제조사명	(주)길벗스쿨	제조년월	판권에 별도 표기
제조국명	대한민국	사용연령	**10~13세**
전화번호	02-332-0931		KC마크는 이 제품이 공통안전기준에 적합하였음을 의미합니다.

들어가며

여러분은 혹시 신문을 읽어 본 적이 있나요? '신문'이라는 단어 자체가 생소하다고요?

맞아요, 그럴 만도 해요. 여러분이 평소에 신문을 접할 기회가 거의 없었을 거예요. 하지만 지금처럼 숏폼이나 유튜브와 같은 영상 플랫폼이 활발하게 등장하기 전까지 신문은 매일매일 벌어지는 중요한 사건들을 전달해 주는 아주 중요한 매체였답니다.

신문에는 우리가 살아가는 세상과 관련된 다양한 이야기가 담겨 있어요. 경제, 사회, 문화, 역사, 환경 등 여러 분야의 기사를 읽다 보면, 학교에서 배우는 내용이 실제 세상과 어떻게 연결되는지 알 수 있어요. 또한 신문을 통해 자연스럽게 새로운 단어를 익히고, 다양한 주제에 대한 배경지식을 쌓을 수 있어요. 그렇다면 여러분이 공부해야 할 '국어 교재도 이렇게 신문 형식으로 만들면 아이들에게 더욱 더 효과적인 공부가 되지 않을까?'라는 발상에서 이 교재를 구상하게 되었어요.

그럼 이 책에 어떤 좋은 점들이 있는지 알아볼까요?

1. 총 100가지 주제의 신문 기사가 실려 있어요.

이 책에는 국제, 스포츠, 과학, 교육, 예술 등 총 10가지 분야, 분야당 10개씩의 신문 기사가 실려 있어요. 경제나 역사처럼 한 가지 분야에 대해서만 다루는 것이 아니라, 여러 분야에서 뽑은 100개의 기사를 통해 여러 가지 관점을 배우고, 폭넓은 배경지식을 쌓을 수 있도록 구성되었어요.

2. 초등학생들이 흥미를 느낄 만한 최신 기사만을 제공해요.

이 책에서는 여러 명의 초등학교 선생님들이 고민하여 초등학생들이 흥미를 느낄 만한 주제들과 관련된 최신 기사를 제공했어요. 변화하는 세상의 흐름을 반영하여 최근 이슈와 유행을 담은 따끈따끈한 기사가 담겨 있어요. 따라서 신문에 관심이 없는 학생들도 흥미롭게 읽을 수 있을 거예요.

3. 한 권으로 국어 실력을 키워주는 세 가지 힘을 기를 수 있어요.

보통 문해력 학습서는 읽기 연습에만 집중하거나, 문제 풀이 위주로 구성되는 경우가 많아요. 하지만 이 책은 신문을 읽으며 자연스럽게 어휘력을 기르고, 문제를 풀며 문해력을 키우며, 자기 생각을 정리하며 작문력까지 기를 수 있게 구성되었어요.

다양한 분야에서 발췌한 100가지의 기사를 차근차근 읽어나가다 보면 세상을 바라보는 눈을 키우고, 스스로 생각하는 힘을 기를 수 있어요. 그리고 더욱 중요한 건 앞으로 여러분을 계속 괴롭히게 될 국어 공부에 자신감이 훨씬 더 붙게 될 거라는 사실이에요. 이 책을 통해 국어 실력의 3대 근간이 되는 어휘력, 문해력, 작문력까지 두루두루 발달시킬 수 있게 되기 때문이에요.

아무쪼록 이 책을 읽는 여러분들이 세상의 흐름을 이해함과 동시에 국어 과목에 대해 탄탄한 근력을 키울 수 있게 되기를 바랄게요!

2025년 5월
올바른초등교육연구소 저자 일동

이 책은 이렇게 구성되었어요!

① 기사 읽기

신문 기사를 읽으며, 각 분야별 정보와 지식을 습득할 수 있어요. 세상에서 어떤 일들이 일어나고, 그 일들이 어떻게 돌아가는지 이해하는 과정 속에서 아이들의 견문이 넓어지고 다양한 지식도 얻을 수 있어요.

② 어휘 풀이

신문 기사 속에 들어 있는 어휘 중에서 초등학생들이 꼭 알아야 할 어휘들만을 모아 그 어휘의 뜻을 풀이해 놓았어요. 이 책에 제시된 500개 어휘의 뜻을 잘 익혀놓는다면 어떠한 책도 막힘없이 술술 읽게 돼요.

③ 이것만은 꼭!

신문 기사 내용 중에서 다소 어렵고, 생소한 표현들만을 모아 다시 상세하게 그 뜻을 설명해 놓았어요. 그 표현들의 뜻까지 잘 숙지해 놓으면 기사 내용이 더욱 명확해지고 이해가 잘 될 거예요.

두바이 초콜릿, 너도 사 먹고 싶니?

최근 많은 인기를 얻고 있는 두바이 초콜릿

최근 SNS를 뜨겁게 달군 '두바이 초콜릿'이 큰 화제를 모으고 있어요. 아랍에미리트의 '픽스 디저트 쇼콜라티에'에서 만든 이 초콜릿은 두바이에서만 판매되는데, 그 특별함 덕분에 전 세계 소비자들의 관심을 끌고 있죠.

두바이 초콜릿 열풍이 시작된 이유는 무엇일까요? 우선, 초콜릿의 희소성이 그 열풍의 가장 큰 요인이에요. 한정된 곳에서만 살 수 있는 초콜릿이라는 점이 많은 이들의 호기심을 자극했어요. 또 두바이라는 도시의 고급스러운 이미지와 맞물려 이 초콜릿은 고급 초콜릿으로 생각되고 있어요. 최근에는 '두바이식 초코 쿠키'까지 출시되면서 그 인기가 더욱 커지고 있죠.

많은 사람이 독특한 경험과 프리미엄 제품을 소비하는 재미를 즐기며, 두바이 초콜릿이 새로운 디저트 문화로 자리 잡았다고 느끼고 있어요. 반대로 단순한 마케팅 전략에 불과하다는 비판을 하는 사람도 있어요. 희소성을 통해 일시적 인기를 만들어 낸 것일 뿐, 실제 맛이나 품질에서 그리 특별한 점은 없다는 게 그 이유예요.

두바이 초콜릿은 그 정도 값을 낼 만한 가치를 가진 상품일까요, 아니면 희소성으로 인한 잠깐의 유행일까요? 누군가에게는 두바이의 특별함을 담은 소중한 기념품일 수 있지만, 다른 누군가에게는 지나치게 비싼 사치품으로 보일 수도 있어요. 여러분은 이 초콜릿을 어떻게 생각하나요?

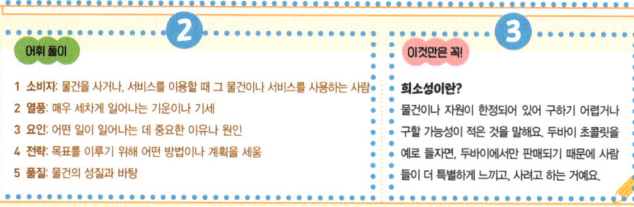

어휘 풀이
1 소비자: 물건을 사거나, 서비스를 이용할 때 그 물건이나 서비스를 사용하는 사람
2 열풍: 매우 세차게 일어나는 기운이나 기세
3 요인: 어떤 일이 일어나는 데 중요한 이유나 원인
4 전략: 목표를 이루기 위해 어떤 방법이나 계획을 세움
5 품질: 물건의 성질과 바탕

이것만은 꼭!
희소성이란?
물건이나 자원이 한정되어 있어 구하기 어렵거나 구할 가능성이 적은 것을 말해요. 두바이 초콜릿을 예로 들자면, 두바이에서만 판매되기 때문에 사람들이 더 특별하게 느끼고, 사려고 하는 거예요.

일러두기

1 이 책에 나온 기사는 2023년 1월부터 2025년 3월까지 동아일보, 조선일보, 중앙일보, 한겨레신문, 경향신문, 아시아투데이, 매일경제, 스포츠동아, 연합뉴스 및 해외 신문사 등에서 다룬 기사를 참조하여 초등학생 수준에 맞게 재구성하였습니다.
2 이 책에 수록된 어휘 풀이는 국립국어원의 표준국어대사전과 고려대 한국어대사전을 참조하였습니다.
3 기업이나 단체명은 해당 기업이나 단체가 사용하는 표기를 따랐으며, 영문 표기가 필요한 경우에는 한글 표기 뒤에 ( )로 표기하였습니다.
4 이 책에 실린 사진이나 그림은 저작권자의 허락을 받았으며, 판권과 해당 사진에 출처를 표기하였습니다. 별도의 출처 표기가 없는 이미지는 직접 찍었거나 셔터스톡 에디토리얼 계약에 따라 사용하였습니다. 공공저작물은 공공누리 규정에 따랐습니다.

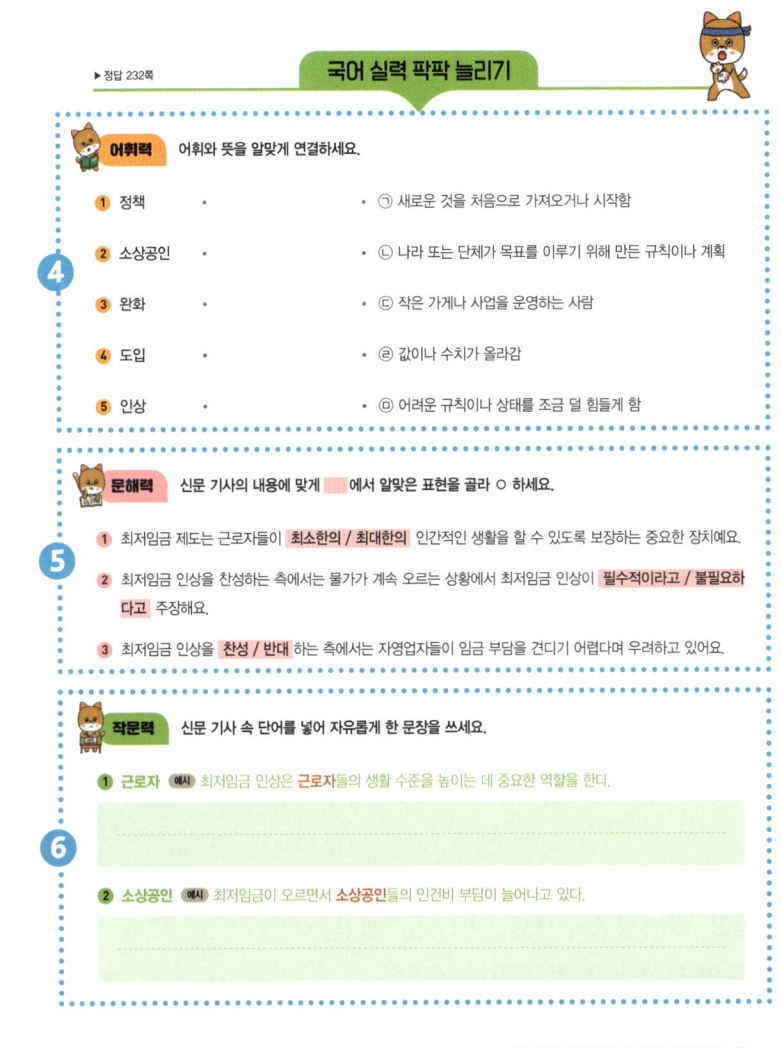

4 어휘력

다양한 문제 유형을 통해 〈어휘 풀이〉에 제시된 단어들의 뜻을 제대로 익혔는지 점검해요. 이와 별도로 한자어 40개, 사자성어 20개도 따라 쓰며 익힐 수 있어요.

5 문해력

문해력의 핵심은 글을 읽고 정확하게 내용의 요점을 파악하는 능력이에요. 다양한 문제 유형을 통해 기사 내용의 핵심을 잘 파악했는지 점검해요.

6 작문력

어휘와 본문의 내용을 익혔다면 이제 자신의 생각을 글로 잘 표현할 수 있어야 해요. 지시한 대로 잘 따라 쓰다 보면 글쓰기 실력이 눈에 띄게 발전할 거예요.

특별부록

이 책에 실린 모든 한자 어휘와 사자성어를 획순에 맞춰 따라 써 볼 수 있도록 별도의 활동지를 만들었어요. 한자어마다 나와 있는 순서에 맞춰 쓰면서 정확한 한자어를 익혀 보세요.

오른쪽의 QR코드를 스캔한 후 다운로드하거나, 길벗스쿨 홈페이지(www.gilbutschool.co.kr) 검색창에 제목을 입력하여 자료를 찾아 다운로드한 후, 출력하여 사용하세요.

차례

1장 : 경제

001	두바이 초콜릿, 너도 사 먹고 싶니?	012
002	37년 만에 처음으로 1만 원을 넘은 최저임금	014
003	국제 밀 가격이 하락하면 과잣값이 싸진다고?	016
004	중고 거래로 환경도 지키고 돈도 벌어요!	018
005	초등학생들에게도 경제 교육이 필요할까?	020
006	장난감 가격의 상승과 장난감 도서관의 인기	022
007	초등학생 용돈, 얼마가 적당할까?	024
008	AI 아나운서가 뉴스에 나온다니!	026
009	기후 변화가 농산물 가격에 미치는 영향	028
010	알리익스프레스? 테무? 해외 직구족이 늘어난 이유	030

용돈 사용 유형 테스트　　032

2장 : 사회

011	내가 본 뉴스가 가짜일 수도 있을까?	034
012	"엄마, 티니핑 사주세요." 뜨거운 티니핑의 인기	036
013	숏폼의 시대, 숏폼의 매력과 문제점	038
014	'다문화학생'을 '이주배경학생'으로 불러 주세요!	040
015	달리기하는 러닝 크루가 민폐족이 된 이유는?	042
016	무인 아이스크림 가게는 왜 늘어날까?	044
017	어린이 5명 중 1명이 비만이라니!	046
018	아이들이 못 들어가는 노키즈존은 왜 생겼을까?	048
019	결혼식 축의금을 키오스크로 낸다고?	050
020	추석 폭염, 역대급 9월 무더위	052

가짜 뉴스를 꾸며 써라!　　054

3장 : 문화

021	레고로 만든 스포츠카가 실제 주행을 한다고?	056
022	케이팝, 왜 세계적으로 인기가 많을까?	058
023	미국 학부모들 사이에서 부는 '태권도' 열풍	060
024	한국인 최초로 영국 그라모폰상을 받은 피아니스트	062
025	100만 명이 즐기는 서울세계불꽃축제	064
026	뉴욕에 생긴 세계 최대의 '한글벽'	066
027	한국에도 드디어 노벨문학상 수상자가 나왔다!	068
028	스페인의 토마토 축제 '라 토마티나'	070
029	전 세계에서 사랑받는 한국 드라마	072
030	단 하나뿐인 '나만의 우표'를 만들어 볼까?	074

나는 축제 기획자! 특별한 축제 기획하기!   076

4장 : 역사

031	거북선의 유효 사거리는 15m!	078
032	한글을 집현전 학자들이 만들었다고?	080
033	역사상 최악의 해양 사고, 타이타닉호의 침몰	082
034	조선 최고의 모험기, 박지원의 《열하일기》	084
035	고대 이집트의 미라, 왜 만들었을까?	086
036	중세 유럽의 성은 어떻게 만들어졌을까?	088
037	세계 최초의 금속 활자, 《직지》란?	090
038	이란의 문화, 히잡 착용의 두 가지 얼굴	092
039	역사상 가장 비싼 600억 원에 낙찰된 공룡 화석	094
040	70년 만에 고국으로 돌아온 홍범도 장군의 묘비	096

이런 날이 있으면 좋겠어요!   098

5장 : 환경

041	조금씩 물에 잠기는 섬나라, 투발루	100
042	고래와 바다거북은 왜 비닐을 먹었을까?	102
043	멸종 위기에 처한 동물들을 보호하는 방법	104
044	헷갈리는 쓰레기 분리배출	106
045	티백 하나에 미세 플라스틱 1,200억 개가 들었다?	108
046	음식물 쓰레기는 왜 따로 버릴까?	110
047	500ml 페트병으로 옷을 만들 수 있다고?	112
048	해파리 로봇이 바다 쓰레기를 청소한다고?	114
049	기후 변화로 인해 사라지는 빙하	116
050	종이 빨대가 플라스틱 빨대보다 친환경적일까?	118

가로세로퍼즐로 깃대종 찾기!   120

6장 : 국제

051	'웃긴 노벨상', 역대 이그 노벨상 수상자는?	122
052	102번째 생일에 스카이다이빙한 할머니가 있다?	124
053	싱가포르, 16종의 곤충을 식용으로 승인하다!	126
054	세계에서 가장 물가가 비싼 도시는?	128
055	중국에 '결혼학과'가 생긴 이유는?	130
056	백악관으로 돌아온 트럼프 미국 대통령	132
057	수백만 명을 대피하게 만든 허리케인 '밀턴'	134
058	기후 변화로 인한 난민, 어디로 가야 할까?	136
059	행복지수 최고의 나라, 핀란드	138
060	스웨덴에서는 6살부터 초등학교에 간다?	140

나의 102세 생일에 도전하고 싶은 것   142

7장 : 스포츠

061	50홈런-50도루 오타니 쇼헤이, 새 역사를 쓰다!	144
062	파리 올림픽에서 보여준 멋진 스포츠맨십	146
063	월드컵 92년 역사상 최초의 여성 심판 출현	148
064	2024 한국시리즈, KIA 타이거즈의 V12!	150
065	호날두, 가장 몸값이 비싼 축구 선수?	152
066	2시간 10분의 벽을 깬 여자 마라톤 신기록	154
067	스포츠도 친환경! 환경을 지키는 그린 스포츠	156
068	한국 탁구 선수단, 2개의 동메달을 목에 걸다!	158
069	두 팔 없이 센강을 수영한 김황태 선수	160
070	월드클래스 선수 18명에 꼽힌 손흥민 선수	162

세상에 이런 일이! 164

8장 : 과학

071	경남 하동군을 스스로 달리는 자율주행버스	166
072	배고픔을 느낄수록 노화가 늦어진다고?	168
073	2024년 노벨상을 휩쓴 인공지능 과학자들	170
074	전 세계는 지금 비만 치료제 돌풍!	172
075	2025년 3월, 토성의 고리가 사라졌다!	174
076	원숭이들끼리 서로의 이름을 부르며 대화한다고?	176
077	목성으로 떠난 '유로파 클리퍼' 탐사선	178
078	매년 5월 20일은 세계 꿀벌의 날	180
079	화성에 오아시스가 있다고?	182
080	세계에서 가장 빠른 중국의 자기 부상 열차	184

꿀순이에게서 온 편지 186

9장 : 교육

081	수능 'N수생' 21년 만에 최다!	188
082	3만 이공계 인재의 두뇌 유출!	190
083	'수포자'에 이어 '국포자'도 증가	192
084	2022 개정 교육과정, 새로운 교과서를 만나다!	194
085	아홉 번째 세계시민교육 국제회의가 열리다!	196
086	여수에서 열린 글로컬 미래 교육 박람회	198
087	2025년부터 시작되는 고교학점제 이야기	200
088	AI 코스웨어, 어떤 점이 좋을까?	202
089	"함께 공부할까요?" 공부 브이로그 인기!	204
090	수학계에서 가장 명예로운 상을 받은 한국인은?	206

공부 브이로그 썸네일 만들기! ······ 208

10장 : 예술

091	〈츄파춥스〉와 초현실주의 화가 살바도르 달리	210
092	잠실 석촌호수에 나타난 16m짜리 랍스터	212
093	아동 문학계의 노벨상, 알마상을 받은 작가는?	214
094	AI 로봇이 그린 예술 작품, 15억 원에 낙찰되다!	216
095	반 고흐가 직접 그린 그림이 한국에 오다!	218
096	아시아 최대 영화제, 부산국제영화제 이야기	220
097	가상현실(VR)로 체험하는 신기한 미술관	222
098	2026년 스페인의 사그라다 파밀리아가 완성된다!	224
099	2년마다 열리는 세계의 비엔날레 이야기	226
100	한국의 모나리자, 신윤복의 〈미인도〉	228

내가 영화감독이 된다면? ······ 230

정답 및 모범 답안 ······ 232

1장 : 경제

001 두바이 초콜릿, 너도 사 먹고 싶니?

002 37년 만에 처음으로 1만 원을 넘은 최저임금

003 국제 밀 가격이 하락하면 과잣값이 싸진다고?

004 중고 거래로 환경도 지키고 돈도 벌어요!

005 초등학생들에게도 경제 교육이 필요할까?

006 장난감 가격의 상승과 장난감 도서관의 인기

007 초등학생 용돈, 얼마가 적당할까?

008 AI 아나운서가 뉴스에 나온다니!

009 기후 변화가 농산물 가격에 미치는 영향

010 알리익스프레스? 테무? 해외 직구족이 늘어난 이유

용돈 사용 유형 테스트

두바이 초콜릿, 너도 사 먹고 싶니?

최근 많은 인기를 얻고 있는 두바이 초콜릿

최근 SNS를 뜨겁게 달군 '두바이 초콜릿'이 큰 화제를 모으고 있어요. 아랍에미리트의 '픽스 디저트 쇼콜라티에'에서 만든 이 초콜릿은 두바이에서만 판매되는데, 그 특별함 덕분에 전 세계 소비자들의 관심을 끌고 있죠.

두바이 초콜릿 열풍이 시작된 이유는 무엇일까요? 우선, 초콜릿의 희소성이 그 열풍의 가장 큰 요인이에요. 한정된 곳에서만 살 수 있는 초콜릿이라는 점이 많은 이들의 호기심을 자극했어요. 또 두바이라는 도시의 고급스러운 이미지와 맞물려 이 초콜릿은 고급 초콜릿으로 생각되고 있어요. 최근에는 '두바이식 초코 쿠키'까지 출시되면서 그 인기가 더욱 커지고 있죠.

많은 사람이 독특한 경험과 프리미엄 제품을 소비하는 재미를 즐기며, 두바이 초콜릿이 새로운 디저트 문화로 자리 잡았다고 느끼고 있어요. 반대로 단순한 마케팅 전략에 불과하다는 비판을 하는 사람도 있어요. 희소성을 통해 일시적 인기를 만들어 낸 것일 뿐, 실제 맛이나 품질에서 그리 특별한 점은 없다는 게 그 이유예요.

두바이 초콜릿은 그 정도 값을 낼 만한 가치를 가진 상품일까요, 아니면 희소성으로 인한 잠깐의 유행일까요? 누군가에게는 두바이의 특별함을 담은 소중한 기념품일 수 있지만, 다른 누군가에게는 지나치게 비싼 사치품으로 보일 수도 있어요. 여러분은 이 초콜릿을 어떻게 생각하나요?

어휘 풀이

1 **소비자**: 물건을 사거나, 서비스를 이용할 때 그 물건이나 서비스를 사용하는 사람
2 **열풍**: 매우 세차게 일어나는 기운이나 기세
3 **요인**: 어떤 일이 일어나는 데 중요한 이유나 원인
4 **전략**: 목표를 이루기 위해 어떤 방법이나 계획을 세움
5 **품질**: 물건의 성질과 바탕

이것만은 꼭!

희소성이란?
물건이나 자원이 한정되어 있어 구하기 어렵거나 구할 가능성이 적은 것을 말해요. 두바이 초콜릿을 예로 들자면, 두바이에서만 판매되기 때문에 사람들이 더 특별하게 느끼고, 사려고 하는 거예요.

▶ 정답 232쪽

국어 실력 팍팍 늘리기

 다음 한자 어휘를 따라 쓰세요.

• 쓰는 순서는 별도의 활동지를 통해 연습해 보세요.

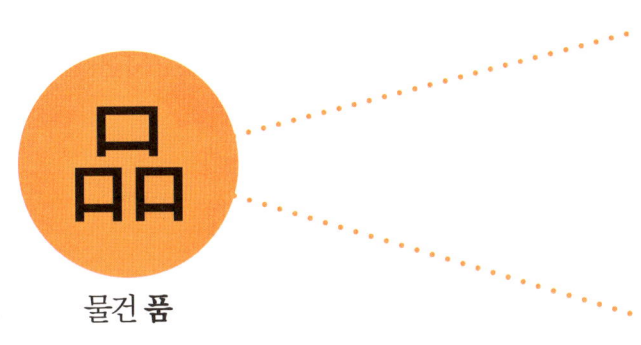

食	品
먹을 **식**	물건 **품**

먹고 마시는 모든 음식

名	品
이름 **명**	물건 **품**

뛰어난 품질과 특별한 가치를 가진 물건

 신문 기사의 내용과 일치하는 것에 ○표, 일치하지 않는 것에 ×표 하세요.

① 두바이 초콜릿은 전 세계 어디서나 쉽게 살 수 있어요.

② 두바이 초콜릿의 인기는 두바이의 고급스러운 이미지와 연관이 있어요.

③ 두바이 초콜릿의 인기는 '두바이식 초코 쿠키' 출시로 더욱 커졌어요.

④ 두바이 초콜릿 열풍은 프리미엄 제품을 소비하는 사람들의 경험 욕구와 관련이 있어요.

⑤ 모든 사람이 두바이 초콜릿을 특별한 맛과 품질 때문에 좋아해요.

작문력 두바이 초콜릿을 좋아하는 사람에게 묻고 싶은 질문을 간단하게 쓰세요.

예시문 두바이 초콜릿의 특별함 중에 어느 것이 가장 마음에 드나요?

37년 만에 처음으로 1만 원을 넘은 최저임금

한 카페 직원이 음료를 나르고 있다.

2025년부터 적용될 최저임금이 시간당 1만 30원으로 확정되었어요. 1988년 최저임금 제도가 도입된 이후 37년 만에 처음으로 1만 원을 넘어서게 되었는데요, 24년 대비 1.7% 오른 금액이에요. 월급으로 따지면 209만 6,270원을 받게 되는 셈이에요.

최저임금 제도는 근로자들이 최소한의 인간적인 생활을 할 수 있도록 보장하는 중요한 장치예요. 근로자들의 삶의 질을 높이고, 기본적인 생활을 유지하는 데 도움을 줄 수 있도록 최저임금을 인상해야 한다는 요구가 꾸준하게 있었고, 최저임금은 계속해서 높아지고 있어요.

그런데 최저임금 제도는 찬성과 반대 의견이 분명하게 갈리는 정책이에요. 찬성하는 측에서는 최저임금 인상이 근로자들의 생계 안정을 도울 수 있다고 말해요. 물가가 계속 오르는 상황에서 최저임금 인상은 필수적이니까요. 또한, 최저임금이 오르면 소비가 증가하여 경제가 활력을 얻을 수 있다는 주장도 있어요. 반면, 반대하는 측에서는 소상공인과 자영업자들이 임금 부담을 견디기 어렵다며 우려하고 있어요. 인건비가 상승하면 결국 고용을 줄일 수밖에 없으니까요.

근로자의 생계 안정과 소상공인의 부담 완화 사이의 균형을 찾기 위해 더 많은 논의와 해결책이 필요하지 않을까요?

어휘 풀이

1 **도입**: 새로운 것을 처음으로 가져오거나 시작함
2 **인상**: 값이나 수치가 올라감
3 **정책**: 나라 또는 단체가 목표를 이루기 위해 만든 규칙이나 계획
4 **소상공인**: 작은 가게나 사업을 운영하는 사람
5 **완화**: 어려운 규칙이나 상태를 조금 덜 힘들게 함

이것만은 꼭!

물가 상승과 최저임금 제도는 어떤 관계가 있을까?

물가가 계속 상승하면, 근로자들의 생활비도 늘어나기 때문에 최저임금을 올려서 생활을 유지할 수 있도록 해야 한다는 요구도 커져요.

▶ 정답 232쪽

국어 실력 팍팍 늘리기

 어휘와 뜻을 알맞게 연결하세요.

1. 정책 •   • ㉠ 새로운 것을 처음으로 가져오거나 시작함

2. 소상공인 •   • ㉡ 나라 또는 단체가 목표를 이루기 위해 만든 규칙이나 계획

3. 완화 •   • ㉢ 작은 가게나 사업을 운영하는 사람

4. 도입 •   • ㉣ 값이나 수치가 올라감

5. 인상 •   • ㉤ 어려운 규칙이나 상태를 조금 덜 힘들게 함

 신문 기사의 내용에 맞게 ▨에서 알맞은 표현을 골라 ○ 하세요.

1. 최저임금 제도는 근로자들이 **최소한의 / 최대한의** 인간적인 생활을 할 수 있도록 보장하는 중요한 장치예요.

2. 최저임금 인상을 찬성하는 측에서는 물가가 계속 오르는 상황에서 최저임금 인상이 **필수적이라고 / 불필요하다고** 주장해요.

3. 최저임금 인상을 **찬성 / 반대** 하는 측에서는 자영업자들이 임금 부담을 견디기 어렵다며 우려하고 있어요.

 신문 기사 속 단어를 넣어 자유롭게 한 문장을 쓰세요.

1. **근로자** 〔예시〕 최저임금 인상은 **근로자**들의 생활 수준을 높이는 데 중요한 역할을 한다.

2. **소상공인** 〔예시〕 최저임금이 오르면서 **소상공인**들의 인건비 부담이 늘어나고 있다.

002 37년 만에 처음으로 1만 원을 넘은 최저임금 15

국제 밀 가격이 하락하면 과잣값이 싸진다고?

수확을 앞둔 밀

최근 국제 밀 가격이 하락하면서 빵과 과자 가격이 내려갈 가능성이 커지고 있어요. 한국농촌경제연구원에 따르면, 지난달 국제 밀 선물가격은 t당 200달러로 전월 대비 9% 하락했어요. 지난해 7월과 비교해 19.5%나 떨어진 수치죠. 이런 변화에 따라 일부 업체는 빵과 과자 제품의 가격을 6~7% 내릴 계획이라고 밝혔어요.

밀 가격 하락의 주요 원인은 미국과 러시아 등 주요 생산국들의 생산량 증가에 있어요. 특히, 미국의 밀 수확이 진행되면서 공급이 늘어난 것이 가격 하락의 큰 요인으로 작용했어요. 또 주요 소비국들의 밀 수요가 예상보다 낮아진 점도 가격 하락에 영향을 주었다는 분석도 있어요.

이러한 상황을 뒷받침이라도 하듯 이미 여러 제과·제빵 업체들이 가격을 내리겠다고 발표했고, 이 흐름이 다른 식품업계로도 퍼지게 될 수 있어요. 물론 밀 가격이 계속해서 하락하게 될 것인지는 아직 확실하지 않아요. 밀 생산국들의 기후 조건이나 글로벌 공급망 변화에 따라 다시 상승할 가능성도 있기 때문이에요.

하지만 밀 가격이 안정적으로 유지되면 빵과 과자 등 다양한 식품의 가격도 내려갈 가능성이 있는 반면에, 기후 변화나 국제 정세에 따라 언제든지 다시 오를 수도 있어요.

어휘 풀이

1 **하락**: 값이나 등급 등이 떨어짐
2 **수치**: 계산하여 얻은 값
3 **수확**: 농작물이 다 자랐을 때 거두어들임
4 **공급**: 물건이나 서비스를 필요한 곳에 보내줌
5 **정세**: 어떤 일이 되어가는 상황이나 상태

이것만은 꼭!

밀 가격이란?
밀의 국제적인 거래 가격을 말해요. 밀은 빵, 과자 등 다양한 식품에 사용되기 때문에, 밀 가격이 식품 가격에 큰 영향을 미쳐요.

▶ 정답 232쪽

국어 실력 팍팍 늘리기

어휘력 다음 뜻에 어울리는 어휘를 쓰세요.

1. _____ : 농작물이 다 자랐을 때 거두어들임
2. _____ : 물건이나 서비스를 필요한 곳에 보내줌
3. _____ : 계산하여 얻은 값
4. _____ : 어떤 일이 되어가는 상황이나 상태
5. _____ : 값이나 등급 등이 떨어짐

문해력 빈칸에 알맞은 단어를 신문 기사에서 찾아 쓰세요.

1. 최근 국제 _____ 가격이 하락하면서 빵과 과자 가격이 내려갈 가능성이 커지고 있어요.
2. 지난달 국제 밀 선물가격은 t당 _____ 달러로 전월 대비 9% 하락했어요.
3. 밀 가격 하락의 주요 원인은 _____ 증가에 있어요.
4. 밀 가격이 안정적으로 유지되면 다양한 식품의 가격도 _____ 가능성이 있어요.
5. 밀 가격은 기후 변화나 국제 _____ 에 따라 언제든지 변할 수 있어요.

작문력 신문 기사의 주요 내용을 요약한 글을 따라 쓰세요.

> 국제 밀 가격이 주요 생산국들의 생산량 증가로 하락하면서, 빵과 과자 가격도 6~7% 내려갈 가능성이 커졌어요. 일부 제과·제빵 업체들은 가격을 내리겠다고 발표했으며, 이 흐름이 다른 식품업계로 퍼질 수 있어요.

003 국제 밀 가격이 하락하면 과잣값이 싸진다고?

중고 거래로 환경도 지키고 돈도 벌어요!

중고 거래 사이트를 보고 있는 한 소비자

중고 거래가 많은 사람의 주목을 받고 있어요. 2024년 8월 기준, '당근마켓'은 한국에서 가장 많이 사용된 중고 거래 앱이에요. 무려 2,125만 명이 이용하고 있다고 해요. 중고 거래는 환경을 지키고 경제적으로도 이득을 볼 수 있는 소비 방식으로 인기를 끌고 있어요.

중고 거래가 인기 있는 이유는 환경 보호와 경제적 이익을 동시에 누릴 수 있기 때문이에요. 새로운 물건을 사는 대신, 중고 물건을 사고팔면 자원을 절약하고 탄소 배출을 줄일 수 있어요. 중고 거래 자체가 지구를 지키는 일인 셈이죠. 또한 나에게 필요하지 않은 물건을 팔아 이익을 얻을 수 있어서 경제적으로도 도움이 돼죠.

이러한 중고 거래의 확대는 앞으로도 계속될 가능성이 커요. 기후 변화와 자원 부족 문제가 지속되면서, 친환경 소비에 관한 관심이 계속해서 높아질 것으로 예상되거든요. 또 기술의 발전으로 중고 거래 플랫폼이 더욱 안전하고 편리해지면서 거래가 더 활발해질 거라는 전망도 있어요.

중고 거래는 자원을 절약하고 쓰레기를 줄이는 데 큰 도움이 돼요. 더 많은 사람들이 물건을 쉽게 버리지 않고 오래 사용하려는 의지가 필요해요. 싫증이 나거나 조금 흠집이 생겼다고 쉽게 버리지 말고 이러한 중고 거래를 통해 재사용하기 위해 노력한다면, 환경도 보호하고 경제적 이익도 얻을 수 있게 될 거예요.

어휘 풀이

1 **소비**: 물건을 사거나 사용해서 없앰
2 **자원**: 사람이 필요로 하는 물건이나 에너지
3 **이익**: 물질적으로나 정신적으로 보탬이 됨
4 **친환경 소비**: 환경을 보호하면서 물건을 삼
5 **거래**: 물건이나 돈을 주고받음

이것만은 꼭!

중고 거래란?
중고 물건을 사고파는 거래 방식이에요. 필요하지 않은 물건을 팔 수도 있고, 새것보다 저렴하게 살 수도 있어요.

▶ 정답 232쪽

국어 실력 팍팍 늘리기

 다음 한자어가 들어간 사자성어를 따라 쓰세요.

• 쓰는 순서는 별도의 활동지를 통해 연습해 보세요.

利 이로울 리

漁 夫 之 利
고기잡을 어   지아비 부   갈 지   이로울 리

뜻 : 두 사람이 싸우는 사이에 제3자가 힘들이지 않고 이익을 챙김

漁　夫　之　利

 신문 기사의 주요 단어를 빈칸에 쓰세요.

☐☐☐는 자원을 아끼고 경제적으로도 이득이 되어 인기를 끌고 있어요. '당근마켓' 같은 중고 거래 앱을 통해 많은 사람이 자신에게 필요 없는 물건을 사고팔고 있어요. 앞으로도 ☐☐ ☐☐와 ☐☐을 위해 중고 거래가 더 많이 활용될 가능성이 커요.

 다음 내용에 대한 나의 의견을 쓰세요.

> 많은 사람들이 중고 거래에 관심을 가져야 한다.

나는 이 의견에 (찬성 / 반대)한다. 그 이유는

초등학생들에게도 경제 교육이 필요할까?

온라인 쇼핑몰에서 옷을 보는 엄마와 아이

2024년 9월, 교육부와 한국경제인협회가 초·중등학교 경제 교육 활성화를 위한 업무 협약을 체결했어요. 한국경제인협회의 조사에 따르면, 교사들의 67%가 경제 교육을 초등학교 시기부터 시작하는 게 가장 적절하다고 답했다고 해요. 왜 어린 나이부터 경제 교육이 필요할까요?

초등학생 시기에 경제 교육이 필요한 이유는 금융 지식과 소비 습관이 어릴 때부터 형성되기 때문이에요. 어린 시절부터 용돈 관리나 저축 습관을 익히면, 성인이 되었을 때 합리적인 소비와 재정 관리를 더 잘할 수 있죠. 그래서 한국은행과 같은 곳에서 초등학생을 대상으로 하는 경제 교실을 운영하는 거예요. 또한 디지털 경제가 발달하면서, 아이들도 간편 결제 서비스와 가상 화폐 같은 개념을 접할 기회가 많아졌어요. 이런 변화 속에서 경제 지식의 기초를 쌓는 일은 매우 중요해졌어요.

미래에는 경제 교육이 더 확대될 가능성이 커요. 기술 발전으로 금융 시스템이 복잡해지고 있어, 어린 시절부터 경제의 기본 원리를 이해하는 것이 필수가 될 거예요. 디지털 화폐와 전자 결제 시스템의 등장으로, 돈을 관리하고 사용하는 방식도 점점 더 다양해지고 있죠. 따라서 어린이들이 올바른 소비 습관을 익히고, 돈의 가치를 스스로 판단할 수 있는 능력을 갖추는 것이 중요해지고 있어요. 미래 사회의 변화에 대비해 경제 교육은 선택이 아닌 필수 교육으로 자리 잡아야 할 때가 아닐까요?

어휘 풀이

1 **금융**: 돈을 빌리거나 맡기고, 관리하는 활동
2 **형성**: 무엇이 만들어지거나 생김
3 **재정**: 돈을 관리하고 사용하는 방법
4 **간편 결제 서비스**: 스마트폰 등을 이용해 쉽고 빠르게 물건값을 내는 방법
5 **가상 화폐**: 실제로 만질 수는 없지만, 인터넷에서 사용할 수 있는 돈

이것만은 꼭!

디지털 경제란?
인터넷이나 컴퓨터 기술을 이용해 물건을 사고파는 경제 활동을 말해요. 예를 들어, 온라인 쇼핑몰에서 옷을 사거나, 스마트폰 앱으로 음식을 주문하는 것이 디지털 경제의 한 부분이에요.

▶ 정답 232쪽

국어 실력 팍팍 늘리기

어휘력 신문 기사의 내용에 알맞도록 〈보기〉에서 어휘를 찾아 쓰세요.

보기 금융   디지털   시스템   체결

❶ 교육부와 한국경제인협회는 업무 협약을 (　　) 했어요.

❷ 경제 교육은 어린 시절부터 (　　) 지식과 소비 습관을 형성하는 데 중요해요.

❸ (　　) 경제가 발달하면서 아이들도 간편 결제 서비스 같은 개념을 접할 기회가 많아졌어요.

❹ 기술 발전으로 금융 (　　) 이 복잡해져 어릴 때부터 경제의 기본 원리를 이해하는 것이 필수가 될 거예요.

문해력 아래 질문에 맞는 답을 골라 번호에 ○ 하세요.

다음 중 2024년 교육부와 한국경제인협회가 초·중등학교 경제 교육 활성화를 위해 협력한 이유는 무엇인가요?

① 경제 교육은 학생들이 고등학교에 들어가서 배우기에 적합하다는 의견이 많았기 때문이에요.
② 경제 교육을 통해 학생들이 모든 학과에서 성적을 높일 수 있다고 믿었기 때문이에요.
③ 한국경제인협회 조사 결과, 초등학교 교사의 대부분이 경제 교육에 반대했기 때문이에요.
④ 어린 시절부터 경제 교육을 시작하면 성인이 되었을 때 합리적인 소비를 잘할 수 있기 때문이에요.
⑤ 경제 교육은 디지털 기술을 가르치는 교육과 같다고 생각했기 때문이에요.

작문력 다음 질문에 대한 답을 쓰세요.

❶ 초등학생 시기에 경제 교육이 필요한 이유는 무엇인가요?

❷ 디지털 경제의 발달로 아이들이 접할 수 있게 된 새로운 경제 개념에는 어떤 것이 있나요?

장난감 가격의 상승과 장난감 도서관의 인기

장난감을 고르고 있는 엄마와 딸

장난감 가격을 보고 깜짝 놀라는 부모들이 늘어나고 있어요. 통계청에 따르면, 2024년 장난감 소비자 물가 지수는 2월 98.87에서 4월 101.15까지 계속 상승했어요. 장난감 가격이 오르는 만큼 부모들의 부담도 커지고 있죠.

장난감 가격이 오르는 주요 원인은 원자재 비용 상승과 물류비 증가예요. 장난감은 플라스틱과 같은 원료로 만들어지는데, 기후 변화나 전쟁 등으로 인해 원자재 가격이 급등했어요. 또한, 물류비가 올라 수입해 오는 장난감의 비용도 자연스럽게 증가했어요.

장난감 가격이 꾸준히 상승하면서 장난감 도서관처럼 장난감을 빌려주는 제도를 활용해 경제적 부담을 줄이는 가정이 늘어나고 있어요. 연회비를 내고 장난감을 1주에서 2주 동안 빌려 쓰는 이 방법은 장난감 구매에 드는 비용을 절약하는 좋은 대안으로 주목받고 있어요.

특히, 아이들이 장난감을 빠르게 싫증 내는 경우가 많기 때문에 이처럼 빌려 쓰는 방식은 경제적일 뿐만 아니라 자원의 낭비를 줄이는 효과도 있어요. 또한 장난감 도서관에서는 환경 보호와 나눔의 가치를 배울 수 있는 프로그램을 제공하기도 해요. 장난감 도서관을 통해 아이들이 '소유' 대신 '공유'의 가치를 알게 된다면 장난감 가격보다 더 많은 것을 배울 수 있는 경제 교육이 아닐까요?

어휘 풀이

1 **통계청**: 숫자로 조사하고 기록하는 일을 하는 중앙 행정 기관
2 **물류비**: 물건을 옮길 때 드는 비용
3 **급등**: 가격이나 수치가 갑자기 크게 오름
4 **연회비**: 특정 서비스나 혜택을 받기 위해 매년 내는 돈
5 **대안**: 어떤 일에 대처할 방법이나 계획

이것만은 꼭!

물가 지수란?
물가의 변동을 숫자로 나타낸 표시예요. 일정한 상품의 가격을 100으로 잡고, 그 이하면 물가가 내려간 거고요, 그 이상이면 그만큼 물가가 올라갔다는 걸 나타내요.

국어 실력 팍팍 늘리기

▶ 정답 232쪽

어휘력
어휘와 뜻을 알맞게 연결하세요.

1. 대안 • • ㉠ 숫자로 조사하고 기록하는 일을 하는 중앙 행정 기관
2. 물류비 • • ㉡ 가격이나 수치가 갑자기 크게 오름
3. 급등 • • ㉢ 특정 서비스나 혜택을 받기 위해 매년 내는 돈
4. 통계청 • • ㉣ 물건을 옮길 때 드는 비용
5. 연회비 • • ㉤ 어떤 일에 대처할 방법이나 계획

문해력
신문 기사의 내용과 일치하는 것에 ○표, 일치하지 않는 것에 ×표 하세요.

1. 2024년 장난감 소비자 물가 지수는 2월에서 4월까지 계속 하락했어요.
2. 장난감 가격이 오른 이유는 원자재 비용 상승과 물류비 증가 때문이에요.
3. 장난감 도서관은 장난감을 무료로 빌려주는 서비스예요.
4. 장난감 도서관은 장난감을 빌려 쓰는 대안으로, 부모들의 경제적 부담을 줄여줘요.
5. 장난감 도서관을 이용하면 아이들이 '소유'보다 '공유'의 가치를 배울 수 있어요.

작문력
신문 기사의 주요 내용을 요약한 글을 따라 쓰세요.

> 장난감 가격이 원자재와 물류비 상승으로 인해 계속 오르며 부모들의 부담이 커지고 있어요. 이에 따라 장난감 도서관을 이용해 장난감을 빌려 쓰는 가정이 늘어나고 있어요. 이러한 제도는 비용 절약뿐만 아니라 아이들이 공유의 가치를 배울 기회를 제공해요.

초등학생 용돈, 얼마가 적당할까?

자신의 용돈 지갑을 바라보고 있는 초등학생

초등학생 용돈, 얼마가 적당할까요? 에듀핀테크 기업 레몬트리의 2023년 조사에 따르면, 초등 고학년의 월평균 용돈은 3만 4,000원, 저학년은 2만 원 정도를 받는다고 해요. 생각했던 것보다 많나요, 적나요? 초등학생에게 적당한 용돈은 얼마일까요?

초등학생들은 용돈을 통해 금전을 관리하는 방법을 배울 수 있는데, 지나치게 적은 용돈은 아이가 스스로 소비를 조절하는 기회를 제한할 수 있어요. 반대로 용돈이 너무 많으면 낭비하는 습관을 만들 수도 있어요. 따라서 나이에 맞는 적당한 용돈을 사용하면서 돈의 가치를 배우는 것을 연습하는 게 중요해요.

물론 사람들마다 적당한 용돈의 액수에 관한 생각에는 차이가 있어요. 월 3만 원 정도가 초등학생이 필요한 물건을 사고, 돈을 관리하는 법을 배우기에 적당한 금액이라고 생각하는 사람도 많아요. 반대로 3만 원은 너무 많다고 생각하거나 무언가 작은 일이라도 했을 때 용돈을 주는 방법이 더 교육적이라는 의견도 있어요.

4만 원, 3만 원, 2만 원 등 어떤 액수를 정하는 것보다는 스스로 용돈을 관리하고 책임감을 느낄 수 있도록 부모님과 함께 대화하며 적정 금액을 정하는 것이 필요해요. 용돈의 액수보다 중요한 것은 아이들이 그 돈을 어떻게 사용하는지 배우는 과정이기 때문이에요.

어휘 풀이

1 **금전**: 돈을 가리키는 말
2 **제한**: 어떤 것을 정해진 범위 안에서만 하게 함
3 **낭비**: 필요 없는 곳에 돈이나 시간을 많이 씀
4 **책임감**: 자신이 맡은 일을 잘 해내야 한다는 마음
5 **적정**: 너무 많지도 않고 적지도 않은, 알맞은 정도

이것만은 꼭!

초등학생에게 금전 관리란?
금전 관리는 돈을 효과적으로 사용하고 계획하는 능력을 말해요. 초등학생 시기에는 용돈을 통해 자신의 지출을 계획하고 돈을 관리하는 습관을 키우는 것이 매우 중요해요.

▶ 정답 233쪽

국어 실력 팍팍 늘리기

 **어휘력** 다음 한자어가 들어간 사자성어를 따라 쓰세요.

• 쓰는 순서는 별도의 활동지를 통해 연습해 보세요.

金 쇠 금	一	攫	千	金
	한 **일**	움킬 **확**	일천 **천**	쇠 **금**
	뜻 : 힘들이지 않고 단번에 많은 재물을 얻음			

| 一 | 攫 | 千 | 金 |

 **문해력** 신문 기사의 내용에 맞게 ▨에서 알맞은 표현을 골라 ○ 하세요.

① 용돈의 액수가 **적당하면 / 지나치게 적거나 많으면** 습관 형성에 부정적인 영향을 줄 수 있어요.

② 지나치게 많은 용돈은 **낭비 / 절약** 하는 습관을 만들 수 있어요.

③ 사람들마다 적당한 용돈의 액수에 관한 생각의 차이가 **없어요 / 있어요** .

 **작문력** 다음 내용에 대한 나의 의견을 쓰세요.

> 초등학생은 무조건 많은 용돈을 받아야 한다.

나는 이 의견에 (찬성 / 반대)한다. 그 이유는

AI 아나운서가 뉴스에 나온다니!

뉴스를 진행하고 있는 아나운서들

2024년 3월, 제주도청에서 '월급 60만 원'을 받는 신입 아나운서가 등장해 큰 화제가 되었어요. 그런데 이 아나운서는 사람이 아니라 인공지능(AI)이라고 해요.

AI 아나운서가 등장한 배경에는 효율성과 비용 절감이 있어요. AI는 인간 아나운서와 달리 24시간 쉬지 않고 일할 수 있으며, 실수도 거의 하지 않죠. 제주도청도 이런 이유로 AI 아나운서를 도입했는데, 인건비를 줄이면서도 다양한 정보를 안정적으로 제공할 수 있게 되었어요.

AI 아나운서를 둘러싼 찬반 의견도 분분해요. 찬성하는 측에서는 AI가 비용을 줄이고, 신속하고 정확하게 정보를 전달할 수 있다는 점을 장점으로 꼽아요. 특히, 밤늦은 시간이나 긴급 상황에서도 뉴스를 제공할 수 있어 방송 효율성이 높아진다는 의견이 있어요. 반면, AI가 인간의 일자리를 대체할 수 있다는 우려도 커지고 있어요. AI가 대중과의 감정적인 교감을 할 수 없다는 점에서, 인간 아나운서가 가진 매력을 잃게 되는 건 아닐까 하는 걱정도 있고요. 또 전달하는 정보의 신뢰성과 윤리적 책임 문제도 논란이 되고 있고, 잘못된 정보를 전달할 수도 있어요.

앞으로 AI 아나운서가 더 많아지게 될까요, 아니면 인간 아나운서와 조화를 이루는 새로운 방식이 등장하게 될까요?

어휘 풀이

1 **신입**: 어떤 모임이나 단체에 새로 들어옴
2 **절감**: 돈이나 자원을 아낌
3 **인건비**: 일을 한 대가로 받는 돈
4 **분분하다**: 의견 등이 많아 갈피를 잡을 수 없다
5 **대체**: 다른 것으로 바꿈

이것만은 꼭!

아나운서는 어떤 역할을 하나요?
일반적으로 각종 TV 프로그램을 진행하는 역할을 맡아요. 일부 아나운서들은 뉴스를 보도하기도 하고, 스포츠 중계를 맡기도 하며, 예능 프로그램에도 출연하고 있어요.

국어 실력 팍팍 늘리기

▶ 정답 233쪽

 다음 한자 어휘를 따라 쓰세요.

• 쓰는 순서는 별도의 활동지를 통해 연습해 보세요.

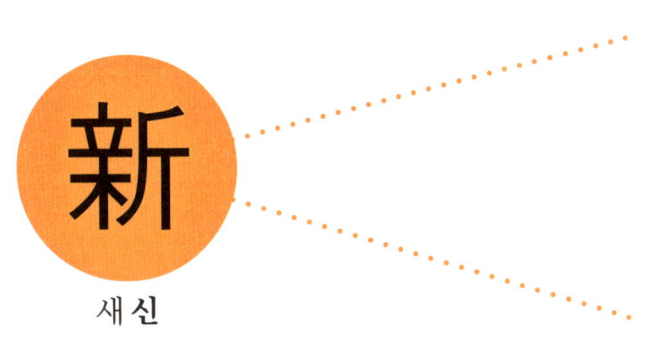

新 새 신

新	入
새 신	들 입
새로 들어온 사람	

新	作
새 신	지을 작
어떤 사람이 새로 만든 작품	

 신문 기사의 주요 단어를 빈칸에 쓰세요.

제주도청에서 '월급 60만원'을 받는 신입 아나운서가 등장해서 큰 화제가 되었어요. 그런데 이 아나운서는 사람이 아니라 　　　 아나운서라고 해요. AI 아나운서가 비용을 줄이고, 신속하고 정확하게 정보를 전달해줄 거라는 찬성 의견이 있지만, 반면에 AI 아나운서가 인간 아나운서의 일자리를 　　　 하고, 대중과 감정적인 　　　 을 할 수 없을뿐더러 정보의 신뢰성과 윤리적 책임 문제도 논란이 되어 반대하는 의견도 있어요.

 AI 아나운서에게 묻고 싶은 질문을 간단하게 쓰세요.

예시문　AI 아나운서와 인간 아나운서의 다른 점은 무엇인가요?

기후 변화가 농산물 가격에 미치는 영향

가뭄으로 인해 메마른 농작물

2024년 과학저널 《네이처》에 발표된 연구에 따르면, 지구의 평균 기온이 상승하면서 전 세계적으로 농산물 가격이 오르고 있다는 결과가 나왔어요. 이처럼 기후 변화로 인해 물가가 오르는 현상을 '기후플레이션'이라고 해요.

기후 변화로 인한 폭염과 가뭄은 작물 재배에 직접적인 영향을 미쳐요. 기온이 높아지면 작물의 성장 환경이 악화되고, 생산량이 줄어들어 공급이 부족해지죠. 2024년 한국은행의 보고서에 따르면, 기온이 1℃ 오를 때마다 농산물 가격 상승률이 0.4~0.5%나 된다고 해요. 이런 현상이 반복되면, 우리는 물가 상승과 식량 부족이라는 이중고를 겪을 수밖에 없어요.

이러한 문제를 해결하기 위해 우리는 기후 변화에 대응하는 방법을 고민해야 해요. 온실가스 배출을 줄이고, 지속 가능한 농업 시스템을 도입하는 것이 해결 방법이 될 수 있어요. 또 '기후 적응형 품종'을 개발하여 변화하는 환경에 맞춰 농업 구조를 변화시킬 수도 있어요.

이상 기후로 인한 농산물 가격 변동은 전 세계적으로 큰 영향을 미치고 있어요. 이에 따라 기후 위기에 어울리는 대응책을 마련해 나가는 것이 더욱 중요해졌어요. 새로운 농업 기술을 도입하거나, 기후에 강한 품종을 개발하고, 온실가스를 줄이는 친환경 농업 방식을 적극적으로 실천하는 것이 필요해요.

어휘 풀이

1 **폭염**: 아주 심하게 더운 날씨
2 **재배**: 식물이나 작물을 기름
3 **상승률**: 무언가가 얼마나 많이 올라갔는지를 숫자로 나타내는 비율
4 **대응**: 어떤 상황에 맞게 행동하거나 조치를 취함
5 **배출**: 어떤 것을 밖으로 내보냄

이것만은 꼭!

기후플레이션(climateflation)이란?
기후(climate)와 인플레이션(inflation)의 합성어로서, 기후 변화로 인한 자연재해, 급변하는 날씨로 인한 농작물 생산량의 감소로 식료품의 가격이 오르는 현상을 가리키는 말이에요.

▶ 정답 233쪽

국어 실력 팍팍 늘리기

 다음 뜻에 어울리는 어휘를 쓰세요.

1. _____ : 식물이나 작물을 기름
2. _____ : 무언가가 얼마나 많이 올라갔는지를 숫자로 나타내는 비율
3. _____ : 어떤 것을 밖으로 내보냄
4. _____ : 아주 심하게 더운 날씨
5. _____ : 어떤 상황에 맞게 행동하거나 조치를 취함

 빈칸에 알맞은 단어를 신문 기사에서 찾아 쓰세요.

1. 기후 변화로 인해 _____ 가 오르는 현상을 기후플레이션이라고 해요.
2. 기후 변화로 인한 폭염과 가뭄은 작물 _____ 에 직접적인 영향을 미쳐요.
3. 농산물 가격이 계속 높아지면 우리는 물가 _____ 과 식량 부족을 겪게 돼요.
4. 이상 기후로 인한 _____ 가격 변동이 전 세계에 영향을 미치고 있어요.
5. 기후에 강한 _____ 을 개발하는 것이 농산물 가격 변동에 대처하는 하나의 대안이에요.

 다음 질문에 대한 답을 쓰세요.

1. 기후 변화로 인해 농산물 가격이 오르는 현상을 무엇이라고 하나요? 기사에서 사용된 용어를 사용해서 설명해 보세요.

   _____

2. 기후 변화로 인한 문제를 해결하기 위해 우리가 할 수 있는 해결책을 두 가지 이상 써 보세요.

   _____

009 기후 변화가 농산물 가격에 미치는 영향

알리익스프레스? 테무? 해외 직구족이 늘어난 이유

해외 직구 사이트를 보고 있는 한 소비자

최근 해외 직구를 통해 알리익스프레스와 테무 같은 중국 쇼핑 플랫폼에서 물건을 구매하는 사람들이 갑작스럽게 늘어났어요. 2024년 상반기, 중국 해외 직구 건수는 약 6,420만 건으로 작년 상반기보다 74.3%나 증가했다고 해요. 이처럼 많은 소비자가 해외 직구를 하는 이유는 무엇일까요?

가장 큰 이유는 저렴한 가격이에요. 중국은 제조 공장이 많고 인건비가 낮아 생산비를 아낄 수 있어요. 알리익스프레스와 테무는 중간 유통 과정 없이 제조업체에서 바로 소비자에게 제품을 보내기 때문에 저렴한 가격으로 물건을 판매할 수 있어요.

특히, 전자 제품부터 의류, 생활용품까지 다양한 품목을 저렴하게 구매할 수 있다는 점도 해외 직구족이 늘어나는 중요한 이유 중 하나예요. 또 앱이나 웹사이트를 통해 편리하게 주문하고, 빠른 배송 옵션도 선택할 수 있어 더욱 인기를 끌고 있어요.

하지만 간혹 유해 물질이 포함된 제품이 있거나 가짜 제품이 배송되기도 한다고 해요. 그런데도 소비자들은 브랜드가 중요하지 않은 상품이나 일상용품을 구매할 때 가격 대비 성능을 고려해 알리익스프레스와 테무를 선택한다고 해요.

가격 경쟁력이 있고 관세 면제 혜택 등이 더 늘어난다면, 알리익스프레스와 테무 같은 플랫폼은 앞으로도 인기를 끌 것으로 예상돼요. 하지만 제품의 품질도 중요한 만큼 소비자로서 여러 면을 따져보고 선택해야 한다는 건 잊지 말아야 할 것 같아요.

어휘 풀이

1 **저렴한**: 물건의 값이 싸고 부담이 적은
2 **유통**: 물건이 만들어져서 사람들이 살 수 있게 여러 장소로 보내는 과정
3 **유해**: 몸이나 환경에 나쁜 영향을 줌
4 **관세**: 외국에서 들어오는 물건에 붙는 세금
5 **면제**: 해야 할 일을 하지 않아도 되게 해줌

이것만은 꼭!

해외 직구족이란?
국내가 아닌 해외 사이트에서 물건을 직접 구매하는 '해외 직접 구매'의 줄임말이 '해외 직구'이고, 이런 구매를 하는 사람들을 가리켜 '해외 직구족'이라고 해요.

▶ 정답 233쪽

국어 실력 팍팍 늘리기

 **어휘력** 신문 기사의 내용에 알맞도록 〈보기〉에서 어휘를 찾아 쓰세요.

> **보기**　　　관세　배송　유해　유통

❶ 알리익스프레스와 테무는 중간 (　　　) 과정을 거치지 않아 저렴한 가격으로 물건을 판매해요.

❷ 많은 소비자가 해외 직구를 선택하는 이유는 저렴한 가격과 (　　　) 서비스 덕분이에요.

❸ 해외 직구 상품 중에 간혹 (　　　) 물질이 들어간 제품이 발견된다고 해요.

❹ (　　　) 면제 혜택 등이 더 늘어난다면, 해외 직구를 하는 사람들이 계속해서 늘어날 전망이에요.

 **문해력** 아래 질문에 맞는 답을 골라 번호에 ○ 하세요.

다음 중 해외 직구를 통해 알리익스프레스와 테무에서 물건을 구매하는 사람들이 늘어난 이유는 무엇인가요?

① 알리익스프레스와 테무는 가짜 제품을 판매하는 데 주력하기 때문이에요.
② 중국의 제품들은 모두 고품질이라 신뢰도가 높기 때문이에요.
③ 알리익스프레스와 테무는 중간 유통 과정을 거치지 않고 저렴한 가격에 제품을 판매하기 때문이에요.
④ 중국의 많은 제조 공장이 해외 고객을 위한 고급 제품만 생산하기 때문이에요.
⑤ 소비자들이 알리익스프레스와 테무에서 구입하면 친환경 제품만 살 수 있기 때문이에요.

 **작문력** 신문 기사 속 단어를 넣어 자유롭게 한 문장을 쓰세요.

❶ **면제**　예시　특정한 병이 있으면 군대에 가는 것이 **면제**되기도 한다.

❷ **해외 직구**　예시　엄마가 외국 물건을 **해외 직구**로 주문해서 받으셨다.

010 알리익스프레스? 테무? 해외 직구족이 늘어난 이유　31

용돈 사용 유형 테스트

 "나는 어떤 용돈 사용 습관을 가지고 있을까?" 아래 질문에 답을 해보고, 가장 많이 선택한 유형을 확인해 보세요.

Q1. 용돈을 받으면 제일 먼저 하는 일은?
- Ⓐ 좋아하는 걸 바로 산다.
- Ⓑ 계획을 세운 뒤 사용한다.
- Ⓒ 저축부터 한다.

Q2. 친구가 새 장난감을 샀다고 자랑하면?
- Ⓐ 나도 바로 사고 싶다.
- Ⓑ 필요하면 사고, 아니면 안 산다.
- Ⓒ 장난감보단 돈을 모으는 게 더 중요하다.

Q3. 남은 용돈이 1,000원뿐이라면?
- Ⓐ 바로 편의점에서 간식을 산다.
- Ⓑ 다음 용돈을 받을 때까지 아껴 쓴다.
- Ⓒ 안 쓰고 그대로 저축한다.

Q4. 용돈을 다 써버렸을 때, 기분은?
- Ⓐ "아쉽긴 한데, 어차피 다시 받으니까 괜찮아!"
- Ⓑ "다음에는 좀 더 계획적으로 써야겠어!"
- Ⓒ "괜히 썼다… 저축할걸!"

Q5. 사고 싶은 물건이 10,000원인데, 지금 가진 돈은 5,000원이라면?
- Ⓐ 부모님께 미리 용돈을 더 달라고 한다.
- Ⓑ 일주일 동안 용돈을 모아서 산다.
- Ⓒ 다시 생각해 보고 꼭 필요한 게 아니면 안 산다.

결과 보기

A를 가장 많이 골랐다면
→ 나는 "소비왕"

용돈을 받으면 바로 사고 싶은 걸 사는 타입! 소비하는 즐거움도 중요하지만, 계획적으로 사용하는 습관을 기르면 더 좋아요.

💡 Tip "꼭 필요한 물건인지" 한 번 더 생각해 보고 소비해 보세요.

B를 가장 많이 골랐다면
→ 나는 "계획형 소비자"

필요한 것과 아닌 것을 잘 구별해서 용돈을 사용하는 타입! 용돈을 미리 계획하고, 모으면서도 적절히 쓰는 습관을 가지고 있어요.

💡 Tip 지금처럼 균형 잡힌 소비 습관을 계속 유지하면 돼요.

C를 가장 많이 골랐다면
→ 나는 "저축왕"

용돈을 최대한 아끼고 모으는 타입! 나중을 위해 용돈을 모으는 습관은 좋지만, 필요할 때는 적절히 쓰는 법도 배워야 해요.

💡 Tip 가끔은 작은 즐거움을 위해 용돈을 사용하는 것도 괜찮아요.

2장 : 사회

011	내가 본 뉴스가 가짜일 수도 있을까?

012	"엄마, 티니핑 사주세요." 뜨거운 티니핑의 인기

013	숏폼의 시대, 숏폼의 매력과 문제점

014	'다문화학생'을 '이주배경학생'으로 불러 주세요!

015	달리기하는 러닝 크루가 민폐족이 된 이유는?

016	무인 아이스크림 가게는 왜 늘어날까?

017	어린이 5명 중 1명이 비만이라니!

018	아이들이 못 들어가는 노키즈존은 왜 생겼을까?

019	결혼식 축의금을 키오스크로 낸다고?

020	추석 폭염, 역대급 9월 무더위

가짜 뉴스를 꾸며 써라!

내가 본 뉴스가 가짜일 수도 있을까?

SNS의 발달로 인해 가짜 뉴스를 쉽게 접할 수 있다.

요즘 우리는 스마트폰으로 뉴스를 쉽게 볼 수 있어요. 그런데 혹시 내가 본 뉴스가 가짜 뉴스일 수도 있다는 사실을 알고 있나요? 미국의 사전출판사 메리엄웹스터는 'Authentic(진짜의)'을 요즘 시대를 나타내는 중요한 단어로 선정했어요. 가짜 뉴스나 거짓 정보가 진짜처럼 보이는 일이 많아지고 있기 때문이에요.

SNS의 발달로 인해 가짜 뉴스는 더욱 쉽게 만들어지고, 퍼져나가고 있어요. 유튜브, 페이스북, 블로그 같은 플랫폼에서는 누구나 콘텐츠를 만들고 공유할 수 있죠. 그러다 보니 조회 수나 구독자 수를 늘려 인기를 얻기 위해 자극적인 가짜 뉴스를 만드는 경우가 늘어나고 있어요. 특히 사람들이 많이 보는 콘텐츠는 SNS 알고리즘이 더 빠르게 홍보해 주기 때문에 내용이 자극적일수록 순식간에 퍼지게 돼요.

그런데 가짜 뉴스는 큰 문제를 일으킬 수 있어요. 사람들을 혼란에 빠뜨리고, 잘못된 정보를 퍼트려 사람들에게 큰 피해를 줄 수도 있죠.

그래서 우리는 뉴스를 볼 때 항상 이게 가짜 뉴스인지, 진짜 뉴스인지를 확인하며 봐야 해요. 가짜 뉴스를 구별하려면 출처를 확인하고, 다른 뉴스에 담긴 내용과 비교해 보는 게 필요해요. 뉴스를 볼 때 "이게 전부 진짜일까?"라며 한 번 더 의심해 보는 습관, 이 습관을 갖도록 하세요!

어휘 풀이
1 **플랫폼**: 사람이나 정보가 모이는 장소나 시스템
2 **구독자**: 콘텐츠를 꾸준히 받아보는 사람
3 **홍보**: 많은 사람에게 알리는 활동
4 **출처**: 정보나 물건이 나온 곳
5 **의심**: 어떤 일이 사실인지 확신하지 못함

이것만은 꼭!
가짜 뉴스란?
사실이 아닌 정보를 마치 사실인 것처럼 꾸민 뉴스를 말해요. 이 뉴스는 사람들에게 잘못된 정보를 퍼뜨리고, 혼란을 일으킬 수 있어요.

국어 실력 팍팍 늘리기

▶ 정답 233쪽

 다음 한자 어휘를 따라 쓰세요.

• 쓰는 순서는 별도의 활동지를 통해 연습해 보세요.

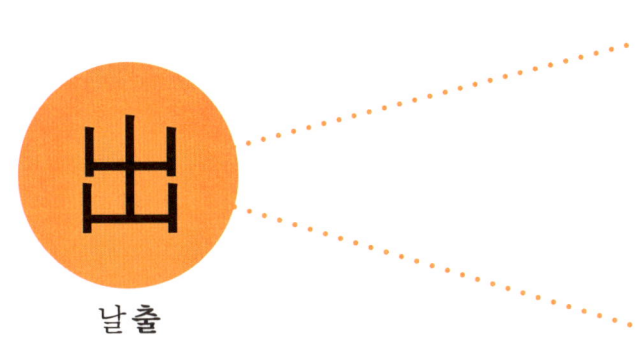

出	席
날 **출**	자리 **석**

수업이나 모임 등에 나가 참석함

救	出
구원할 **구**	날 **출**

위험한 상태에서 구해 냄

 신문 기사의 내용과 일치하는 것에 ○표, 일치하지 않는 것에 ×표 하세요.

① 내가 본 뉴스가 가짜 뉴스일 수도 있어요.

② 메리엄웹스터 출판사는 '가짜'라는 단어를 요즘 시대의 중요한 단어로 선정했어요.

③ 가짜 뉴스는 SNS 알고리즘 때문에 더 빨리 퍼질 수 있어요.

④ 가짜 뉴스는 사람들에게 긍정적인 영향을 줘요.

⑤ 뉴스를 볼 때 다른 뉴스와의 내용 비교를 통해 진짜인지 확인해야 해요.

 가짜 뉴스를 만드는 사람에게 묻고 싶은 질문을 간단하게 쓰세요.

예시문 가짜 뉴스가 누군가에게 큰 피해를 준다면 그 책임을 어떻게 질 건가요?

"엄마, 티니핑 사주세요." 뜨거운 티니핑의 인기

▲ 애니메이션을 보고 있는 한 어린이

아이들 사이에서 애니메이션 〈캐치! 티니핑〉이 큰 인기를 끌고 있어요. 주인공이 지구 곳곳에 흩어진 티니핑들을 모아간다는 이 이야기에는 무려 107종의 캐릭터가 등장해요. 5세 여자아이들의 시청률이 20%를 넘길 정도라고 하니 그 인기가 정말 대단하죠?

티니핑은 다양한 콜라보 제품 때문에 더욱 인기를 끌고 있어요. 티니핑 캐릭터가 그려진 아이스크림, 음료, 케이크부터 버거세트, 물티슈, 자전거에 이르기까지 다양한 상품에서 캐릭터를 만날 수 있어요. 이러한 캐릭터 상품화는 아이들의 눈길을 끌며 아이들이 계속해서 티니핑에 관심을 두게 만들고 있어요.

물론 티니핑이 아이들에게 상상력을 키울 기회와 즐거움을 주는 콘텐츠이긴 해요. 티니핑이 포켓몬과 비슷한 수집형 캐릭터이기 때문에 수집하는 재미, 소장하는 재미를 줄 수 있으니까요. 또한, 아이들이 티니핑 애니메이션을 통해 우정, 사랑, 협력 같은 메시지를 전달받을 수도 있어요. 그러나 캐릭터가 상품으로 만들어지고, 이 상품을 판매하기 위해 캐릭터가 마케팅의 도구로 사용되다 보니, 필요하지 않은 물건을 사게 되는 과소비나 캐릭터 상품에 대한 집착을 만들 수 있다는 단점도 있어요.

티니핑과 관련된 〈사랑의 하츄핑〉이라는 영화도 개봉하며 티니핑의 인기가 계속되는 가운데, 티니핑에 대한 여러분의 생각이 궁금해요.

어휘 풀이

1. **콜라보**: 함께 작업하거나 협력함
2. **눈길**: 사람의 관심이나 시선을 끔
3. **수집**: 어떤 물건이나 자료를 모음
4. **소장**: 물건을 자신의 것으로 간직하여 둠
5. **과소비**: 필요한 것보다 너무 많이 씀

이것만은 꼭!

캐릭터 상품화란?
애니메이션, 게임, 영화 등의 인기 캐릭터를 다양한 상품에 적용해 판매하는 마케팅 전략이에요. 캐릭터가 다양한 제품에 등장하면서 아이들의 소비 욕구를 자극한다는 특징이 있어요.

국어 실력 팍팍 늘리기

▶ 정답 233쪽

어휘력 어휘와 뜻을 알맞게 연결하세요.

1. 소장 · · ㉠ 함께 작업하거나 협력함
2. 눈길 · · ㉡ 어떤 물건이나 자료를 모음
3. 콜라보 · · ㉢ 물건을 자신의 것으로 간직하여 둠
4. 과소비 · · ㉣ 사람의 관심이나 시선을 끔
5. 수집 · · ㉤ 필요한 것보다 너무 많이 씀

문해력 신문 기사의 내용에 맞게 ▨에서 알맞은 표현을 골라 ○ 하세요.

1. 애니메이션 〈캐치! 티니핑〉에는 무려 **107종 / 50종** 의 캐릭터가 등장해요.
2. 티니핑이 포켓몬과 비슷한 **지도자형 캐릭터 / 수집형 캐릭터** 이기 때문에 모으는 재미, 소장하는 재미를 주는 면이 있어요.
3. 티니핑은 상상력을 키우는 데 도움을 주지만, **필요하지 않은 물건을 / 꼭 필요한 물건만** 사게 된다는 단점도 있어요.

작문력 신문 기사 속 단어를 넣어 자유롭게 한 문장을 쓰세요.

1. **상품** 〔예시〕 이 가게에는 아이들이 좋아하는 캐릭터가 그려진 **상품**이 가득하다.

2. **수집** 〔예시〕 내 여동생은 티니핑 캐릭터 인형을 엄청 많이 **수집**해서 방 한쪽이 인형으로 가득 차 있다.

012 "엄마, 티니핑 사주세요." 뜨거운 티니핑의 인기

숏폼의 시대, 숏폼의 매력과 문제점

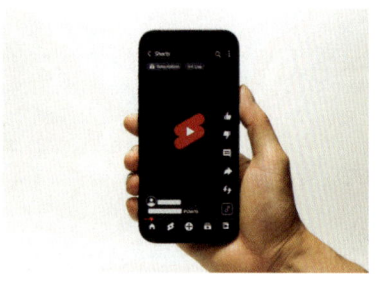

휴대폰으로 언제나 손쉽게 시청 가능한 숏폼

숏폼 콘텐츠가 계속해서 큰 인기를 끌고 있어요. 과학기술정보통신부의 조사 결과에 따르면 73.5%의 온라인 동영상 이용자가 1분 이하의 짧은 영상인 숏폼을 즐기고 있다고 해요. 여러분도 유튜브의 쇼츠, 인스타그램의 릴스, 틱톡 라이트와 같은 플랫폼을 이용한 적이 있나요?

숏폼 콘텐츠가 인기를 끄는 이유는 짧은 시간에 재미와 정보를 얻을 수 있기 때문이에요. 짧고 강렬한 영상은 우리의 집중력을 자극해 계속해서 다음 영상을 보도록 만들어요. 특히, 숏폼의 콘텐츠는 청소년 사이에서 과의존 현상이 심각해지고 있다고 해요. 이용자의 4분의 1 이상이 이용 시간을 조절하는 데 어려움을 겪고 있다는 조사 결과도 발표되었죠.

빠르게 소비할 수 있는 정보를 통해 시간을 효율적으로 사용할 수 있다는 점은 숏폼 콘텐츠의 장점이에요. 반면 자극적인 영상들을 계속해서 보게 되면, 나의 시간을 관리하지 못하게 되고, 이로써 집중력도 떨어지게 돼요.

빠른 정보 소비가 가져오는 편리함과 집중력 저하라는 단점을 지닌 숏폼. 여러분은 이에 대해 어떻게 생각하나요? 숏폼을 유익하게 활용하려면 적절히 시간을 조절하고, 다양한 주제와 신뢰할 수 있는 콘텐츠를 선택해 현명하게 이용하는 자세가 필요하지 않을까요?

어휘 풀이

1. **강렬한**: 아주 강하고 인상 깊은
2. **과의존**: 지나치게 의지함
3. **조절**: 알맞게 맞춤
4. **자극적**: 강한 인상을 주거나 관심을 끔
5. **현명**: 똑똑하고 슬기로움

이것만은 꼭!

숏폼이란?
유튜브, 인스타그램, 틱톡 같은 플랫폼에서 볼 수 있는 1분 이하의 짧은 영상. 짧은 시간 동안 재미와 정보를 제공하여 즉각적인 만족감을 줘요.

국어 실력 팍팍 늘리기

▶ 정답 234쪽

 다음 뜻에 어울리는 어휘를 쓰세요.

1. _____ : 지나치게 의지함
2. _____ : 알맞게 맞춤
3. _____ : 강한 인상을 주거나 관심을 끔
4. _____ : 똑똑하고 슬기로움
5. _____ : 아주 강하고 인상 깊은

 빈칸에 알맞은 단어를 신문 기사에서 찾아 쓰세요.

1. 73.5%의 온라인 동영상 이용자가 1분 이하의 짧은 영상인 _____ 을 즐기고 있다고 해요.
2. 숏폼 콘텐츠는 짧은 시간에 _____ 와 정보를 얻을 수 있어요.
3. 조사 결과, 청소년 사이에서 숏폼 콘텐츠에 대한 _____ 현상이 심각해지고 있다고 해요.
4. 청소년 이용자의 4분의 1 이상이 이용 시간을 _____ 하는 데 어려움을 겪고 있어요.
5. 숏폼 콘텐츠는 _____ 저하라는 단점을 가지고 있어요.

 신문 기사의 주요 내용을 요약한 글을 따라 쓰세요.

> 숏폼 콘텐츠는 짧은 시간에 재미와 정보를 얻을 수 있어 많은 사람들이 즐기고 있어요. 하지만 이러한 콘텐츠는 과의존 현상을 일으켜 시간을 관리하기 어렵게 만들고, 집중력을 떨어뜨릴 수 있다는 문제가 있어요. 따라서 숏폼의 장단점을 생각하며 현명하게 사용해야 해요.

'다문화 학생'을 '이주배경학생'으로 불러 주세요!

함께 수업에 참여하고 있는 이주배경학생들

교육부는 최근까지 사용하던 '다문화 학생'이라는 용어를 '이주배경학생'으로 바꾸었어요. 왜 이런 변화가 필요했을까요? 그 이유는 포용과 통합을 강조하고 부정적인 선입견을 없애기 위해서예요.

'다문화'라는 단어가 때로는 차별이나 낙인으로 이어질 수 있어, 더 넓은 의미를 담고자 '이주배경학생'이라는 용어를 사용하게 되었어요. '학생 본인이나 부모가 외국 국적을 가졌거나 외국에서 이주한 배경이 있는 학생'을 '이주배경학생'으로 부르자는 게 교육부의 생각이에요. 이는 다양한 배경을 가진 학생들이 소속감을 느끼고 차별 없는 교육 환경을 만들어 주기 위한 노력이에요. 또 그들의 정체성을 단순히 문화적 차이로만 구분하지 않고, 포괄적 시각에서 바라보자는 의미도 담고 있어요.

일부 사람들은 '이주배경학생'이라는 용어가 다양성 존중을 위한 의식을 바꾸는 방향으로 나아가고 있다고 긍정적인 변화라고 평가해요. 반대로 용어만 바뀌고 실질적인 지원의 변화가 없다면 의미 없는 일이라고 우려하는 사람들도 있어요. 용어 변화뿐만 아니라 구체적인 교육 지원과 제도가 함께 따라가야 한다는 지적이죠.

2024년 교육부 통계에 따르면, 초·중·고교에 다니는 '이주배경학생'의 수가 약 193,814명에 달한다고 해요. 정말 많은 숫자죠? 이처럼 많은 '이주배경학생'이 차별 없이 함께 성장할 수 있도록 우리가 할 수 있는 일은 무엇일까요?

어휘 풀이

1 **포용**: 다른 사람을 이해하고 받아들임
2 **낙인**: 부정적인 평가나 꼬리표를 붙임
3 **국적**: 어느 나라에 속해 있는지 나타냄
4 **우려**: 걱정하거나 염려함
5 **지적**: 잘못된 점을 짚어내거나 알려줌

이것만은 꼭!

이주배경학생이란?
이주배경학생은 다양한 문화적 배경을 가진 학생들을 포괄하는 용어로서 단순히 외국 국적을 가진 학생들뿐만 아니라, 다양한 문화적 배경과 경험을 가진 학생들을 모두 포함하는 개념이에요.

▶ 정답 234쪽

국어 실력 팍팍 늘리기

 다음 한자어가 들어간 사자성어를 따라 쓰세요.   • 쓰는 순서는 별도의 활동지를 통해 연습해 보세요.

| 先 먼저 선 | 先 먼저 선 | 見 볼 견 | 之 갈 지 | 明 밝을 명 |

뜻 : 앞으로의 일을 미리 내다보고 아는 지혜

先　見　之　明

 신문 기사의 주요 단어를 빈칸에 쓰세요.

교육부는 '다문화 학생'이라는 용어를 '〔　　　　　〕'으로 바꾸었어요. 이 변화는 〔　　〕과 낙인을 줄이고, 학생들의 〔　　　〕을 존중하려는 노력이에요. 하지만 용어 변화만으로는 부족하다는 의견도 있어, 실질적인 교육 지원이 필요하다는 목소리가 나오고 있어요.

 다음 내용에 대한 나의 의견을 쓰세요.

'이주배경학생'을 돕는 지원은 필요하지 않다.

나는 이 의견에 (찬성 / 반대)한다. 그 이유는

014 '다문화 학생'을 '이주배경학생'으로 불러 주세요! 41

달리기하는 러닝 크루가 민폐족이 된 이유는?

공원에서 함께 달리고 있는 러닝크루의 모습

러닝 크루가 큰 인기를 끌고 있어요. 네이버 '밴드'에서 러닝 또는 걷기를 주제로 한 모임을 검색하면 2,500개가 넘는 소모임이 나온다고 하니 그 인기가 대단하죠? 우리 주변에서도 여럿이 함께 달리는 모습을 쉽게 볼 수 있어요.

하지만 이런 러닝 크루가 최근 다른 사람들에게 피해를 주는 '민폐족'으로 불리며 논란이 되고 있어요. 그 이유는 공공장소에서의 무질서 때문이에요. 차도에서 여럿이 모여 인증샷을 찍거나, 여러 명이 좁은 길을 모두 차지하여 달리는 일이 벌어지고 있어요. 또 블루투스 스피커로 크게 음악을 틀어 주변 사람들에게 불편을 주는 때도 있고요. 이러한 민폐 때문에 서울의 반포종합운동장에서는 5명 이상은 모여서 달리기하지 말라는 '5인 이상 달리기 제한' 규칙을 만들기도 했어요. 그럼에도 여전히 다른 시민들에게 피해를 주는 러닝 크루들이 있다고 해요.

공공장소는 개인의 것이 아니에요. 그러므로 모두가 쾌적하게 이용하도록 서로 배려하는 게 필요해요. 러닝 크루 내에서 자발적인 규칙을 정해 남을 배려하며 운동을 하는 모습이야말로 성숙한 시민의 자세라고 볼 수 있어요.

러닝 크루의 인기가 점점 높아지는 만큼 이에 어울리는 타인을 배려하는 문화 의식도 함께 발전해야 건강한 몸에 건강한 생각까지 갖게 되는 게 아닐까요?

어휘 풀이

1 **소모임**: 적은 수의 사람들이 모여 활동하는 모임
2 **무질서**: 질서나 규칙이 없는 혼란스러운 상태
3 **민폐**: 다른 사람에게 피해를 줌
4 **공공장소**: 여러 사람이 함께 사용하는 장소
5 **성숙한**: 행동이나 생각이 어른스럽고 성장한 상태

이것만은 꼭!

러닝 크루(running crew)란?
달리기(running)와 모임(crew)을 결합한 개념으로, 달리기를 좋아하는 사람들이 함께 모여 운동하는 모임을 말해요. 여럿이 즐겁게 함께 달리며 성취감을 느낄 수 있다는 게 특징이에요.

▶ 정답 234쪽

국어 실력 팍팍 늘리기

 신문 기사의 내용에 알맞도록 〈보기〉에서 어휘를 찾아 쓰세요.

보기
규칙   공공장소   제한   무질서

❶ 공공장소에서의 (   )한 행동으로 인해 러닝 크루가 문제가 되고 있어요.

❷ 러닝 크루가 (   )에서 무질서하게 행동하면 다른 사람들에게 피해를 줄 수 있어요.

❸ 러닝 크루로 인해 '5인 이상 달리기 (   )' 규칙이 생기기도 했어요.

❹ 운동을 할 때 자발적으로 (   )을 정하고 따르는 것이 성숙한 시민 의식의 모습이에요.

 아래 질문에 맞는 답을 골라 번호에 ○ 하세요.

다음 중 서울의 반포종합운동장에서 '5인 이상 달리기 제한' 규칙을 만든 이유는 무엇인가요?

① 러닝 크루를 운영하는 비용이 너무 많이 들었기 때문이에요.
② 러닝 크루의 활동이 점점 줄어들고 있어서 관심을 끌기 위해서예요.
③ 러닝 크루가 지나치게 조용히 활동해 주변에서 알아차리지 못했기 때문이에요.
④ 러닝 크루가 공공장소에서 무질서한 행동을 보였기 때문이에요.
⑤ 공공장소에서 운동하는 러닝 크루를 늘리기 위해 제한을 둔 것이에요.

 다음 질문에 대한 답을 쓰세요.

❶ 러닝 크루가 최근 논란이 되는 이유는 무엇인가요?

❷ 공공장소에서 다른 사람들에게 피해를 주지 않으려면 러닝 크루 활동을 어떻게 해야 할까요?

015 달리기하는 러닝 크루가 민폐족이 된 이유는?

무인 아이스크림 가게는 왜 늘어날까?

점점 늘어나고 있는 무인 상점

요즘 거리를 걷다 보면 무인 아이스크림 가게를 쉽게 볼 수 있어요. 소방청의 조사에 따르면 국내 무인 상점 수가 2024년 기준 6,323개에 달한다고 해요. 그중에서도 무인 아이스크림 가게가 빠르게 늘어나고 있어요.

무인 아이스크림 가게가 급증한 가장 큰 이유는 인건비 절감이에요. 전통적인 가게는 직원이 있어야 하지만, 무인 상점은 사람 없이 운영할 수 있어 운영비를 크게 줄일 수 있죠. 낮은 운영비 덕분에 아이스크림 가격이 저렴하다는 점도 소비자들이 매력을 느끼는 부분이고요. 게다가 하루 24시간 중 언제든지 이용할 수 있어 바쁜 현대인들에게 편리함을 제공하죠. 또, 셀프 계산 방식을 도입하여 계산을 하기 위해 기다릴 필요가 없어서 빠르게 계산이 가능하다는 점도 장점으로 꼽히고요.

하지만 무인 상점의 증가에 대해서는 찬반 의견이 나뉘고 있어요. 찬성하는 쪽에서는 운영 효율성이 높고, 저렴한 가격으로 소비자들에게 혜택을 줄 수 있다는 점을 긍정적으로 보고 있어요. 반면, 일자리 감소에 대한 걱정도 커지고 있어요.

기술 발전과 소비자들의 편리함을 추구하는 요구에 맞춰 앞으로 무인 상점은 더 늘어날 가능성이 커요. 그러나 기술의 발전이 주는 편리함을 누리면서도, 동시에 일자리가 점점 줄어드는 문제도 함께 풀어나가야 해요.

어휘 풀이

1 **무인**: 사람이 없음
2 **급증**: 갑작스럽게 늘어남
3 **효율성**: 적은 시간이나 노력으로 효과를 잘 냄
4 **혜택**: 이익이 되거나 편리한 조건
5 **감소**: 줄어들거나 적어짐

이것만은 꼭!

무인(無人) 상점이 무엇인가요?
상점에서 판매하는 사람 없이 키오스크 같은 무인 기계를 이용하여 상품을 구매하는 가게를 말해요.

국어 실력 팍팍 늘리기

 **어휘력** 어휘와 뜻을 알맞게 연결하세요.

1. 효율성 •   • ㉠ 사람이 없음
2. 급증   •   • ㉡ 이익이 되거나 편리한 조건
3. 혜택   •   • ㉢ 갑작스럽게 늘어남
4. 감소   •   • ㉣ 줄어들거나 적어짐
5. 무인   •   • ㉤ 적은 시간이나 노력으로 효과를 잘 냄

 **문해력** 신문 기사의 내용과 일치하는 것에 ○표, 일치하지 않는 것에 ×표 하세요.

1. 무인 아이스크림 가게가 급증한 가장 큰 이유는 다양한 맛 때문이에요.
2. 무인 상점은 사람 없이 운영할 수 있어 운영비를 아낄 수 있어요.
3. 무인 아이스크림 가게는 가격이 저렴해 소비자들에게 인기가 있어요.
4. 무인 상점이 증가하면서 일자리 감소에 대한 걱정이 커지고 있어요.
5. 기술 발전과 소비자의 요구에 따라 무인 상점은 차츰 줄어들 가능성이 커요.

 **작문력** 신문 기사의 주요 내용을 요약한 글을 따라 쓰세요.

> 무인 아이스크림 가게는 인건비 절감과 저렴한 가격 덕분에 빠르게 늘어나고 있어요. 하지만 일자리 감소와 같은 사회적 문제가 발생할 수 있어 찬반 의견이 나뉘고 있어요. 앞으로 무인 상점이 늘어날 가능성이 크지만, 기술 발전과 함께 책임 있는 운영 방법을 고민해야 해요.

어린이 5명 중 1명이 비만이라니!

패스트 푸드를 먹고 있는 한 어린이

2024년 6월 발표한 보건복지부의 '2023 아동종합실태조사'에 따르면, 우리나라 아동 5명 중 1명이 비만 또는 과체중 상태라고 해요. 이들 중 많은 수는 복부 비만까지 가지고 있다고 하고요. 과거에도 비슷한 조사를 했었는데, 비만 비율이 계속해서 증가하고 있어요.

아이들의 비만 원인 중 하나는 점점 줄어드는 신체 활동과 잘못된 식습관 때문이에요. 스마트폰과 컴퓨터 사용이 늘면서 실내에서 보내는 시간이 많아졌고, 그만큼 운동도 덜 하게 되었죠. 또한, 패스트푸드, 탄산음료나 주스 등 고칼로리 간식을 쉽게 접할 수 있게 된 것도 원인으로 꼽혀요.

전문가들은 소아 비만을 막기 위해 가정과 학교에서 아이들의 생활 습관을 전반적으로 개선해야 한다고 말해요. 건강한 식습관을 만들고, 규칙적인 운동을 하도록 독려하는 것이 비만을 예방하는 데 도움이 된다는 것이죠. 학교에서도 체육 시간을 늘리고 아이들이 즐길 수 있는 운동 프로그램을 운영하는 것이 필요하고요.

소아 청소년 비만 문제는 개인이나 가정만의 문제로 볼 수 없어요. 학교에서는 건강한 급식을 제공하고, 지역사회에서는 아이들이 쉽게 참여할 수 있는 운동 프로그램을 늘리는 등의 노력이 필요해요. 더불어, 가정에서도 올바른 식습관과 규칙적인 생활 습관을 기를 수 있도록 관심을 가져야 하지 않을까요?

어휘 풀이

1 **과체중**: 정상보다 체중이 많이 나가는 상태
2 **복부**: 배의 부분
3 **개선**: 잘못된 점이나 부족한 점을 고쳐 나아지게 함
4 **독려**: 힘을 북돋아 주며 용기를 내도록 함
5 **예방**: 문제가 생기기 전에 미리 막음

이것만은 꼭!

비만이란?
몸 안에 과도한 지방이 축적되어 몸이 뚱뚱해진 상태를 말해요. 비만은 고혈압, 당뇨병, 심장 질환 등의 만성 질환을 유발할 수 있으므로 평소에 체중을 조절하여 비만을 예방해야 해요.

▶ 정답 234쪽

국어 실력 팍팍 늘리기

 다음 한자어가 들어간 사자성어를 따라 쓰세요.   • 쓰는 순서는 별도의 활동지를 통해 연습해 보세요.

 改 고칠 개	改 고칠 개	過 지날 과	遷 옮길 천	善 착할 선

뜻 : 지난날의 잘못을 고쳐 착하게 변함

 신문 기사의 내용에 맞게 ▨에서 알맞은 표현을 골라 ○ 하세요.

① 우리나라 아동 5명 중 1명은 과체중 / 정상 체중 상태라고 해요.

② 아이들의 비만 원인 중 하나는 운동량이 늘어났기 / 줄어들었기 때문이에요.

③ 전문가들은 비만을 예방하기 위해 규칙적인 운동을 / 많은 간식 섭취를 해야 한다고 말해요.

 다음 내용에 대한 나의 의견을 쓰세요.

아동들의 소아 비만을 막기 위해 체육 시간을 늘려야 한다.

나는 이 의견에 (찬성 / 반대)한다. 그 이유는

017 어린이 5명 중 1명이 비만이라니! **47**

아이들이 못 들어가는 노키즈존은 왜 생겼을까?

노키즈존 안내 문구를 붙인 가게

　최근 노키즈존이 늘어나면서 아이들이 출입할 수 없는 가게들이 많아졌어요. 제주연구원이 2023년 발표한 자료에 따르면 전국에서 540여 곳의 업소가 노키즈존을 운영하고 있다고 해요. 그렇다면, 왜 이런 공간이 생기게 되었을까요?

　노키즈존이 필요한 이유로 가장 많이 꼽히는 것은 안전사고 발생이에요. 매장에서 아이들이 뛰어다니거나 장난을 치다 보면 다칠 수 있다는 것이죠. 다른 손님들에게도 피해를 주게 되고요. 이러한 이유로 아이들의 출입을 제한하는 곳이 생기게 되었어요.

　노키즈존 운영에 대한 찬반 의견은 나뉘어요. 찬성하는 사람들은 업주의 자유와 다른 손님들에 대한 배려가 필요하다는 이유로 노키즈존을 지지해요. 2024년 한국리서치의 설문 조사에 따르면, 약 73%의 사람들이 노키즈존 운영에 동의했어요. 이들은 식당이나 카페에서 아이들이 뛰어다니거나 소란을 피우면 다른 손님들이 불편함을 느낄 수 있다고 주장해요. 반면, 반대하는 쪽에서는 노키즈존이 아이들을 차별하는 조치라고 주장해요. 2017년 국가인권위원회에서도 아동 출입 금지가 차별이라는 판단을 내린 바 있죠.

　앞으로 노키즈존은 늘어나게 될까요? 아이들과 어른들이 서로 배려하며 함께 이용하는 공간을 만들어 가는 방법은 없을까요?

어휘 풀이

1 **출입**: 어떤 곳에 들어가거나 나감
2 **공간**: 물건이나 사람이 들어갈 수 있는 자리 또는 장소
3 **업주**: 사업이나 가게를 운영하는 사람
4 **배려**: 다른 사람을 생각해서 마음을 써줌
5 **지지하다**: 어떤 사람이나 생각을 응원하거나 도와주다

이것만은 꼭!

노키즈존이란?
노키즈존은 일반적으로 13세 이하 어린이들의 출입을 제한하는 공간을 말해요. 이는 아이들이 매장에서 안전사고를 일으키거나 다른 손님들에게 불편을 줄 수 있다는 이유로 생기게 되었어요.

국어 실력 팍팍 늘리기

▶ 정답 234쪽

어휘력 다음 한자 어휘를 따라 쓰세요.

• 쓰는 순서는 별도의 활동지를 통해 연습해 보세요

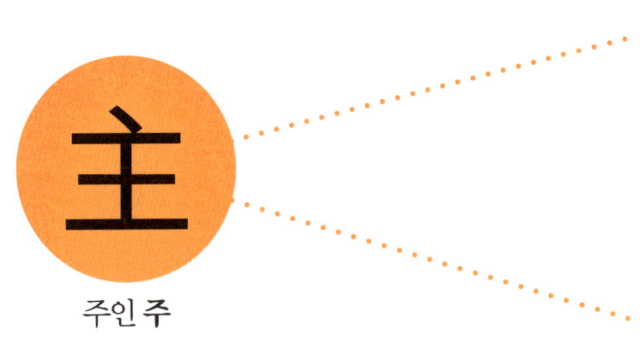

문해력 신문 기사의 주요 단어를 빈칸에 쓰세요.

최근 아이들이 출입할 수 없는 '노키즈존' 가게들이 늘어나고 있어요. 노키즈존은 안전사고 방지와 손님들을 ▢ ▢ 하기 위해 운영되고 있는데, 한 설문조사에 따르면 약 73%의 사람들이 노키즈존의 운영을 지지한다고 해요. 하지만 노키즈존이 아이들을 차별하는 조치라며 반대하는 의견들도 있어요. 2017년 ▢▢▢▢▢ ▢ ▢ 에서도 아동 ▢ ▢ 금지가 차별이라고 판단하기도 했어요.

작문력 노키즈존에 대해 찬성하거나 반대하는 사람에게 묻고 싶은 질문을 간단하게 쓰세요.

예시문 아이들과 어른들이 함께 지킬 수 있는 새로운 규칙에는 어떤 것들이 있을까요?

결혼식 축의금을 키오스크로 낸다고?

결혼식장에까지 등장한 키오스크

최근 결혼식장에서 축의금을 키오스크로 받는 시스템이 확산되고 있어요. 하객들은 키오스크 화면에서 신랑·신부 측 정보, 이름, 축의금 액수 등을 입력하고, 식권과 주차권까지 쉽게 받을 수 있어요. 축의금 절도 및 빈 봉투 사기 방지, 엑셀을 활용한 데이터 관리 등의 장점이 있어요.

축의금 키오스크는 결혼식장에서 자주 일어나는 문제를 해결하기 위한 고민에서 시작되었다고 해요. 결혼식 날에는 많은 하객이 몰리기 때문에 축의금을 내고 식권을 받는 과정이 굉장히 복잡하고 혼란스러울 때가 많아요. 이를 틈타 절도나 사기가 발생하는 때도 있죠. 이를 막기 위해 이 시스템이 도입된 거예요.

그런데 인터넷에서 축의금 키오스크에 대한 누리꾼들의 반응은 엇갈리고 있어요. 찬성하는 쪽은 "편리하다.", "사람이 몰려 정신없을 때 더 효율적이다."라며 긍정적인 의견을 내고 있어요. 키오스크를 이용하면 축의금을 낼 때 줄을 서서 기다릴 필요가 없고, 현금을 준비하지 않아도 된다는 장점이 있죠. 반면, 반대하는 사람들은 "마음을 기계로 받는 건 너무 삭막하다.", "전통적인 방식이 더 정감 있다."라며 부정적인 의견을 표현하고 있어요. 결혼식은 축하의 의미를 담고 있는 중요한 행사인데, 키오스크를 사용하면 마치 기계적으로 돈을 내고 가는 느낌이 들 수 있다는 거예요. 첨단 기술의 편리함과 전통적인 방식의 정감 사이의 균형을 어떻게 잡아야 할까요?

어휘 풀이

1 **액수**: 돈의 양이나 금액
2 **절도**: 다른 사람의 물건을 몰래 훔침
3 **하객**: 결혼식이나 축하 자리에서 축하해 주는 사람
4 **누리꾼**: 인터넷에서 활동하는 사람
5 **삭막하다**: 분위기가 차갑고 쓸쓸하다

이것만은 꼭!

키오스크란?
무인 정보 단말기로, 사람들이 직접 터치스크린을 통해 정보를 입력하거나 서비스를 이용할 수 있는 기계를 말해요. 현재 식당, 은행, 결혼식장 등 다양한 장소에서 사용되고 있어요.

▶ 정답 234쪽

국어 실력 팍팍 늘리기

어휘력 다음 뜻에 어울리는 어휘를 쓰세요.

1. [　　　　] : 다른 사람의 물건을 몰래 훔침
2. [　　　　] : 결혼식이나 축하 자리에서 축하해 주는 사람
3. [　　　　] : 인터넷에서 활동하는 사람
4. [　　　　] : 분위기가 차갑고 쓸쓸하다
5. [　　　　] : 돈의 양이나 금액

문해력 빈칸에 알맞은 단어를 신문 기사에서 찾아 쓰세요.

1. 하객들은 키오스크에서 신랑·신부 정보와 [　　　　] 액수를 입력할 수 있어요.
2. 축의금 키오스크를 통해 [　　　　] 과 주차권을 쉽게 받을 수 있어요.
3. 축의금을 키오스크로 받는 시스템은 [　　　　] 와 빈 봉투 사기를 방지할 수 있어요.
4. 축의금을 키오스크라는 기계를 통해 받는 것이 너무 [　　　　] 는 반대 의견도 있어요.
5. 첨단 기술의 [　　　　] 과 전통적인 방식의 정감 사이의 균형을 고민해야 해요.

작문력 다음 질문에 대한 답을 쓰세요.

1. 축의금 키오스크가 생기게 된 이유는 무엇인가요? 기사에 나온 내용을 참고하여 두 가지 이상 써 보세요.

2. 축의금 키오스크 사용을 반대하는 사람들의 의견은 무엇인가요?

추석 폭염, 역대급 9월 무더위

폭염으로 인한 온열 질환을 주의해야 한다.

2024년 9월, 추석을 맞은 한국에 역대급 폭염이 찾아왔어요. 기상청에 따르면, 9월 18일 서울에 역사상 가장 늦은 폭염 경보가 발령되었고, 수원, 전주, 통영 등 여러 지역에서도 9월 최고 기온이 경신되었어요. 추석 연휴 동안 무더위가 계속되며, 온열 질환자가 속출해 환자도 늘어났죠.

이번 추석 폭염의 주요 원인은 지구 온난화로 인한 기후 변화 때문이에요. 전문가들에 따르면 지구 온난화로 인해 지구 평균 온도가 계속해서 상승하고 있고, 이에 따라 폭염, 가뭄, 폭우 등 극한 기후 현상이 일어나고 있다고 해요. 특히 한반도는 여름철 고온다습한 기후 특성상 온난화의 영향을 더욱 크게 받을 수 있기 때문에, 앞으로도 폭염이 더 자주, 더 길게 이어질 가능성이 크다고 해요. 또한 이러한 폭염이 일시적인 현상이 아닌, 앞으로도 지속될 가능성이 크다고 경고하고 있기도 해요.

전문가들은 지구 온난화가 계속되면 2030년까지 평균 기온이 1.5도 상승할 것으로 예상되며, 그에 따라 더 심각한 기후 변화가 올 수 있다고 경고하고 있어요. 만약 이런 상황이 지속된다면, 여름철 폭염뿐만 아니라 겨울철 이상 기온, 예상치 못한 기상 재해가 빈번하게 발생할 수도 있어요.

미래의 기후 위기를 막기 위해서 평소에 대중교통 이용하기, 재활용품 사용하기, 물 절약하기 등을 실천하려는 습관이 점점 중요해지고 있어요.

어휘 풀이

1 **발령**: 긴급한 상황에 대한 경보를 발표함
2 **경신**: 이전 기록을 깨고 새로운 기록을 세움
3 **온열 질환자**: 열이 몹시 오르는 병을 앓고 있는 사람
4 **폭우**: 갑자기 세차게 쏟아지는 비
5 **지속**: 어떤 상태가 계속 이어짐

이것만은 꼭!

지구 온난화란?
지구의 평균 기온이 점차 상승하는 현상을 말해요. 지구 온난화는 단순한 기온 상승을 넘어 기후 변화를 유발해 생태계와 인간의 생활에 큰 영향을 미치고 있어요.

▶ 정답 235쪽

국어 실력 팍팍 늘리기

어휘력
신문 기사의 내용에 알맞도록 〈보기〉에서 어휘를 찾아 쓰세요.

보기 온난화   경보   재활용품   상승

1. 기상청에 따르면, 2024년 9월 18일 서울에 역사상 가장 늦은 폭염 (   )가 발령되었다고 해요.
2. 전문가들은 지구 (   )로 인해 폭염과 같은 극한 기후 변화가 더 자주 나타날 수 있다고 경고해요.
3. 전문가들은 지구 온난화가 계속되면 2030년까지 평균 기온이 1.5도 (   )할 것으로 예상해요.
4. (   )을 사용하고, 대중교통을 이용하는 습관이 기후 위기를 막는 방법이에요.

문해력
아래 질문에 맞는 답을 골라 번호에 ○ 하세요.

다음 중 2024년 추석 폭염의 주요 원인은 무엇인가요?

① 한국의 여름이 점점 짧아지고 있기 때문이에요.
② 지구 온난화로 인해 평균 기온이 상승하고 있기 때문이에요.
③ 추석 기간에 강한 태풍이 한반도를 지나갔기 때문이에요.
④ 전 세계적으로 대기 오염이 감소하고 있기 때문이에요.
⑤ 한국의 전통적인 추석 풍습이 기후에 영향을 주었기 때문이에요.

작문력
신문 기사 속 단어를 넣어 자유롭게 한 문장을 쓰세요.

1. **폭우** **예시** **폭우**로 인해 하천이 넘쳐서 사람들이 대피해야 했다.

2. **기후 변화** **예시** **기후 변화**를 막기 위해 전기를 아끼고 나무를 심는 활동을 해야 한다.

020 추석 폭염, 역대급 9월 무더위 53

가짜 뉴스를 꾸며 써라!

 다른 사람들을 깜짝 놀라게 할 만한 가짜 뉴스를 상상해 보고, 글을 쓰고, 그림도 그려 보세요.

제목:

뉴스 내용:

내가 쓴 가짜 뉴스가 퍼지면 어떤 문제가 생길까요?

〈이런 주제 어때요?〉

1. 학교에서 로봇 선생님이 수업을 시작했다!
2. 한 입 먹으면 하늘을 날 수 있는 마법의 과일
3. 우리 집 강아지는 영어를 한다!
4. 초콜릿을 많이 먹으면 수학 성적이 오른다?!

3장 : 문화

021 레고로 만든 스포츠카가 실제 주행을 한다고?

022 케이팝, 왜 세계적으로 인기가 많을까?

023 미국 학부모들 사이에서 부는 '태권도' 열풍

024 한국인 최초로 영국 그라모폰상을 받은 피아니스트

025 100만 명이 즐기는 서울세계불꽃축제

026 뉴욕에 생긴 세계 최대의 '한글벽'

027 한국에도 드디어 노벨문학상 수상자가 나왔다!

028 스페인의 토마토 축제 '라 토마티나'

029 전 세계에서 사랑받는 한국 드라마

030 단 하나뿐인 '나만의 우표'를 만들어 볼까?

나는 축제 기획자! 특별한 축제 기획하기!

레고로 만든 스포츠카가 실제 주행을 한다고?

레고 스포츠카의 모습

　아이들만 가지고 노는 장난감이라고 생각했던 레고가 실물 크기의 스포츠카가 되었다고 해요. 2024년 9월, 레고는 영국의 슈퍼카 브랜드 맥라렌과 협업해 34만 개 이상의 부품을 사용하여 〈맥라렌 P1〉이라는 레고 스포츠카를 만들었어요. 그리고 이 스포츠카는 '랜도 노리스'라는 카레이서의 운전으로 주행에 성공했다고 해요.

　이 차의 차체에는 강철 프레임이 사용되었고, 실제 스포츠카에 달린 것과 같은 타이어가 장착되었다고 해요. 외신에 따르면 이 자동차를 만드는데 스무 명이 넘는 사람의 8,000시간이 넘는 노동력이 들어갔다고 해요.

　이 레고 스포츠카는 딱 한 대만 제작되었어요. 그래서 일반소비자들에게는 구매할 기회가 없죠. 대신 실제 스포츠카를 8분의 1 크기로 줄인 작은 모형을 판매할 계획이라고 해요. 이 모형에도 3,893개의 레고 부품이 들어간다고 하니, 레고 조립을 좋아하는 사람들에게는 기쁜 소식이겠죠? 정교한 디자인과 실제 자동차처럼 움직이는 기능까지 갖춘 이 레고 모델은 조립의 즐거움뿐만 아니라 자동차 기술에 대한 흥미도 함께 키워 줄 거예요.

　레고가 이런 실물 크기 차량을 만드는 데 성공하면서, 앞으로 레고와 같은 장난감이 실제 기술과 만나 어떤 새로운 가능성을 열게 될지 기대되지 않나요?

어휘 풀이

1 **실물**: 실제로 있는 물건이나 사람의 모습
2 **차체**: 자동차에서 바퀴와 엔진을 제외한 기본 틀
3 **장착**: 기계나 물건을 붙이거나 설치함
4 **외신**: 다른 나라에서 전해 오는 뉴스나 소식
5 **조립**: 여러 부품을 맞추어 하나로 만듦

이것만은 꼭!

레고란?
1932년 덴마크에 설립된 블록 장난감 브랜드. 다양한 크기의 플라스틱 블록을 조립해 다양한 구조물이나 캐릭터를 만들 수 있는 놀이로, 창의력을 키우는 데 도움을 주는 장난감이에요.

국어 실력 팍팍 늘리기

▶ 정답 235쪽

 **어휘력** 다음 한자 어휘를 따라 쓰세요.

• 쓰는 순서는 별도의 활동지를 통해 연습해 보세요.

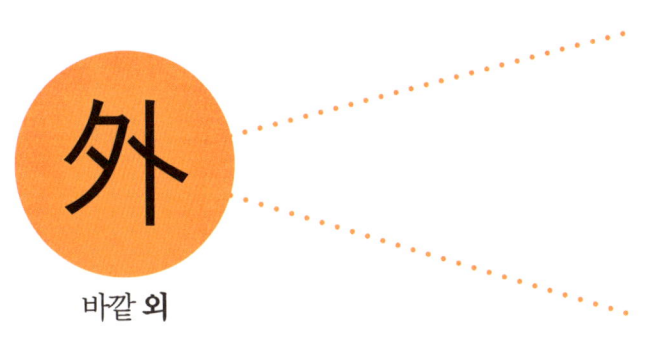

外	國
바깥 **외**	나라 **국**

자기 나라가 아닌 다른 나라

外	出
바깥 **외**	날 **출**

집 등에서 벗어나 잠깐 밖에 나감

바깥 **외**

 **문해력** 신문 기사의 내용과 일치하는 것에 ○표, 일치하지 않는 것에 ×표 하세요.

1. 레고는 34만 개 이상의 부품으로 〈맥라렌 P1〉 스포츠카를 만들었어요.
2. 〈맥라렌 P1〉은 장난감으로만 만들어졌고, 실제로 주행할 수는 없어요.
3. 이 스포츠카의 차체에는 플라스틱 프레임과 실제 타이어가 사용되었어요.
4. 레고 스포츠카를 만드는 데 스무 명 이상이 8,000시간 이상 작업했어요.
5. 레고 스포츠카의 작은 모형에는 3,893개의 부품이 사용될 예정이에요.

 **작문력** 레고 스포츠카를 만든 사람들에게 묻고 싶은 질문을 간단하게 쓰세요.

| 예시문 | 레고 스포츠카를 만들면서 가장 어려웠던 부분은 무엇이었나요? |

케이팝, 왜 세계적으로 인기가 많을까?

무대에서 공연하고 있는 케이팝 아이돌 그룹

케이팝(K-pop)이 전 세계적으로 큰 인기를 끌고 있어요. 2024년 5월, 유튜브 차트에 따르면 글로벌 주간 100곡의 인기곡 중, 10곡이 케이팝이라고 해요. 또한 국제음반산업협회에서 선정한 10명의 글로벌 아티스트 중에 케이팝 아이돌 그룹이 4팀이나 선정되었어요.

케이팝은 중독성 있는 후크송, 화려한 뮤직비디오, 팬들이 따라 할 수 있는 쉽고 멋진 안무 덕분에 세계적인 사랑을 받고 있어요. 물론 이와 함께 유튜브를 통한 뮤직비디오의 쉽고 빠른 공유, 숏츠나 릴스와 같은 숏폼을 이용한 짧은 안무 영상이 전 연령대에서 유행하게 된 것도 영향을 미쳤죠.

특히, 방탄소년단이나 블랙핑크 같은 그룹들은 SNS를 활용하여 전 세계 팬들과 다양하게 소통하며 팬덤 문화를 만들었어요. 팬덤은 단순한 팬 활동을 넘어, 케이팝 그룹에게 긍정적인 이미지를 만들어 주고, 케이팝을 좀 더 넓은 세계로 알리는 데 중요한 역할을 하고 있어요.

앞으로 케이팝은 더욱 강력한 팬덤과 기술의 발전을 통해 계속해서 새로운 가능성을 열어갈 거예요. 예를 들어, 온라인 플랫폼과 가상현실 기술을 활용한 새로운 형태의 공연이 등장할지도 몰라요. 또, 다양한 문화와의 융합을 통해 더욱 세계적인 음악과 퍼포먼스를 선보이며, 지금보다 더 큰 사랑을 받을 가능성도 있어요.

어휘 풀이
1 **후크송**: 반복되는 부분이 강렬해서 기억에 남는 노래
2 **안무**: 춤을 만들거나 또는 그것을 가르침
3 **연령대**: 비슷한 나이의 범위
4 **팬덤 문화**: 팬들이 만들어가는 응원이나 지지하는 행동
5 **융합**: 둘 이상의 사물을 섞거나 조화시켜 하나로 합함

이것만은 꼭!
케이팝(K-pop)이란?
한국의 대중음악으로, 노래뿐만 아니라 안무, 패션, 뮤직비디오 등도 포함된 종합적인 음악 장르를 통틀어 일컫는 말이에요.

▶ 정답 235쪽

국어 실력 팍팍 늘리기

 어휘와 뜻을 알맞게 연결하세요.

1. 후크송 • • ㉠ 비슷한 나이의 범위
2. 연령대 • • ㉡ 반복되는 부분이 강렬해서 기억에 남는 노래
3. 융합 • • ㉢ 팬들이 만들어가는 응원이나 지지하는 행동
4. 팬덤 문화 • • ㉣ 둘 이상의 사물을 섞거나 조화시켜 하나로 합함
5. 안무 • • ㉤ 춤을 만들거나 또는 그것을 가르침

 신문 기사의 내용에 맞게 　　 에서 알맞은 표현을 골라 ○ 하세요.

1. 케이팝의 인기 요인 중 하나는 화려한 뮤직비디오 / 단순한 영상 편집 덕분이에요.
2. 팬덤은 케이팝 그룹에게 기술적인 한계 / 긍정적인 이미지 를 만들어 주는 데 중요한 역할을 해요.
3. 숏폼 콘텐츠는 케이팝 안무를 더 길게 감상하게 / 쉽게 따라 하게 만들어요.

 신문 기사 속 단어를 넣어 자유롭게 한 문장을 쓰세요.

1. **안무** 〔예시〕 요즘 우리 언니는 발표회 때 보여줄 **안무**를 짜느라 바쁘다.

2. **연령대** 〔예시〕 축제에 참가한 사람들의 **연령대**는 10대부터 60대까지 다양했다.

022 케이팝, 왜 세계적으로 인기가 많을까?

미국 학부모들 사이에서 부는 '태권도' 열풍

미국의 한 태권도장

한국의 태권도가 머나먼 미국에서 큰 인기를 끌고 있어요. 세계태권도연맹의 자료에 따르면 미국 내 태권도장은 약 15,000개, 태권도 인구는 294만 명에 달한다고 해요. 또한 태권도를 통해 몸을 단련하는 것은 물론 규범과 예절, 타인을 존중하는 법을 배울 수 있다는 점에서 태권도에 대한 미국 학부모들의 만족도가 매우 높다고 해요.

태권도의 인기는 2000년 시드니 올림픽의 정식 종목으로 채택된 이후부터 급격히 높아졌어요. 특히, 태권도가 단순한 운동이 아니라 아이들에게 자신감, 집중력, 그리고 예의를 가르치는 교육적인 프로그램으로 자리 잡으면서 학부모들에게 더욱 주목받게 되었죠. 이와 함께 한국식 태권도장 시스템이 미국에 도입되며 학부모들 사이에서 체계적인 훈련 방식과 세심한 지도법이 높은 평가를 받았어요.

한국식 시스템이란, 방과 후에 셔틀버스를 이용한 픽업 서비스를 제공하는 것인데, 태권도장에서 다양한 신체 활동을 한 다음 다시 집까지 안전하게 보내주는 것을 말해요. 아이의 부족한 신체 활동을 채워주고 또한 안전하게 집에 데려다주기 때문에 학부모들에게 인기가 많아지게 되었죠.

앞으로 한국의 전통 스포츠인 태권도는 단순한 무술을 넘어 축구나 수영처럼 아이들의 성장을 돕는 스포츠로 자리매김할 가능성이 커요.

어휘 풀이

1 **연맹**: 같은 목표를 가진 단체들이 모인 조직
2 **단련**: 몸이나 마음을 강하게 만드는 훈련
3 **규범**: 사람들이 함께 지켜야 하는 약속이나 규칙
4 **채택**: 여러 가지 중에서 고름
5 **픽업**: 사람이나 물건을 태우거나 가져감

이것만은 꼭!

태권도란?
한국의 전통 무술이자 스포츠로, 신체적 훈련을 통해 자기방어와 정신적 수양을 동시에 할 수 있는 무술이에요. 예절과 인내, 존중 등 도덕적 가치를 배우는 데에도 도움이 된다고 알려져 있어요.

국어 실력 팍팍 늘리기

▶ 정답 235쪽

어휘력 — 다음 뜻에 어울리는 어휘를 쓰세요.

1. ☐ : 여러 가지 중에서 고름
2. ☐ : 사람들이 함께 지켜야 하는 약속이나 규칙
3. ☐ : 사람이나 물건을 태우거나 가져감
4. ☐ : 몸이나 마음을 강하게 만드는 훈련
5. ☐ : 같은 목표를 가진 단체들이 모인 조직

문해력 — 빈칸에 알맞은 단어를 신문 기사에서 찾아 쓰세요.

1. 미국 내 ☐ 은 약 15,000개에 달한다고 해요.
2. 태권도를 통해 아이들은 몸을 단련하고 ☐ 과 예절, 타인을 존중하는 법을 배울 수 있어요.
3. 태권도는 2000년 ☐ 올림픽에서 정식 종목으로 채택되었어요.
4. 한국식 태권도 시스템은 방과 후 ☐ 를 이용해 아이들을 픽업하는 서비스를 포함하고 있어요.
5. 태권도는 축구나 수영처럼 아이들의 ☐ 을 돕는 스포츠로 자리 잡을 가능성이 커요.

작문력 — 신문 기사의 주요 내용을 요약한 글을 따라 쓰세요.

> 한국 태권도가 미국에서 큰 인기를 끌고 있어요. 시드니 올림픽에서 정식 종목으로 채택된 이후 태권도의 인기가 높아졌고, 한국식 태권도장 시스템도 생겼어요. 이 시스템은 셔틀버스를 이용한 픽업 서비스와 다양한 신체 활동 프로그램으로 이루어져 있으며, 학부모들에게 높은 만족도를 주고 있어요.

023 미국 학부모들 사이에서 부는 '태권도' 열풍

한국인 최초로 영국 그라모폰상을 받은 피아니스트

피아노를 연주하고 있는 피아니스트

2024년 10월, 영국 런던에서 열린 세계적인 클래식 음악 시상식 '그라모폰 클래식 뮤직 어워즈'에서 한국의 피아니스트 임윤찬이 '피아노' 부문에서 상을 받았어요. 또한 특별상이었던 '젊은 음악가' 부문에서도 상을 받게 되어 무려 2관왕의 영광을 얻게 되었어요.

그동안 바이올리니스트나 첼리스트가 그라모폰상을 받은 적은 있었지만, 피아니스트로서는 임윤찬이 처음으로 이 상을 받았어요. 그는 뛰어난 실력과 독창적인 곡 해석으로 심사위원들의 극찬을 받으며, 클래식 음악계에서 한국의 위상을 한층 높였어요. 그런 점에서 그의 수상은 한국 클래식 음악계에 큰 기념비적인 사건이 되었어요. 더불어, 이번 수상을 통해 임윤찬은 세계적인 무대에서 더욱 주목받는 예술가로 자리매김하며, 한국 클래식 음악의 미래에 대한 기대감을 높이고 있어요.

임윤찬이 주목받은 이유는 그가 연주한 '쇼팽: 에튀드'라는 음반에서 보여준 유연함과 열정 덕분이에요. 참고로 그의 음반은 '피아노의 시인'이라고 불리는 폴란드의 피아니스트, 쇼팽의 27개 연습곡 중 24개를 연주한 것이에요. 평단은 그의 연주를 "깃털처럼 가볍고 활기차다."라고 평가했어요.

다양한 무대에서 독창적인 해석과 열정적인 연주를 통해 세계 음악 팬들에게 깊은 감동을 줄 임윤찬의 활약을 기대해 보세요!

어휘 풀이

1 **2관왕**: 두 가지 상이나 타이틀을 동시에 얻은 사람
2 **수상**: 상을 받음
3 **주목**: 특별히 관심을 둠
4 **평단**: 예술이나 문화를 평가하는 전문가들의 사회
5 **활약**: 어떤 분야에서 열심히 활동함

이것만은 꼭!

피아니스트란?
피아노를 연주하는 전문 음악가를 말해요. 피아노 연주 기술과 해석력을 바탕으로 작곡가의 의도를 표현하고, 청중에게 감동을 전달하는 역할을 해요.

▶ 정답 235쪽

국어 실력 팍팍 늘리기

 다음 한자어가 들어간 사자성어를 따라 쓰세요.

• 쓰는 순서는 별도의 활동지를 통해 연습해 보세요.

目	耳	目	口	鼻
눈 목	귀 이	눈 목	입 구	코 비

뜻 : 귀, 눈, 입, 코를 함께 가리키는 말

耳　目　口　鼻

 신문 기사의 주요 단어를 빈칸에 쓰세요.

2024년, ▨▨▨▨ 임윤찬이 영국 런던의 '그라모폰 클래식 뮤직 어워즈'에서 피아노 부문과 젊은 음악가 부문에서 수상하며 ▨▨ 을 차지했어요. 이는 한국 피아니스트로서 처음 받은 상으로, 한국 ▨▨ 음악계에 큰 의미를 더했어요.

 다음 내용에 대한 나의 의견을 쓰세요.

> 임윤찬은 한국 클래식 음악을 세계에 알리는 데 도움을 주었다.

나는 이 의견에 (찬성 / 반대)한다. 그 이유는

100만 명이 즐기는 서울세계불꽃축제

여의도에서 열린 서울세계불꽃축제의 모습

서울세계불꽃축제는 매년 100만 명 이상이 찾는 대규모 행사로, 2000년부터 이어져 온 서울의 대표적인 문화 축제예요. 여의도 한강공원을 중심으로 펼쳐지는 2024년 불꽃축제에는 한국뿐만 아니라 미국, 일본 등 다양한 국가가 참가해 화려한 불꽃을 선보였어요.

이 축제를 준비하는 데 약 100억 원 정도의 예산이 필요하다고 해요. 그럼에도 이 행사를 주최하는 기업에서는 더 많은 시민이 불꽃을 통해 위로받고 희망을 품을 수 있도록 하자는 취지로 이 축제를 계속하고 있다고 해요. 일종의 사회 공헌 활동이라고 볼 수 있죠. 특히, 매해 국내외 최고의 불꽃 기술을 활용해 화려한 연출을 선보이며 관람객들에게 잊지 못할 추억을 선사하고 있어요.

2024년 서울세계불꽃축제에서 펼쳐진 일본팀과 미국팀의 불꽃도 멋졌지만, 마지막으로 등장한 한국팀은 원효대교와 마포대교 사이에서 동시에 불꽃을 터뜨리는 '쌍둥이 불꽃'을 보여주었어요. 멀리서도 선명하게 볼 수 있는 이 특별한 연출은 많은 사람들의 감탄을 자아냈어요.

물론 축제의 즐거움 뒤에 교통 혼잡이나 한강공원 주변의 쓰레기 문제, 환경 문제 등이 아쉬운 점으로 보도되기도 했어요. 서울세계불꽃축제가 세계적인 행사로 발전하기 위해서는 이런 문제 등에 대한 해법도 고민할 필요가 있지 않을까요?

어휘 풀이

1 **예산**: 어떤 일을 하는 데 필요한 비용
2 **주최**: 행사나 모임을 주도적으로 기획하여 엶
3 **사회 공헌**: 사회를 위해 도움을 주는 일
4 **혼잡**: 여러 사람이나 차량이 몰려 복잡한 상태
5 **해법**: 문제를 푸는 방법

이것만은 꼭!

서울세계불꽃축제란?
대한민국 서울의 여의도 한강공원에서 매년 가을에 열리는 대표적인 불꽃놀이 축제예요. 화려한 불꽃과 함께 세계 각국의 예술을 즐길 수 있는 특별한 행사로, 많은 사람이 기대하는 행사예요.

▶ 정답 235쪽

국어 실력 팍팍 늘리기

 신문 기사의 내용에 알맞도록 〈보기〉에서 어휘를 찾아 쓰세요.

> 보기   혼잡   연출   예산   사회 공헌

① 서울세계불꽃축제를 준비하는 데 약 100억 원의 (　　) 이 필요하다고 해요.

② 이 축제는 기업의 (　　) 활동으로 더 많은 시민에게 희망을 주고자 하는 의미가 있어요.

③ 마지막 한국팀의 '쌍둥이 불꽃' (　　) 은 많은 사람들의 감탄을 자아냈어요.

④ 교통 (　　) 이나 한강공원 주변의 쓰레기 문제 등이 이번 축제의 아쉬운 점으로 꼽혔어요.

 아래 질문에 맞는 답을 골라 번호에 ○ 하세요.

다음 중 서울세계불꽃축제를 주최하는 기업이 이 행사를 계속 진행하는 이유는 무엇인가요?

① 서울의 대표적인 문화 축제로 예산이 절감되기 때문이에요.
② 교통 혼잡과 환경 문제를 해결하기 위해 마련된 행사이기 때문이에요.
③ 한국팀의 불꽃 연출이 전 세계에서 가장 화려하기 때문이에요.
④ 더 많은 시민이 불꽃을 통해 위로와 희망을 받을 수 있도록 하기 위해서예요.
⑤ 외국팀과의 경쟁에서 이기기 위해서예요.

 다음 질문에 대한 답을 쓰세요.

① 서울세계불꽃축제가 시작된 해는 언제인가요?

② 2024년 서울세계불꽃축제에서 한국팀이 선보인 특별한 불꽃 연출은 무엇인가요?

뉴욕에 생긴 세계 최대의 '한글벽'

한글벽이 전시되어 있는 뉴욕한국문화원

2024년 9월, 뉴욕 맨해튼에 세계 최대의 '한글벽'이 세워졌어요. 높이 22m, 가로 8m의 이 '한글벽'은 전 세계 사람들로부터 받은 한글 문구를 모아 만든 설치 미술 작품이에요. 이 '한글벽'은 한국의 문화를 알리고 한글의 아름다움을 전 세계에 보여주기 위해 만들어졌어요.

뉴욕한국문화원과 세계적인 설치 미술가 강익중 작가가 함께 완성한 '한글벽'은 한글에 대한 세계적인 관심을 바탕으로 만들어졌어요. 한국 문화와 언어가 세계인의 이목을 끌면서, 한글을 담은 설치 미술 프로젝트에 대한 호응과 참여 덕분에 이처럼 초대형 작품이 완성되고, 전시될 수 있었어요.

흥미로운 점은, 이 프로젝트는 단순한 미술 작품에 그치지 않고 세계인의 이야기를 한글로 엮어냈다는 점이에요. 웹사이트에 접속하여 자신이 간직하고 싶은 문장을 입력한 다음 이를 채색하여 나만의 한글 작품을 만들 수 있었어요. 50여 개국 7천여 명이 보낸 문구 중 1천 개를 선택하여 벽을 만드는 데 사용했고요.

뉴욕의 중심에서 한글의 아름다움을 알리는 이 작품은 한국 문화의 독창성과 언어의 예술적 가치를 세계에 전파하는 데 큰 역할을 하고 있어요. 이 벽은 단순히 한글을 알리는 것을 넘어, 한국과 다른 문화 간의 이해와 교류를 확대하는 새로운 상징물이 될 가능성이 커요.

어휘 풀이

1 **문구**: 짧고 간단하게 적은 글
2 **설치 미술**: 특정 공간에 작품을 배치해 표현하는 예술
3 **이목**: 사람들의 관심과 주목
4 **호응**: 어떤 일이나 말에 찬성하며 반응함
5 **채색**: 그림에 색을 칠함

이것만은 꼭!

'한글벽'은 어디서 볼 수 있나요?
세계 최대 규모의 한글 설치 미술 작품인 '한글벽'은 뉴욕 맨해튼에 있는 뉴욕한국문화원 신청사에서 볼 수 있어요.

▶ 정답 236쪽

국어 실력 팍팍 늘리기

어휘력 어휘와 뜻을 알맞게 연결하세요.

1. 설치 미술 • • ㉠ 특정 공간에 작품을 배치해 표현하는 예술
2. 이목 • • ㉡ 사람들의 관심과 주목
3. 호응 • • ㉢ 그림에 색을 칠함
4. 문구 • • ㉣ 짧고 간단하게 적은 글
5. 채색 • • ㉤ 어떤 일이나 말에 찬성하며 반응함

문해력 신문 기사의 내용과 일치하는 것에 ○표, 일치하지 않는 것에 ×표 하세요.

1. 뉴욕 맨해튼에 세워진 '한글벽'은 높이 22m, 가로 8m 크기예요. ◯
2. '한글벽'은 한국 전통 건축물을 복원한 작품이에요. ◯
3. '한글벽'은 한글의 아름다움을 알리고, 세계인의 관심을 끌기 위해 만들어졌어요. ◯
4. 50여 개국에서 7천여 명이 문구를 보내왔고, 그중 1천 개가 벽을 만드는 데 사용되었어요. ◯
5. '한글벽'은 단순히 미술 작품으로만 사용되어 다른 문화와의 소통은 어려워요. ◯

작문력 신문 기사의 주요 내용을 요약한 글을 따라 쓰세요.

> 2024년 9월, 뉴욕 맨해튼에 세계 최대의 '한글벽'이 세워졌어요. 이 작품은 한글 문구를 모아 만든 설치 미술로, 한국의 문화와 한글의 아름다움을 전 세계에 알리기 위해 만들어졌어요. 세계인들이 입력한 문구로 만들어진 한글벽은 한글을 통해 다양한 사람들과 소통하는 기회를 만들어 줄 것으로 기대되는 작품이에요.

한국에도 드디어 노벨 문학상 수상자가 나왔다!

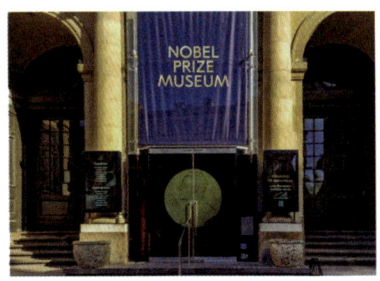

노벨상 시상식이 열리는 스웨덴 스톡홀름

2024년, 드디어 한국에서 노벨 문학상 수상자가 나왔어요. 한국인 최초로 노벨 문학상을 받은 사람은 바로 한강 작가예요. 이는 아시아 여성으로도 최초로 수상한 경우라 더 큰 의미가 있어요. 수상으로 인해 한국 문학이 세계 문학계에서 큰 주목을 받게 되었어요.

사실 한강 작가의 문학적 성취는 이미 2016년 부커상 수상부터 시작됐어요. 그때도 한국인 최초였죠. 그녀의 섬세한 문체와 깊이 있는 서사는 세계 독자들의 마음을 사로잡았고, 이를 계기로 한국 문학에 대한 세계인의 관심이 활발해지기 시작했어요. 200종이 넘는 책들이 번역되어 해외의 독자들에게 전해지기 시작했죠.

전문가들에 따르면 한강 작가의 작품은 민족적 비극을 다루면서도 개인적인 이야기를 담고 있다고 해요. 특히 시적이고, 서정적이며, 아름다운 문장이 특징인데, 이는 그녀의 작품이 다른 작가들과 비교되는 점이고, 이러한 장점으로 인해 노벨상을 받았다고 보는 이들도 많아요.

한강 작가의 노벨 문학상 수상은 한국 문학의 위상을 높이는 계기가 되었어요. 그녀의 작품은 한국 사회와 인간의 내면을 섬세하게 그려내며 전 세계 독자들에게 깊은 감동을 선사했죠. 한강 작가의 수상이 일회성이 아니라 한국 문학의 지속적인 성장으로 이어질 수 있기를 기대해 보세요.

어휘 풀이

1 문체: 글을 쓸 때 나타나는 독특한 표현 방식
2 서사: 사상, 감정, 지식 등을 글이나 그림으로 표현하여 적음
3 비극: 슬프고 불행한 일을 당함
4 서정적: 정서를 듬뿍 담고 있음
5 위상: 어떤 분야에서 가지는 위치나 중요성

이것만은 꼭!

노벨 문학상이란?
매년 스웨덴 아카데미에서 전 세계적으로 문학적 업적을 인정받은 작가들에게 수여하는 상이에요. 수상자는 전 세계 문학계에 큰 영향을 미치며, 수상작은 다양한 언어로 번역되어 널리 읽히게 돼요.

▶ 정답 236쪽

국어 실력 팍팍 늘리기

 **어휘력** 다음 한자어가 들어간 사자성어를 따라 쓰세요.
• 쓰는 순서는 별도의 활동지를 통해 연습해 보세요.

相 서로 상	類 무리 류(유)	類 무리 류(유)	相 서로 상	從 좇을 종
	뜻 : 비슷한 사람들끼리 무리를 이룸			

類　類　相　從

 **문해력** 신문 기사의 내용에 맞게 ▨에서 알맞은 표현을 골라 ○ 하세요.

① 한국인 최초로 노벨 문학상을 받은 사람은 `한강 / 김영하` 작가예요.

② 한강 작가의 문학적 성취는 `2010년 퓰리처상 / 2016년 부커상` 수상에서부터 시작되었어요.

③ 한강 작가의 문체는 시적이고, 서정적이며, `논리적인 / 아름다운` 문장으로 유명해요.

 **작문력** 다음 내용에 대한 나의 의견을 쓰세요.

> 한강 작가의 소설은 일부 사람들에게만 인기 있다.

나는 이 의견에 (찬성 / 반대)한다. 그 이유는

027 한국에도 드디어 노벨 문학상 수상자가 나왔다! 69

스페인의 토마토 축제 '라 토마티나'

'라 토마티나'를 즐기는 사람들

스페인 발렌시아 주에 있는 부뇰 마을에서는 매년 8월 마지막 주 수요일에 '라 토마티나'라는 토마토 축제가 열려요. 세계적으로 유명한 이 축제는 참가자들이 서로에게 토마토를 던지는 '푸드파이트'라는 이벤트로 인해 더 많은 사람들에게 알려지게 되었어요.

토마토 축제는 1944년, 폭락한 토마토 값에 화가 난 농부들이 시의원들에게 토마토를 던진 사건에서 유래되었다고 해요. 이후 이 행사가 점점 인기를 얻으며 오늘날에는 전 세계에서 관광객들이 몰려드는 대형 축제로 성장했어요. 물론 이곳에서 푸드파이트만 하는 건 아니에요. 요리 대회도 있고, 행진도 하고, 다양한 볼거리를 제공하고 있어요.

'라 토마티나'는 사람들을 하나로 모으고, 전 세계에 스페인의 문화를 알리는 긍정적인 효과가 있어요. 많은 사람이 함께 어울려 즐기는 축제인 만큼 지역 경제 활성화에도 큰 도움이 되죠. 하지만 토마토 같은 식재료를 낭비하는 축제라는 비판, 수만 명의 사람이 참여하는 축제이다 보니 안전사고가 일어날 수 있다는 비판 등도 여전히 남아 있어요. 또한, 행사 후에 남은 토마토를 처리하는 환경적인 문제도 고려해야 한다는 의견이 나오고 있어요.

여러분은 '라 토마티나'라는 스페인의 축제에 대해 어떻게 생각하나요?

어휘 풀이

1 이벤트: 특별한 행사를 기획해서 진행함
2 폭락: 가격이나 가치가 갑자기 크게 떨어짐
3 유래: 어떤 것의 시작이나 기원
4 식재료: 음식을 만들 때 사용하는 재료
5 비판: 잘못된 점을 지적하고 평가함

이것만은 꼭!

'라 토마티나'에는 어떤 규칙이 있나요?
반드시 으깬 토마토를 던질 것, 토마토가 아닌 것은 던지지 않을 것, 종료 신호가 울린 다음에는 토마토를 던지지 않을 것 등의 안전사고를 예방하기 위한 규칙이 있어요.

국어 실력 팍팍 늘리기

▶ 정답 236쪽

어휘력 다음 한자 어휘를 따라 쓰세요.

• 쓰는 순서는 별도의 활동지를 통해 연습해 보세요.

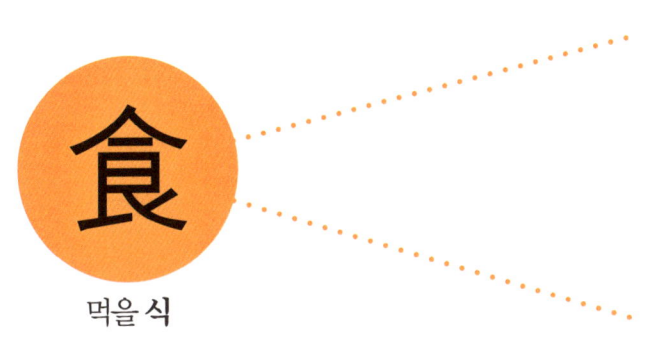

食
먹을 식

給	食
줄 급	먹을 식
식사를 제공함	

粉	食
가루 분	먹을 식
밀가루 등으로 만든 음식	

문해력 신문 기사의 주요 단어를 빈칸에 쓰세요.

스페인 부뇰 마을에서는 매년 8월 마지막 주 수요일, '☐ ☐☐☐'라는 토마토 축제가 열려요. 이 축제는 사람들이 서로에게 토마토를 던지는 '푸드파이트'로 유명해요. 이 축제는 폭락한 토마토 값에 화가 난 ☐☐들이 시의원들에게 토마토를 던진 사건에서 유래되었어요. 현재 이 축제는 사람들을 하나로 모으고, 전 세계에 스페인의 ☐☐를 알리는 긍정적인 역할을 하고 있어요. 하지만 아까운 식재료를 낭비한다거나 안전사고가 일어날 수 있다는 비판도 함께 받고 있어요.

작문력 토마토 축제, '라 토마티나'에 참여하는 사람들에게 묻고 싶은 질문을 간단하게 쓰세요.

예시문 | 토마토를 던질 때 어떤 기분이 드나요?

전 세계에서 사랑받는 한국 드라마

〈오징어 게임〉에 등장했던 캐릭터들

한국 드라마가 전 세계적으로 큰 사랑을 받고 있어요. 구글 트렌드에 따르면 한국 드라마와 관련된 검색량이 계속해서 증가하고 있다고 해요. 실제로 〈별에서 온 그대〉라는 드라마는 중국에서 20억 회 이상의 조회수를 기록했고, 드라마 〈사랑의 불시착〉도 넷플릭스 인기 작품 10위권 안에 들었어요.

한국 드라마가 인기를 얻는 이유는 무엇일까요? 전문가들은 인기의 이유를 흥미로운 스토리, 감정적인 캐릭터, 현실과 판타지를 넘나드는 독특한 설정으로 꼽고 있어요. 또한 다른 나라의 드라마에 비해 감정 표현이 섬세하고, 인간관계에 대한 깊이 있는 이야기가 있어 시청자들의 공감을 불러일으킨다는 것도 의견도 있죠. 여기에 한국 특유의 아름다운 배경과 세련된 영상미, 완성도 높은 연출과 배우들의 뛰어난 연기력이 더해지면서 더욱 주목받고 있어요.

과거와 달리 요즘에는 넷플릭스, 디즈니 플러스와 같은 글로벌 스트리밍 서비스에서 자막 서비스를 쉽고 편하게 제공하고 있어 나라에 상관없이 좋은 작품들은 전 세계에서 인기를 끌 수 있어요. 이러한 흐름에 맞춰 한국 드라마도 다양한 문화적 요소와 감정이 담긴 이야기로 전 세계 시청자들의 마음을 사로잡은 게 아닐까요?

앞으로 한국 드라마는 어떻게 더 발전해 나갈까요? 세계적인 인기를 계속 이어가려면 새로운 이야기와 다양한 시도가 필요하지 않을까요?

어휘 풀이

1 **검색량**: 인터넷에서 어떤 단어를 찾아본 횟수
2 **판타지**: 상상으로 만든 신비하고 독특한 이야기
3 **섬세**: 작고 세밀한 부분까지 신경씀
4 **공감**: 다른 사람의 마음이나 생각에 동의함
5 **자막**: 화면 아래에 나오는 대화나 설명 글

이것만은 꼭!

한국 드라마란?
한국에서 제작된 TV 드라마를 의미해요. 흔히 'K-드라마'라고도 불리며, 전 세계적으로 큰 인기를 끌고 있어요. 주로 로맨스, 가족 이야기, 역사적 배경을 가진 드라마들이 유명해요.

국어 실력 팍팍 늘리기

 **어휘력** 다음 뜻에 어울리는 어휘를 쓰세요.

1. _____ : 작고 세밀한 부분까지 신경씀
2. _____ : 상상으로 만든 신비하고 독특한 이야기
3. _____ : 화면 아래에 나오는 대화나 설명 글
4. _____ : 인터넷에서 어떤 단어를 찾아본 횟수
5. _____ : 다른 사람의 마음이나 생각에 동의함

 **문해력** 빈칸에 알맞은 단어를 신문 기사에서 찾아 쓰세요.

1. 구글 트랜드에 따르면 한국 드라마와 관련된 _____ 이 계속 증가하고 있다고 해요.
2. 한국 드라마 〈사랑의 불시착〉은 넷플릭스 인기 작품 _____ 안에 들었어요.
3. 한국 드라마는 감정적인 캐릭터, 현실과 _____ 를 넘나드는 독특한 설정으로 인기를 얻고 있어요.
4. 한국 드라마는 _____ 이 섬세하고, 인간관계에 관한 깊이 있는 이야기가 있어요.
5. 디즈니플러스와 같은 글로벌 스트리밍 서비스는 _____ 서비스를 제공하고 있어요.

 **작문력** 다음 질문에 대한 답을 쓰세요.

1. 글로벌 스트리밍 서비스가 한국 드라마의 인기에 어떤 도움을 주고 있나요?

2. 한국 드라마가 전 세계적으로 사랑받는 이유는 무엇인가요? 기사에 나온 내용을 참고하여 두 가지 이상 써 보세요.

단 하나뿐인 '나만의 우표'를 만들어 볼까?

다양한 우표들

이메일, 카톡, 인스타그램 DM 등으로 연락하다 보니 요즘에는 편지나 엽서를 보내는 사람을 찾는 게 어려워졌어요. 예전에는 편지와 엽서의 이용자가 많았는데 말이죠. 그런데 우표가 사라져가는 시대인 요즘, '나만의 우표'가 각광을 받고 있어요.

'나만의 우표'는 고객이 원하는 이미지나 사진으로 우표를 만드는 거예요. 단순히 사진이 아니라 실제로 편지나 엽서에 붙여서 사용할 수 있는 진짜 '우표'를 발행해 주는 우정사업본부의 서비스예요. 가족이나 친구들과의 소중한 순간, 우리 지역이나 기업을 홍보하는 방법으로 많이 사용되고 있다고 해요. 우체국 창구나 인터넷 우체국을 통해 만들 수 있고, 10일 이내 제작이 완료되기 때문에 이용 방법도 매우 간단하죠.

'나만의 우표'는 기본형(20장, 1만 3,500원부터), 홍보형(14장, 9,000원부터), 시트형(6장, 4,900원부터) 등 총 3가지 중에서 선택하여 만들 수 있다고 해요.

디지털 시대에도 이러한 아날로그적인 기념품은 특별한 가치를 지니고 있어요. '나만의 우표'는 소중한 추억이나 특별한 순간을 담아 세상에 단 하나뿐인 기념품으로 만들 수 있다는 점에서 매우 큰 의미를 갖죠. 여러분도 '나만의 우표'를 한 번 만들어 보는 건 어떨까요? 아날로그의 따뜻함과 독창적인 추억을 동시에 느낄 수 있게 될 거예요.

어휘 풀이

1 **엽서**: 편지 대신 짧은 글을 적어 보내는 작은 카드
2 **각광**: 많은 사람의 주목과 관심
3 **발행**: 출판물이나 인쇄물을 만들어 내놓음
4 **창구**: 사람들과 소통하거나 일을 처리하는 곳
5 **제작**: 어떤 물건이나 작품을 만듦

이것만은 꼭!

우표란?
우편물을 보낼 때 우편 요금을 냈다는 증명으로 사용되는 작은 종이 증표예요. 국가의 상징, 역사적 인물, 자연 경관 등이 그려져 있어서 취미로 우표를 모으는 수집자들도 있어요.

국어 실력 팍팍 늘리기

▶ 정답 236쪽

어휘력 신문 기사의 내용에 알맞도록 〈보기〉에서 어휘를 찾아 쓰세요.

보기   발행   우표   창구   기념품

1. '나만의 (　　　)'는 고객이 원하는 사진이나 이미지를 사용하여 만들 수 있어요.
2. 우정사업본부는 이 우표를 실제로 편지나 엽서에 붙일 수 있도록 (　　　)해요.
3. 어떤 특별한 순간을 담은 '나만의 우표'는 세상에서 단 하나뿐인 소중한 (　　　)으로 간직할 수 있어요.
4. 우체국 (　　　)나 인터넷 우체국을 통해 '나만의 우표'를 만들 수 있어요.

문해력 아래 질문에 맞는 답을 골라 번호에 ○ 하세요.

다음 중 '나만의 우표' 서비스가 인기를 끌게 된 이유는 무엇인가요?

① 이메일이나 카톡이 우표 사용을 대체할 수 없기 때문이에요.
② 우표는 실제로 사용할 수 없지만 소장 가치가 있기 때문이에요.
③ 고객이 원하는 이미지를 사용해 맞춤형 우표를 만들 수 있기 때문이에요.
④ 홍보형 우표가 다른 우표보다 비싸기 때문이에요.
⑤ 우표가 사라지면서 인터넷 우체국이 새로운 서비스를 제공했기 때문이에요.

작문력 신문 기사 속 단어를 넣어 자유롭게 한 문장을 쓰세요.

1. **엽서**　예시　친구에게 보내려고 예쁜 바다 그림이 그려진 **엽서**를 샀다.

2. **홍보**　예시　학교 축제를 알리기 위해 친구들과 함께 포스터를 붙이며 **홍보**했다.

나는 축제 기획자! 특별한 축제 기획하기!

 내가 축제 기획자가 되었다고 상상해 보세요. 스페인의 토마토 축제 '라 토마티나'처럼 우리나라 또는 세계에서 열리면 좋겠다고 생각하는 축제가 있나요? 내가 직접 축제를 만든다면, 어떤 축제를 만들고 싶나요?

★ 축제 이름 :

★ 축제가 열리는 날짜 :

★ 축제 장소 :

★ 주요 활동 :

★ 이 축제를 만들고 싶은 이유는 무엇인가요?

★ 사람들이 이 축제에서 어떤 즐거움을 느낄 수 있을까요?

진로 톡톡! 축제 기획자란?
사람들이 함께 즐길 수 있는 다양한 축제나 행사(페스티벌)를 기획하고 준비하는 사람을 말해요. 축제의 주제를 정하고, 행사 장소와 날짜를 결정하며, 축제가 원활하게 진행될 수 있도록 모든 과정을 관리하는 중요한 역할을 해요.

4장 : 역사

031 거북선의 유효 사거리는 15m!

032 한글을 집현전 학자들이 만들었다고?

033 역사상 최악의 해양 사고, 타이타닉호의 침몰

034 조선 최고의 모험기, 박지원의 《열하일기》

035 고대 이집트의 미라, 왜 만들었을까?

036 중세 유럽의 성은 어떻게 만들어졌을까?

037 세계 최초의 금속 활자, 《직지》란?

038 이란의 문화, 히잡 착용의 두 가지 얼굴

039 역사상 가장 비싼 600억 원에 낙찰된 공룡 화석

040 70년 만에 고국으로 돌아온 홍범도 장군의 묘비

이런 날이 있으면 좋겠어요!

거북선의 유효 사거리는 15m!

경상남도 통영시 통영항에 있는 거북선 모습

거북선에 관한 흥미로운 연구 결과가 발표되었어요. 2024년 국립목포해양대학교 연구팀은 논문을 통해 거북선 함포의 유효 사거리가 약 15m라는 사실을 밝혀냈어요. 이는 임진왜란 당시 거북선의 실제 전투력과 사격 거리를 과학적으로 밝혀낸 첫 번째 연구예요.

그동안 거북선 함포에 대한 사거리 정보는 명확하지 않았어요. 연구팀은 거북선의 함포로 사용된 총통의 발사 궤적을 분석하고, 일본 군함 모델을 연구하여 이러한 결론을 이끌어냈다고 해요. 특히, 거북선이 6~9m까지 일본 선박에 접근하여 대포를 쏘았다는 역사 기록과 일치해 연구의 신뢰성을 인정받았어요.

흥미로운 점은 연구팀이 역사적 기록을 바탕으로 현대 과학 기술을 이용하여 실제 전투력을 분석하려 했다는 것이에요. 이처럼 과학적 이론이 뒷받침되다 보니, 조금 더 명확하게 임진왜란 당시의 전술적 상황과 거북선의 역할을 이해할 수 있게 되었어요. 이러한 연구는 단순히 과거를 되짚는 것을 넘어, 한국의 해양 전술과 역사적 자긍심을 재조명하는 데도 큰 의미가 있어요.

앞으로 거북선에 관한 연구는 어떤 사실을 밝혀낼까요? 이 연구는 단순히 과거의 해전 전술을 밝히는 데 그치지 않고, 현대 해군 전술의 발전에도 이바지할 가능성이 있어요.

어휘 풀이

1 **논문**: 학문적인 연구 결과를 정리해 쓴 글
2 **함포**: 배에 설치된 대포
3 **궤적**: 물체가 움직이며 남긴 길이나 자취
4 **전술**: 전쟁이나 싸움에서 승리하기 위해 사용하는 방법
5 **이바지**: 도움이 되게 함

이것만은 꼭!

유효 사거리란?
무기가 목표물을 정확하게 맞힐 수 있는 거리, 즉 공격이 효과적으로 이루어질 수 있는 최대 거리를 의미해요.

▶ 정답 237쪽

국어 실력 팍팍 늘리기

 다음 한자 어휘를 따라 쓰세요.

• 쓰는 순서는 별도의 활동지를 통해 연습해 보세요.

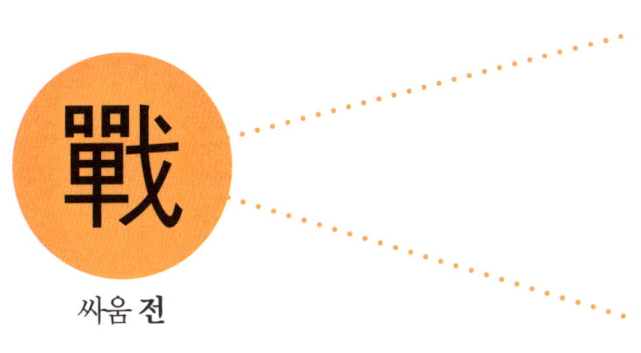

戰 싸움 전

作	戰
지을 작	싸움 전
군사적 목적을 이루려는 방법	

休	戰
쉴 휴	싸움 전
전쟁을 얼마 동안 멈춤	

 신문 기사의 내용과 일치하는 것에 ○표, 일치하지 않는 것에 ×표 하세요.

1. 국립목포해양대학교 연구팀은 거북선 함포의 유효 사거리가 약 15m임을 밝혀냈어요.
2. 이 연구는 거북선의 실제 전투력을 과학적으로 밝혀낸 첫 번째 사례예요.
3. 연구팀은 총통의 발사 궤적을 분석하고 일본 군함 모델을 연구해 사거리를 계산했어요.
4. 거북선은 일본 선박에 30m까지 접근하여 대포를 발사했다고 해요.
5. 연구팀은 현대 과학 기술을 이용해 거북선의 전투력을 분석하려 했어요.

작문력 거북선을 연구하는 사람들에게 묻고 싶은 질문을 간단하게 쓰세요.

예시문 다른 동물도 많은데, 왜 거북이의 모양을 이용했다고 생각하세요?

031 거북선의 유효 사거리는 15m! **79**

한글을 집현전 학자들이 만들었다고?

옛 한글의 글자 모양

한글은 누가 만든 걸까요? 한글문화연대와 여론 조사 기관 '리얼미터'의 조사에 따르면, 응답자의 55.1%가 세종대왕과 집현전 학자들이 함께 한글을 창제했다고 알고 있다고 해요. 세종대왕이 직접 한글을 만들었다고 답한 사람은 17% 정도 되었고요. 과연 사실은 무엇일까요?

한글(훈민정음)은 백성들이 쉽게 배울 수 있는 글자가 필요하다고 생각하여 세종대왕께서 손수 만드셨어요. 집현전 학자들은 세종대왕의 뜻을 이어받아 훈민정음의 해설서인 《훈민정음》 해례본을 집필했죠.

이 사실을 역사적으로 뒷받침해 주는 자료도 있어요. 《훈민정음》 해례본에 실린 세종과 정인지의 서문, 1443년에 발행된 《세종실록》 등이 그 자료들이에요. 이 자료들에서는 '임금께서 친히' 만들었다는 내용이 나오죠.

그런데 왜 절반이 넘는 사람이 집현전 학자들이 한글을 창제했다고 알고 있을까요? 세종대왕이 집현전 학자들의 의견을 일부 참고했을 가능성 때문에 생긴 오해일 수도 있어요. 하지만 한글의 창제는 세종대왕이 주도한 게 사실이에요.

앞으로 한글의 창제 과정과 세종대왕의 역할에 대해 더 많은 연구가 필요하지 않을까요? 한글이 얼마나 과학적이고 실용적인 문자 체계인지 알리는 노력도 함께 이루어져야 할 것 같아요.

어휘 풀이

1 **창제**: 새롭게 만들어 냄
2 **손수**: 자기 손으로 직접
3 **집필**: 글이나 책을 씀
4 **서문**: 책이나 글의 앞부분에 간단히 내용을 소개한 글
5 **친히**: 직접 제 몸으로

이것만은 꼭!

《훈민정음》 해례본이란?
한글의 자음과 모음이 만들어진 원리와 발음법 등을 설명한 책이에요. 세종대왕이 한글을 창제한 뒤, 집현전 학자들이 이를 자세하게 설명하기 위해 이 책을 집필했어요.

▶ 정답 237쪽

국어 실력 팍팍 늘리기

어휘력 어휘와 뜻을 알맞게 연결하세요.

1. 집필 • • ㉠ 책이나 글의 앞부분에 간단히 내용을 소개한 글
2. 손수 • • ㉡ 직접 제 몸으로
3. 서문 • • ㉢ 새롭게 만들어 냄
4. 창제 • • ㉣ 글이나 책을 씀
5. 친히 • • ㉤ 자기 손으로 직접

 신문 기사의 내용에 맞게 〖 〗에서 알맞은 표현을 골라 ○ 하세요.

1. 여론 조사 기관의 조사에 따르면, 응답자의 절반 이상은 한글을 세종대왕이 〖 학자들과 함께 / 혼자 〗 창제했다고 알고 있어요.
2. 한글은 〖 집현전 학자들 / 세종대왕 〗이 직접 창제했어요.
3. 세종대왕의 뜻을 이어받아 《훈민정음》 해례본을 집필한 사람들은 〖 집현전 학자들 / 백성들 〗이에요.

 신문 기사 속 단어를 넣어 자유롭게 한 문장을 쓰세요.

1. **손수** 〖예시〗 세종대왕은 한글을 **손수** 만들었다.

2. **집필** 〖예시〗 우리 반 신문은 모두가 함께 **집필**했다.

032 한글을 집현전 학자들이 만들었다고?

역사상 최악의 해양 사고, 타이타닉호의 침몰

바다를 항해하는 타이타닉호

112년 만에 타이타닉호의 모습이 새롭게 공개되었어요. 1912년, 빙산과 충돌해 침몰한 유람선 타이타닉호의 잔해를 원격 조종 로봇을 이용해 촬영한 결과, 파손된 뱃머리 난간과 40년 동안 발견하지 못했던 다이애나 동상도 볼 수 있었다고 해요.

타이타닉호는 1912년 4월, 영국에서 출발해 뉴욕으로 향하던 도중 빙산과 충돌하면서 침몰했어요. 타이타닉호는 '침몰하지 않는 배'로 불렸지만, 1,500명 이상이 사망한 그때의 침몰 사고는 역사상 가장 큰 해양 참사 중 하나로 기억되고 있어요. 시간이 흘러 1985년에 배의 잔해가 발견되었고, 이 사건을 소재로 '타이타닉'이라는 영화도 만들어졌어요. 영화 '타이타닉'은 전 세계적으로 큰 인기를 끌며 많은 사람들이 이 배의 비극적인 역사에 관심을 갖는 계기가 되었어요.

타이타닉호의 잔해 탐사를 지지하는 사람들은 타이타닉호의 유물이 교육적으로 활용될 수 있다고 주장해요. 이를 통해 해양 역사와 안전에 대한 교훈을 배울 수 있고, 기술 발전을 활용해 과거의 사건을 더 깊이 연구할 기회가 된다고 보는 거죠. 반면, 사고로 희생된 사람들의 존엄성을 존중해야 한다며 유물을 회수하는 것에 반대하는 사람들도 있어요. 타이타닉호의 잔해는 많은 사람의 추억이 담긴 상징적인 것이기 때문에 이러한 논쟁은 앞으로도 계속될 거예요.

어휘 풀이

1 **침몰**: 물에 가라앉음
2 **잔해**: 파괴된 물건의 남은 조각
3 **탐사**: 새로운 것을 찾아 자세히 조사함
4 **회수**: 잃어버리거나 멀어진 것을 다시 찾음
5 **논쟁**: 서로 다른 의견을 두고 다툼

이것만은 꼭!

타이타닉호는?
이 배는 영국에서 만들어진 세계 최대의 초호화 여객선이에요. 약 2,200명이 탑승했지만, 구명보트가 부족해 절반 이상이 목숨을 잃었어요. 타이타닉호 침몰 사건은 중요한 역사적 사건이에요.

국어 실력 팍팍 늘리기

▶ 정답 237쪽

어휘력 다음 뜻에 어울리는 어휘를 쓰세요.

1. ☐ : 새로운 것을 찾아 자세히 조사함
2. ☐ : 파괴된 물건의 남은 조각
3. ☐ : 잃어버리거나 멀어진 것을 다시 찾음
4. ☐ : 물에 가라앉음
5. ☐ : 서로 다른 의견을 두고 다툼

문해력 빈칸에 알맞은 단어를 신문 기사에서 찾아 쓰세요.

1. 타이타닉호는 1912년 ☐ 과 충돌해 침몰했어요.
2. 112년 만에 공개된 타이타닉호 잔해에서는 파손된 뱃머리 난관과 다이애나 ☐ 이 발견되었어요.
3. 당시 타이타닉호는 사람들 사이에서 '☐ 하지 않는 배'로 불렸다고 해요.
4. 타이타닉호 침몰 사고는 역사상 가장 큰 ☐ 참사 중 하나로 기억되고 있어요.
5. 타이타닉호의 잔해를 ☐ 으로 활용할 수 있다고 주장하는 의견이 있어요.

작문력 신문 기사의 주요 내용을 요약한 글을 따라 쓰세요.

> 타이타닉호는 1912년 빙산과의 충돌로 침몰하여 1,500명 이상의 사망자를 낸 배예요. 이러한 타이타닉호의 잔해 및 유물의 모습이 112년 만에 원격 조종 로봇에 의해 새롭게 공개되었어요. 교육적 활용을 위해 타이타닉호의 유물 탐사를 해야 한다는 의견과 희생자 존엄성을 위해 하지 말아야 한다는 의견이 대립하고 있어요.

조선 최고의 모험기, 박지원의 《열하일기》

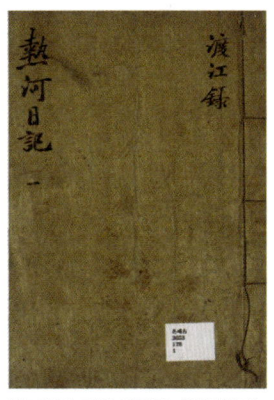

박지원이 지은 견문록, 《열하일기》
(출처: 국립중앙도서관)

2024년 12월, 단국대 석주선기념박물관에서 조선의 실학자 연암 박지원의 《열하일기》 친필초고본 특별전이 개최되었어요. 조선 후기 최고의 여행기라 불리는 박지원의 《열하일기》는 단순한 기록을 넘어 조선 문학사에서 손꼽는 걸작으로 평가받고 있어요.

박지원의 《열하일기》에는 1780년, 청나라 건륭제의 칠순 잔치를 축하하기 위해 중국의 북경에 사절단으로 떠난 그의 경험이 담겨 있어요. 그는 청나라에서 새로운 문물과 사상을 관찰하며, 조선 사회에 필요한 변화와 개혁의 필요성을 깨달았죠. 그래서 당시 부강한 도시였던 북경의 수레나 벽돌을 만드는 방법을 우리도 배워 사용해야 한다는 내용 등을 《열하일기》에 담았어요. 이처럼 《열하일기》는 조선의 문제점을 비판하고, 새로운 길을 모색하는 내용을 담고 있어요.

또한 《열하일기》에서 박지원은 생생한 묘사와 풍부한 상상력으로 청나라의 모습을 그려냈어요. 또한 철학적 깊이와 재치 있는 문장으로 당시 독자들에게 큰 감동을 주기도 했고요. 그의 책에 담긴 호기심과 열린 태도는 오늘날까지도 많은 사람에게 영감을 주고 있어요.

《열하일기》를 통해 조선 후기의 역사와 연암 박지원의 독창적인 시선을 엿보며, 우리 사회가 배워야 할 점이 무엇인지 생각해 보는 건 어떨까요?

어휘 풀이

1 **실학자**: 조선 시대에 실제 생활에 도움을 주는 학문을 연구하던 사람
2 **걸작**: 매우 뛰어나고 훌륭한 작품
3 **사절단**: 나라를 대표해 외국에 파견된 사람들
4 **부강**: 나라가 부유하고 강한 상태
5 **모색**: 해결 방법이나 길을 찾아봄

이것만은 꼭!

연암 박지원은?
조선 후기의 실학자이자 뛰어난 문장가이며, 《열하일기》를 통해 조선의 개혁 필요성을 제시한 현실주의적 사상가였어요.

국어 실력 팍팍 늘리기

▶ 정답 237쪽

 **어휘력** 다음 한자어가 들어간 사자성어를 따라 쓰세요.

• 쓰는 순서는 별도의 활동지를 통해 연습해 보세요.

富 부자 부	富	貴	榮	華
	부자 **부**	귀할 **귀**	영화 **영**	빛날 **화**
	뜻 : 재산이 많으며 지위가 높음			

 **문해력** 신문 기사의 주요 단어를 빈칸에 쓰세요.

단국대에서 박지원의 《☐☐☐☐》 친필초고본 특별전이 열렸어요. 이 책은 박지원이 ☐☐☐ 에 다녀온 경험을 바탕으로 조선 사회의 변화와 ☐☐ 의 필요성을 제시한 여행기예요. 청나라에서 새로운 문물과 사상을 관찰해 조선의 문제를 비판한 이 책은 오늘날까지 많은 사람들에게 영감을 주고 있어요.

 **작문력** 다음 내용에 대한 나의 의견을 쓰세요.

《열하일기》는 조선이 발전하는데 너무나 큰 영향을 미쳤다.

나는 이 의견에 (찬성 / 반대)한다. 그 이유는

고대 이집트의 미라, 왜 만들었을까?

고대 이집트인들이 만든 미라의 모습

2023년, 이집트 카이로 남부, 사카라라는 곳에서 약 4,300년 된 금박으로 덮인 미라가 발견되었어요. 이집트 사람들은 왜 이렇게 정성스럽게 미라를 만들었을까요?

이집트인들은 사람이 죽은 뒤에도 영혼이 몸을 필요로 한다고 믿었어요. 그래서 시신이 썩지 않게 미라로 만들어 사후 세계에서 영원히 살 수 있도록 준비했어요. 이집트인들은 죽은 후에도 영혼이 몸으로 돌아와 다시 살아갈 수 있다고 믿었기 때문에, 몸을 보존하는 것이 매우 중요했죠. 미라 제작은 매우 정교하고 시간이 오래 걸리는 작업이지만, 영생에 대한 강한 믿음 때문에 세심하게 작업했다고 해요.

후손들이 가진 미라에 관한 생각은 조금씩 달라요. 미라가 종교적 신념과 사후 세계에 대한 염원을 보여주는 중요한 유물이라고 생각하여 연구할 필요가 있다고 여기는 견해가 있어요. 이를 통해 우리는 고대 이집트인들의 생활 방식과 의료 기술, 문화적 신념을 더욱 깊이 이해할 수 있죠. 반면, 일부 사람들은 미라 제작이 단순히 과거의 종교적 의식일 뿐이며, 죽은 자를 존중해야 하므로 박물관 전시나 연구 대상으로 삼는 것은 부적절하다고 주장하기도 해요.

단순히 시신을 보존하는 것 이상의 의미를 지닌 고대 이집트의 미라. 미라를 통해 우리는 이집트인들의 사후 세계에 대한 강한 믿음을 엿볼 수 있어요.

어휘 풀이
1. **시신**: 죽은 사람의 몸
2. **영생**: 끝없이 영원히 삶
3. **후손**: 자손이나 후대 사람들
4. **유물**: 옛날 사람들이 남긴 물건
5. **보존**: 잘 지켜서 그대로 남겨둠

이것만은 꼭!
미라란?
고대 이집트 사람들은 몸을 잘 보존하면 죽은 뒤에도 영혼이 다시 돌아올 수 있다고 믿었어요. 그래서 특별한 약품과 천을 사용해 몸이 마르도록 만들었어요.

국어 실력 팍팍 늘리기

▶ 정답 237쪽

어휘력 신문 기사의 내용에 알맞도록 〈보기〉에서 어휘를 찾아 쓰세요.

보기 사후   보존   제작   영혼

1. 고대 이집트 사람들은 (   )이 몸을 필요로 한다는 신념 때문에 미라를 만들었어요.
2. 미라 (   )은 매우 정교하고 시간이 오래 걸리는 작업이었어요.
3. 고대 이집트의 미라는 (   ) 세계에 대한 강한 믿음을 보여줘요.
4. 미라는 단순히 시신을 (   )하는 것 이상의 의미를 지니고 있어요.

문해력 아래 질문에 맞는 답을 골라 번호에 ○ 하세요.

다음 중 이집트 사람들이 미라를 정성스럽게 만들었던 이유는 무엇인가요?

① 미라를 제작하면 이집트 사회에서 높은 신분을 얻을 수 있었기 때문이에요.
② 영혼이 사후 세계에서 영원히 살기 위해서는 몸이 필요하다고 믿었기 때문이에요.
③ 당시 이집트인들에게 미라 제작이 경제적으로 가장 중요한 작업이었기 때문이에요.
④ 미라가 외부의 침략에 대비하기 위한 방어 수단으로 여겨졌기 때문이에요.
⑤ 미라를 만들면 후손들에게 존경받을 수 있다고 생각했기 때문이에요.

작문력 다음 질문에 대한 답을 쓰세요.

1. 고대 이집트 사람들이 미라를 만들며 중요하게 여긴 신념은 무엇인가요?

2. 고대 이집트 미라에 대한 현대 사람들의 생각은 어떻게 나뉘나요? 기사에 나온 두 가지 의견을 쓰세요.

중세 유럽의 성은 어떻게 만들어졌을까?

중세시대에 건축된 동유럽의 성

낭만적인 분위기가 풍기는 유럽 고성의 사진을 본 적이 있나요? 중세 유럽의 성은 수많은 사람에게 호기심을 불러일으키는 건축물이에요. 중세 시대, 유럽에는 방어와 통치를 위해 많은 성이 지어졌어요. 13세기부터 15세기까지 약 1,000개 이상의 성이 세워졌다고 해요.

중세의 성은 크게 2가지 역할을 했어요. 하나는 요새 역할이에요. 적의 공격으로부터 영주와 주민을 보호하는 역할을 했죠. 다른 하나는 중심지 역할이에요. 그 시절에는 성이 정치, 사회, 문화의 중심지로 여겨졌기 때문이에요.

성은 주로 돌과 나무 같은 견고한 재료로 만들어졌어요. 중세 사람들은 적의 공격을 막기 위해 성벽을 높게 쌓고, 고랑을 내거나 하천을 이용하여 방어하는 해자를 만들었죠. 이러한 성 제작에는 왕이나 귀족이 중심이 되었어요. 중세의 성은 주민을 보호해 준다는 면이 있었지만, 성을 만드는 과정에서 주민들이 많은 세금을 내야 하고, 노동력도 제공해야 해서 고통을 받았던 이들도 많았다고 해요.

이러한 역사를 가진 중세의 성은 오늘날에는 역사적 유산이자 관광 명소로 활용되고 있어요. 그 시대의 건축 기술과 방어 전략을 엿볼 수 있는 중요한 문화재인 동시에, 중세 유럽의 삶과 문화를 느낄 수 있는 공간이기도 하죠. 여러분은 중세의 성을 보면 어떤 생각이 드나요?

어휘 풀이
1 **고성**: 오래된 성이나 성곽
2 **중세**: 유럽의 역사에서 고대와 근대 사이의 시기
3 **요새**: 적의 공격을 막기 위해 튼튼하게 만든 군사 시설
4 **영주**: 중세 유럽에서 한 지역을 다스리던 귀족
5 **견고한**: 굳고 단단한

이것만은 꼭!
해자란?
성이나 요새 주변에 만들어진 방어용 물길이에요. 적의 침입을 막기 위해 성벽 바깥에 깊은 고랑을 파서 물을 채우거나, 자연 하천을 이용해 적이 쉽게 접근하지 못하도록 만들었어요.

국어 실력 팍팍 늘리기

▶ 정답 237쪽

어휘력 어휘와 뜻을 알맞게 연결하세요.

1. 요새 • • ㉠ 굳고 단단한
2. 영주 • • ㉡ 오래된 성이나 성곽
3. 견고한 • • ㉢ 중세 유럽에서 한 지역을 다스리던 귀족
4. 중세 • • ㉣ 적의 공격을 막기 위해 튼튼하게 만든 군사 시설
5. 고성 • • ㉤ 유럽의 역사에서 고대와 근대 사이의 시기

문해력 신문 기사의 내용과 일치하는 것에 ○표, 일치하지 않는 것에 ×표 하세요.

1. 중세 유럽에서는 약 100개의 성이 세워졌어요.
2. 중세 유럽의 성은 정치, 사회, 문화의 중심지 역할을 했어요.
3. 중세 유럽의 성은 주로 금과 철 같은 재료로 만들어졌어요.
4. 중세 유럽의 성은 주민들에게 세금 부담과 노동력 제공으로 어려움을 주기도 했어요.
5. 중세 유럽의 성은 오늘날에 관광 명소로 활용되고 있지만, 문화재의 가치는 없어요.

작문력 신문 기사의 주요 내용을 요약한 글을 따라 쓰세요.

> 중세 유럽의 성은 방어와 통치를 위해 13세기부터 15세기까지 약 1,000개 이상이 건설되었으며, 요새와 정치·문화 중심지 역할을 했어요. 성은 돌과 나무 같은 견고한 재료로 지어졌고, 높은 성벽과 해자로 적의 공격을 막았어요. 하지만 성을 짓기 위해 주민들이 세금을 내고 노동력을 제공해야 하는 고통을 겪기도 했어요.

세계 최초의 금속 활자, 《직지》란?

《직지》가 소장되어 있는 프랑스 국립도서관 내부

2023년, 프랑스 국립도서관에서 세계에서 가장 오래된 금속 활자 작품인 《직지(직지심체요절)》를 공개했어요. 가장 최근에 《직지》가 일반인들에게 공개되었던 게 1973년이었으니, 거의 50년 만에 다시 대중들이 볼 수 있게 된 것이죠.

《직지》는 세계에서 가장 오래된 금속 활자본으로, 1377년 고려시대에 청주에서 간행되었어요. 금속 활자는 지식을 빠르고 널리 퍼뜨릴 수 있는 혁신적인 발명이었고, 《직지》는 그 대표적인 사례예요. 당시 사람들은 효율적인 인쇄 기술이 필요했고, 금속 활자가 이를 해결해 주었어요.

그러나 아쉽게도 유네스코 세계기록유산으로도 등재된 《직지》는 현재 우리나라가 아닌 프랑스 국립도서관에 보관되어 있어요. 한국의 중요한 문화유산임에도 불구하고, 우리나라가 아닌 외국에서 보존되고 있다는 점이 안타깝죠.

일부에서는 《직지》를 우리나라로 돌려받아야 한다고 주장하고, 다른 이들은 국제 사회에서 《직지》의 가치를 더 알리는 데 중점을 둬야 한다고 생각해요. 이러한 논의는 문화유산의 소유와 공유 문제에 대해 깊은 고민거리로 남아 있어요.

과연 《직지》를 되찾기 위한 외교적 노력이 지속되어야 할까요, 아니면 현재의 보존 상태를 유지하면서도 한국이 《직지》의 역사적 의의를 적극적으로 알리는 것이 더 나은 방법일까요?

어휘 풀이

1 **대중**: 많은 사람이나 일반 시민들
2 **간행**: 책이나 신문을 찍어서 내놓음
3 **등재**: 이름이나 내용을 공식 문서나 기록에 올림
4 **소유**: 어떤 물건이나 권리를 가지고 있음
5 **공유**: 함께 나누어 가짐

이것만은 꼭!

금속 활자란?
금속으로 만들어진 글자판을 사용해 책이나 문서를 인쇄하는 기술이에요. 금속 활자를 이용하면 글자 하나하나를 조합할 수 있기 때문에 어떤 내용의 책도 빠르게 만들어 낼 수 있었어요.

▶ 정답 237쪽

국어 실력 팍팍 늘리기

 다음 한자어가 들어간 사자성어를 따라 쓰세요.   • 쓰는 순서는 별도의 활동지를 통해 연습해 보세요.

有 있을 유	有 備 無 患
	있을 **유**　갖출 **비**　없을 **무**　근심 **환**
	뜻 : 미리 준비해 두면 근심 걱정이 없음

 신문 기사의 내용에 맞게 　 에서 알맞은 표현을 골라 ○ 하세요.

1. 《직지》는 2023년 **청주 고인쇄박물관 / 프랑스 국립도서관** 에서 공개되었어요.
2. 세계에서 가장 오래된 금속 활자본인 《직지》는 **1377년 / 1450년** 에 간행되었어요.
3. 유네스코 세계기록유산으로 등재된 《직지》는 현재 **한국 / 프랑스** 에 보관되어 있어요.

 다음 내용에 대한 나의 의견을 쓰세요.

> 고려시대의 유물인 《직지》를 우리나라가 되찾아 와야 한다.

나는 이 의견에 (찬성 / 반대)한다. 그 이유는 _____

037 세계 최초의 금속 활자, 《직지》란?

이란의 문화, 히잡 착용의 두 가지 얼굴

히잡을 쓴 한 여성

2024년 10월, 프랑스의 고등학교에 유학을 온 한 여고생이 히잡을 벗으라는 선생님의 지시를 따르지 않고 선생님을 때린 사건이 일어났어요. 프랑스에서는 2004년부터 학교와 같은 교육 시설에서는 히잡과 같은 종교적인 옷차림을 금지하고 있기 때문이에요. 결국 해당 학생은 경찰에게 체포되고, 징계를 받게 되었다고 해요.

1979년 이슬람 혁명 이후, 이란 정부는 모든 여성의 공공장소에서의 히잡 착용을 법적으로 의무화했어요. 이슬람교 경전인 코란에 따르면, 남성의 유혹을 막기 위해 여성은 히잡을 이용해 머리카락과 신체를 가려야 한다고 해요. 그리고 히잡을 착용하는 것이 종교적 자유이자 자신을 표현하는 방식이며, 그 안에 평등 의식이 담겨 있다고 주장하죠.

강제적인 히잡 착용에 대한 반대 의견도 있어요. 강제적인 히잡 착용이 여성의 자유를 억압한다고 비판하죠. 그래서 종교와 정치를 분리하여 생각하는 프랑스와 같은 나라에서는 공공장소에서의 히잡 착용이 금지되고 있어요.

앞으로 히잡에 대한 논의는 여성 인권과 종교적 자유를 둘러싼 중요한 문제로 계속될 거예요. 강제적인 히잡 착용이 여성의 자유를 침해하는 것이라고 생각하나요? 아니면 종교와 전통을 존중해야 하는 문화적 차이로 봐야 할까요?

어휘 풀이

1 **히잡**: 이슬람 문화에서 여성들이 머리를 가리는 천
2 **지시**: 무엇을 하라고 알려주거나 명령함
3 **징계**: 잘못을 한 사람에게 벌을 줌
4 **착용**: 옷이나 장신구를 몸에 입거나 두름
5 **억압**: 자유를 제한하고 억지로 누름

이것만은 꼭!

코란이란?
코란은 이슬람교에서 가장 중요한 경전으로, 무함마드가 알라로부터 받은 계시를 기록한 책이에요. 코란은 이슬람교 신자들에게 삶의 모든 부분에서 지켜야 할 가치를 제시해 주고 있어요.

국어 실력 팍팍 늘리기

 다음 한자 어휘를 따라 쓰세요.

• 쓰는 순서는 별도의 활동지를 통해 연습해 보세요.

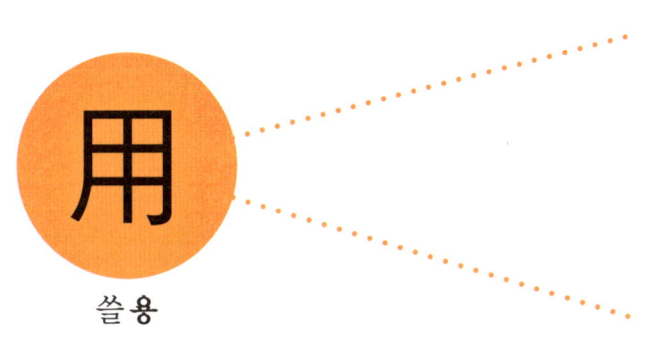

 신문 기사의 주요 단어를 빈칸에 쓰세요.

2024년 10월, ☐☐ ☐☐이 금지된 프랑스의 어느 고등학교에서 한 여고생이 히잡을 벗으라는 교사를 폭행해 체포된 사건이 발생했어요. 프랑스에서는 2004년부터 ☐☐ 시설에서 히잡과 같은 종교적인 옷차림을 금지하고 있었어요. 이란 정부는 1979년 이슬람 혁명 이후, 공공장소에서는 항상 히잡을 착용하도록 법적으로 ☐☐ 했어요. 하지만 강제적인 히잡 착용이 오히려 여성의 자유를 억압한다는 비판도 나오고 있어요.

 히잡을 쓰는 사람들에게 묻고 싶은 질문을 간단하게 쓰세요.

예시문 히잡을 착용하면 여름에는 너무 덥지 않나요?

역사상 가장 비싼 600억 원에 낙찰된 공룡 화석

공룡 화석의 모습

2024년 7월, 미국 뉴욕에서 열린 소더비 경매에서 역사상 가장 비싼 4,460만 달러, 한국 돈으로 600억 원이 넘는 돈에 공룡 화석이 낙찰되는 일이 일어났어요. 그 주인공은 '에이펙스'라고 하는 스테고사우루스의 화석이에요. 이 화석은 2022년 미국 콜로라도주에서 고생물학자에 의해 발굴되었어요.

'에이팩스'는 지금까지 알려진 스테고사우루스 화석 중에서 가장 크고, 보존도 잘 되어 있는 화석이라고 해요. 이처럼 보존 상태가 좋은 화석들은 과학적 연구에 매우 중요한 자료가 돼요. 그래서 이처럼 높은 가격에 거래가 될 수 있었어요.

그런데 문제는 이처럼 귀한 화석이 개인 수집가에게 팔리면, 과학자들의 연구에는 부정적인 영향을 미칠 수 있어요. 화석을 보여줄 수 있는 권리가 개인에게 있기 때문이에요. 자신의 소유물이니 대중에게 보여줄 필요가 없다고 생각하기도 하고요. 이러한 문제로 인해 학계에서는 공룡 화석이 연구 목적에 적절히 활용되지 못할 것을 우려하고 있어요.

'에이팩스'의 낙찰을 계기로 학술 연구와 대중 전시를 위해 화석을 어떻게 보호해야 할지에 대한 논의가 필요하지 않을까요? 이러한 논의는 화석이 누구의 것이며, 어떻게 보존하고 활용해야 하는지에 대한 새로운 기준을 제시할 필요성을 보여주고 있어요.

어휘 풀이

1 **화석**: 지질 시대의 동식물의 시체나 그 흔적이 암석 속에 남아 있는 것
2 **낙찰**: 경매에서 물건을 가장 높은 가격으로 사기로 결정됨
3 **고생물학자**: 오래전에 살았던 생물을 연구하는 학자
4 **발굴**: 땅속에 묻힌 것을 찾아서 꺼냄
5 **권리**: 법적으로 누릴 수 있는 자유나 혜택

이것만은 꼭!

공룡 화석 경매란?
희귀하고 보존 상태가 우수한 공룡 화석이 경매에 부쳐져 판매되는 과정을 말해요. 이러한 경매는 전 세계 수집가, 박물관, 연구자들이 참여해 높은 가격으로 화석을 구매하게 돼요.

▶ 정답 238쪽

국어 실력 팍팍 늘리기

어휘력 다음 뜻에 어울리는 어휘를 쓰세요.

1. _____ : 땅속에 묻힌 것을 찾아서 꺼냄
2. _____ : 오래전에 살았던 생물을 연구하는 학자
3. _____ : 지질 시대의 동식물의 시체나 그 흔적이 암석 속에 남아 있는 것
4. _____ : 경매에서 물건을 가장 높은 가격으로 사기로 결정됨
5. _____ : 법적으로 누릴 수 있는 자유나 혜택

문해력 빈칸에 알맞은 단어를 신문 기사에서 찾아 쓰세요.

1. 미국 뉴욕에서 열린 소더비 경매에서 낙찰된 화석의 이름은 '_____'예요.
2. '에이펙스' 화석은 미국 콜로라도 주에서 한 _____ 에 의해 발굴되었어요.
3. '에이펙스'는 지금까지 발견된 _____ 화석 중 가장 크고 보존 상태가 좋아요.
4. 화석이 개인 수집가에게 팔리면 과학자들의 _____ 에 부정적인 영향을 미칠 수 있어요.
5. '에이펙스'의 낙찰을 계기로 화석을 _____ 하는 방법에 대한 논의가 필요해요.

작문력 다음 질문에 대한 답을 쓰세요.

1. '에이펙스'는 어떤 특징 때문에 높은 가격에 낙찰되었나요?

   _____

2. 공룡 화석이 개인 수집가에게 팔릴 경우 어떤 문제가 생길 수 있나요?

   _____

70년 만에 고국으로 돌아온 홍범도 장군의 묘비

홍범도 장군의 모습
(출처: 홍범도 장군 기념사업회)

홍범도 장군은 일제에 맞서 싸운 독립운동가이자 항일 독립운동을 대표하는 상징적인 인물이에요. 일제강점기였던 1920년 6월, 일본군과 봉오동이라는 곳에서 싸운 '봉오동 전투'로 우리에게 알려진 분이죠.

그러한 홍범도 장군의 묘비 일부가 70여 년 만에 한국으로 돌아오게 되었어요. 이 묘비는 카자흐스탄에 있던 것으로, 고려인 김례프 씨가 30년이 넘게 보관해 오다 국회의장에게 전달했어요. 이 묘비에는 홍범도 장군의 출생과 사망 일자가 새겨져 있어요.

홍법도 장군의 업적은 우리에게 애국이라는 큰 가치를 알려주고 있어요. 그런 점에서 그의 묘비는 중요한 유물이라고 할 수 있죠. 우리나라의 독립을 위해 노력한 홍범도 장군은 카자흐스탄에서 노환으로 숨을 거두셨어요. 이러한 그를 기리기 위해 1950년대 묘비가 제작됐지만, 이번에는 묘비의 앞면만 돌아오게 되었어요. 쪼개진 뒷면이 어디에 있는지는 알려지지 않은 상태라고 해요. 홍범도 장군의 유산을 온전히 되찾아야 한다는 목소리가 커지는 지금, 이 묘비가 독립운동 정신을 되새기는 중요한 계기가 되지 않을까요?

앞으로 홍 장군의 묘비 뒷부분이 발견될 수 있을지 기대되며, 더 나아가 정부가 독립 유공자에 관한 관심을 높이고 역사를 제대로 복원하려는 노력이 필요해요.

어휘 풀이

1 **묘비**: 무덤 위에 세운 비석
2 **노환**: 나이가 많이 들어서 생기는 병이나 약해진 몸 상태
3 **기리다**: 훌륭한 일을 기억하며 칭찬하다
4 **독립 유공자**: 나라를 독립시키기 위해 힘쓰고 희생한 사람
5 **복원**: 원래의 모습으로 다시 되돌림

이것만은 꼭!

항일독립운동이란?
한국인들이 일본의 식민 지배에 저항하여 독립을 쟁취하려고 펼친 모든 활동을 말해요. 1910년부터 1945년까지 무장 투쟁, 비폭력 운동, 언론 활동, 문화 운동 등의 다양한 형태로 이루어졌어요.

▶ 정답 238쪽

국어 실력 팍팍 늘리기

 **어휘력** 신문 기사의 내용에 알맞도록 〈보기〉에서 어휘를 찾아 쓰세요.

> 보기
>
> 독립   전투   묘비   노환

① 봉오동 (   )는 홍범도 장군의 대표적인 업적으로 알려져 있어요.

② 홍범도 장군의 (   ) 일부가 70여 년 만에 한국으로 돌아오게 되었어요.

③ 홍범도 장군은 카자흐스탄에서 (   )으로 숨을 거두셨어요.

④ 정부는 (   ) 유공자에 대한 관심을 높이고 역사를 제대로 복원하기 위해 노력해야 해요.

 **문해력** 아래 질문에 맞는 답을 골라 번호에 ○ 하세요.

다음 중 홍범도 장군의 묘비가 중요한 유물로 여겨지는 이유는 무엇인가요?

① 유일한 독립운동의 상징물이기 때문이에요.
② 홍범도 장군의 출생 일자만 적혀 있어 역사적으로 귀중한 자료이기 때문이에요.
③ 항일 독립운동을 대표하는 인물의 업적과 애국정신을 기리기 위해 만들어졌기 때문이에요.
④ 묘비의 쪼개진 뒷면이 미스터리로 남아 역사적 흥미를 자극하기 때문이에요.
⑤ 국회의장이 직접 전달받은 유물이어서 정치적 가치가 크기 때문이에요.

 **작문력** 신문 기사 속 단어를 넣어 자유롭게 한 문장을 쓰세요.

① **묘비** 예시 할아버지의 **묘비**에는 아버지와 나의 이름이 새겨져 있다.

② **업적** 예시 세종대왕은 한글을 만든 큰 **업적**이 있다.

이런 날이 있으면 좋겠어요!

 2025년은 세종대왕 탄신일이 국가 기념일로 지정된 첫 번째 해예요. 국가적으로 기념해야 하는 날은 이렇게 필요하다면 생겨나기도 해요. 여러분이 기념일을 만들 수 있다면, 어떤 기념일을 정하고 싶나요?

기념일의 이름 : 세종대왕 탄신일
기념일 날짜 : 매년 5월 15일
기념일에 대한 설명 : 한글을 창제한 세종대왕의 업적을 기리고, 국민들의 자긍심을 높이기 위해 지정한 기념일

기념일의 이름 : 한글날
기념일 날짜 : 매년 10월 9일
기념일에 대한 설명 : 한글을 창제하여 세상에 알린 것을 기념하고, 한글의 우수함을 여러 사람에게 알리기 위한 기념일

◆ 역사적으로 기념할 가치가 있다고 생각하는 두 개의 기념일을 떠올려 위의 내용처럼 그림을 그리고 내용을 쓰세요.

기념일의 이름 :
기념일 날짜 :
기념일에 대한 설명 :

기념일의 이름 :
기념일 날짜 :
기념일에 대한 설명 :

5장 : 환경

041 　조금씩 물에 잠기는 섬나라, 투발루

042 　고래와 바다거북은 왜 비닐을 먹었을까?

043 　멸종 위기에 처한 동물들을 보호하는 방법

044 　헷갈리는 쓰레기 분리배출

045 　티백 하나에 미세 플라스틱 1,200억 개가 들었다?

046 　음식물 쓰레기는 왜 따로 버릴까?

047 　500ml 페트병으로 옷을 만들 수 있다고?

048 　해파리 로봇이 바다 쓰레기를 청소한다고?

049 　기후 변화로 인해 사라지는 빙하

050 　종이 빨대가 플라스틱 빨대보다 친환경적일까?

가로세로퍼즐로 깃대종 찾기!

조금씩 물에 잠기는 섬나라, 투발루

투발루의 산호섬 중 하나인 테푸카

　태평양의 작은 섬나라인 투발루는 기후 변화의 위기를 맞이한 나라 중 하나예요. 9개의 작은 섬으로 이루어진 이 나라는 26㎢의 작은 면적에 인구도 약 1만 명밖에 되지 않아요. 그런데 이 나라에 큰 문제가 생겼는데, 그것은 바로 해수면 상승으로 많은 지역이 물에 잠길 위기에 처해 있다는 것이에요.

　이미 지난 30년간 해수면이 15cm 상승했고, 앞으로 더 가파르게 상승할 것으로 예측돼요. 투발루의 해수면 상승은 지구 온난화로 인한 결과예요. 지구 기온이 상승하면서 극지방의 얼음이 녹고, 전 세계의 해수면이 점차 상승하고 있어요. 투발루처럼 지대가 낮은 섬나라들은 해수면 상승에 취약하며, 그로 인해 국가 전체가 사라질 위험에 처해 있는 상황이에요.

　기후 변화로 인한 해수면 상승으로 일부 섬들은 모래가 없어지고 바위만 남은 곳도 있어요. 고향을 떠나 이웃 국가인 호주로 이주하는 사람들도 생겨났고요. 이에 따라 투발루 사람들은 국제 사회에 투발루가 사라지는 것을 막기 위한 도움을 요청하고, 해수면 상승을 억제하기 위한 노력이 필요하다는 목소리를 내고 있어요.

　앞으로 투발루는 어떻게 될까요? 우리는 지구 온난화를 막기 위해 어떠한 노력을 해야 할까요? 기후 변화로 위기를 맞고 있는 국가들에 대한 국제적인 협력과 대책이 필요한 때예요.

어휘 풀이

1 **면적**: 어떤 평면이나 공간의 넓이
2 **극지방**: 지구의 북극과 남극처럼 가장 추운 지역
3 **취약**: 약하고 쉽게 다칠 수 있는 상태
4 **이주**: 한곳에서 다른 곳으로 옮겨 삶
5 **억제**: 어떤 행동이나 상황을 막거나 멈추게 함

이것만은 꼭!

해수면 상승이란?
해수면 상승은 바닷물이 점점 높아지는 현상이에요. 주로 지구 온난화 때문에 일어나요. 지구의 기온이 올라가면 극지방의 얼음이 녹고, 그로 인해 바다의 물이 많아지면서 해수면이 높아져요.

국어 실력 팍팍 늘리기

▶ 정답 238쪽

 다음 한자 어휘를 따라 쓰세요.

• 쓰는 순서는 별도의 활동지를 통해 연습해 보세요

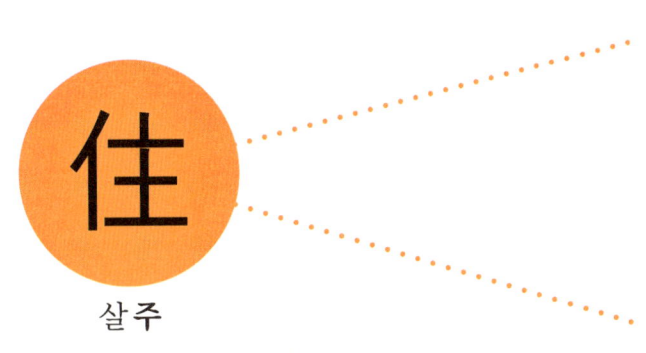

住
살 주

入	住
들 입	살 주
새집에 들어가 삶	

住	民
살 주	백성 민
일정한 지역에 사는 사람	

 신문 기사의 내용과 일치하는 것에 ○표, 일치하지 않는 것에 ×표 하세요.

1. 투발루는 9개의 작은 섬으로 이루어진 나라예요.
2. 투발루의 해수면 상승 문제는 지난 70년 동안 발생한 일이에요.
3. 해수면 상승은 지구 온난화로 극지방의 얼음이 녹으면서 발생하게 되었어요.
4. 일부 투발루 주민들은 고향을 떠나 호주로 이주하기 시작했어요.
5. 투발루는 해수면 상승 문제를 해결하기 위해 국제 사회에 도움을 요청하고 있어요.

 투발루 사람들에게 묻고 싶은 질문을 간단하게 쓰세요.

| 예시문 | 투발루가 물에 잠기는 걸 막기 위한 방법에는 무엇이 있나요? |

041 조금씩 물에 잠기는 섬나라, 투발루

042

고래와 바다거북은 왜 비닐을 먹었을까?

비닐봉지에 몸이 휘감긴 바다거북

최근 조사에 따르면, 고래와 바다거북이 바다에서 비닐과 플라스틱을 먹고 죽는 일이 자주 일어난다고 해요. 호주에서 진행한 한 연구에 따르면 향유고래의 배 속에서 135가지 종류의 플라스틱이 발견되었고, 바다거북, 바다표범, 바닷새 등의 해양 동물도 갑작스럽게 폐사하는 일이 늘고 있어요.

이 문제는 해양에 버려지는 비닐과 플라스틱 쓰레기 때문이에요. 바다에 떠다니는 비닐봉지나 식품 포장 비닐 등이 해파리처럼 보이거나 먹이와 비슷한 냄새를 풍겨, 바다 동물들이 착각하고 삼키게 된다고 해요. 고래, 바다거북뿐만 아니라 물고기와 바닷새들 역시 이 문제로 고통받고 있어요. 비닐이나 플라스틱 쓰레기를 섭취하면 동물들의 소화기관이 막히거나 상처를 입어 생명을 잃는 경우도 많다고 해요.

그런데 문제는 이러한 비닐과 플라스틱 쓰레기가 해양 동물의 몸 안에서 소화되지 않는다는 것이에요. 이러한 비닐과 플라스틱이 몸 안에 쌓이면서 고래나 바다거북이 영양을 제대로 흡수하지 못해 죽게 돼요. 비닐과 플라스틱 쓰레기가 해양 생태계를 심각하게 위협하고 있는 상황이죠.

우리가 비닐과 플라스틱 사용을 줄이고 쓰레기를 제대로 처리하지 않으면, 바다는 점점 더 오염될 거예요. 해양 생물들을 보호하기 위해 우리가 할 수 있는 작은 실천은 무엇일까요?

어휘 풀이

1 향유고래: 바다에 사는 큰 고래의 한 종류
2 폐사: 동물이 죽음
3 소화: 먹은 음식을 몸에서 분해하고 흡수하는 과정
4 흡수: 액체나 물질을 빨아들임
5 위협: 두렵게 하거나 해를 끼치겠다고 겁을 줌

이것만은 꼭!

해양 생태계의 위협이란?
해양 생물들이 비닐이나 플라스틱으로 죽거나 아프게 되면, 그들을 먹이로 삼는 다른 동물들도 영향을 받게 돼요. 이렇게 먹이사슬이 파괴되면서 해양 생태계 전체가 불균형해지죠.

국어 실력 팍팍 늘리기

▶ 정답 238쪽

 어휘와 뜻을 알맞게 연결하세요.

1. 폐사 • • ㉠ 동물이 죽음

2. 소화 • • ㉡ 액체나 물질을 빨아들임

3. 위협 • • ㉢ 바다에 사는 큰 고래의 한 종류

4. 향유고래 • • ㉣ 두렵게 하거나 해를 끼치겠다고 겁을 줌

5. 흡수 • • ㉤ 먹은 음식을 몸에서 분해하고 흡수하는 과정

 신문 기사의 내용에 맞게 ▨에서 알맞은 표현을 골라 ○ 하세요.

1. 향유고래의 배 속에서 135가지 종류의 **플라스틱 / 음식물** 이 발견되었어요.

2. 바다거북과 바다표범 같은 해양 동물들이 폐사하는 원인 중의 하나는 **높은 수온 / 해양 쓰레기** 때문이에요.

3. 해양 생물을 보호하려면 비닐과 플라스틱 사용을 **늘리고 / 줄이고** 쓰레기를 제대로 처리해야 해요.

 신문 기사 속 단어를 넣어 자유롭게 한 문장을 쓰세요.

1. **소화** 〔예시〕 우리 몸은 음식을 **소화**시켜서 에너지를 만든다.

2. **위협** 〔예시〕 큰 개가 갑자기 짖어서 우리는 **위협**을 느꼈다.

멸종 위기에 처한 동물들을 보호하는 방법

깃대종인 수달의 모습

2024년 10월, 경기도는 지역 생태계를 보전하기 위해 오소리, 수달, 저어새 등 31종의 동물을 '깃대종'으로 지정해 보호하기로 했어요. 이러한 노력은 지역 생태계를 보호하는 중요한 방법이에요.

동물들이 멸종 위기에 처하게 된 원인은 인간의 활동으로 인한 서식지 파괴와 기후 변화 때문이에요. 많은 동물이 자연 서식지를 잃고 생존을 위협받고 있어요. 불법 밀렵과 오염 문제 역시 이 위기를 심화시키고 있고요.

전문가들은 다음과 같이 멸종 위기 동물 보호 방법을 제안하고 있어요. 첫째, 서식지를 보존하고 관리하는 것이에요. 둘째, 불법 밀렵을 막고, 보호 정책을 강화하는 법적인 조치가 필요해요. 법을 통해 동물의 서식지를 보호하고 복원하는 활동을 하는 미국의 멸종위기종법(ESA)처럼 말이죠. 셋째, 기후 변화에 대응하는 국제 협력이 필요해요. 기후 변화가 해수면 상승, 서식지 파괴와 같은 문제를 일으켜 동물들을 위험에 빠뜨리고 있기 때문이에요.

이대로라면 멸종 위기에 처한 동물들이 더 많이 사라질 수 있어요. 한 종의 동물이 사라지면, 그 동물과 관련된 생태계 전체가 영향을 받을 수 있기 때문에 더욱 신중한 대처가 필요해요. 우리는 멸종 위기 동물들을 보호하고, 지구 생태계를 지키기 위해 기후 변화와 관련된 실천을 강화하며, 환경 보호에 관한 관심을 높여야 해요.

어휘 풀이

1 **멸종**: 어떤 생물이 완전히 없어짐
2 **서식지**: 동물이나 식물이 사는 곳
3 **파괴**: 무너뜨리거나 망가뜨림
4 **밀렵**: 법을 어기고 동물을 몰래 잡음
5 **강화**: 더 세게 하거나 튼튼하게 만듦

이것만은 꼭!

깃대종이란?

특정 지역을 대표하는 동식물로, 그 지역 생태계를 보호하기 위해 특별히 보호해야 할 필요가 있는 상징적인 종이에요. '생태계 회복 개척자'라는 의미를 담아 '깃대'라는 표현을 사용한다고 해요.

국어 실력 팍팍 늘리기

어휘력 다음 뜻에 어울리는 어휘를 쓰세요.

1. _____ : 어떤 생물이 완전히 없어짐
2. _____ : 동물이나 식물이 사는 곳
3. _____ : 더 세게 하거나 튼튼하게 만듦
4. _____ : 무너뜨리거나 망가뜨림
5. _____ : 법을 어기고 동물을 몰래 잡음

문해력 빈칸에 알맞은 단어를 신문 기사에서 찾아 쓰세요.

1. 경기도는 지역 생태계를 보전하기 위해 _____ 으로 지정한 동물을 보호하기로 했어요.
2. 동물들이 멸종 위기에 처하게 된 원인은 _____ 파괴와 기후 변화 때문이에요.
3. 불법 _____ 과 오염은 멸종 위기를 더욱 심화시키는 문제로 꼽혀요.
4. 미국의 _____ 은 동물의 서식지를 보호하고 복원하는 활동을 돕는 법이에요.
5. 멸종 위기 동물을 지키려면 기후 변화에 대응하는 국제적인 _____ 이 필요해요.

작문력 신문 기사의 주요 내용을 요약한 글을 따라 쓰세요.

> 경기도는 오소리, 수달, 저어새 등 31종을 '깃대종'으로 지정해 지역 생태계를 보호하기로 했어요. 동물들이 멸종 위기에 처하게 된 원인은 서식지 파괴, 기후 변화, 불법 밀렵, 오염 때문이에요. 이를 해결하려면 서식지 보존, 불법 밀렵 방지와 법적 보호 강화, 국제적 기후 협력이 필요해요.

헷갈리는 쓰레기 분리배출

종류별로 구분된 쓰레기

여러분은 혹시 쓰레기 분리배출을 잘못 해 본 적이 있나요? 실제로 많은 사람들이 분리배출 기준이 헷갈려 실수를 하곤 해요. 치킨 뼈, 과일 껍질처럼 일반 쓰레기인지 음식물 쓰레기인지 구분하기 어려운 것들도 많고요.

우리나라는 1995년에 쓰레기 분리수거를 시작했어요. 그리고 2013년부터는 버린 만큼 수수료를 내는 음식물 쓰레기 종량제가 시행되었죠. 우리나라의 쓰레기 분리배출 역사가 짧지 않지만 계속해서 분리배출하는 게 헷갈리는 이유는 분리배출 기준이 복잡하기 때문에요. 예를 들어, 같은 플라스틱이라도 투명 페트병은 일반 플라스틱과 따로 분류해 버려야 해요. 과일 껍질 중 부드러운 껍질은 음식물 쓰레기로 버려야 하지만, 파인애플 껍질 같은 단단한 껍질은 일반 쓰레기에 버려야 해요.

이러한 문제를 해결하기 위해 간단하고 명확한 분리배출 가이드를 제공하는 것이 필요해요. 플라스틱, 캔, 유리병 등 재활용 가능 자원의 분류 기준을 구체적으로 알려주는 표나 그림이 있다면 주민들이 더 쉽게 이해할 수 있을 거예요. 또 지역마다 통일된 기준을 마련하고, 주민들에게 친절하고 쉽게 이해할 수 있는 안내문이나 교육 프로그램을 제공하면 혼란을 줄일 수 있어요. 접근하기 쉬운 곳에 분리배출 쓰레기통을 두어 분리배출을 실천하는 습관을 길러주는 것도 효과적이겠죠?

어휘 풀이

1 **구분**: 기준에 따라 나눔
2 **수수료**: 어떤 일을 대신 처리해 준 대가로 받는 돈
3 **종량제**: 물품의 무게나 용량에 따라 사용 요금을 내는 제도
4 **혼란**: 정리가 안 되고 어수선한 상태
5 **접근**: 어떤 곳이나 사람에게 가까이 감

이것만은 꼭!

쓰레기 분리배출이란?
쓰레기를 종류별로 구분해 각각 정해진 장소에 버리는 것을 말해요. 예를 들어, 플라스틱, 종이, 음식물 쓰레기 등은 각각 다른 쓰레기통에 버려야 해요.

▶ 정답 239쪽

국어 실력 팍팍 늘리기

 다음 한자어가 들어간 사자성어를 따라 쓰세요.   • 쓰는 순서는 별도의 활동지를 통해 연습해 보세요.

나눌 분

安 分 知 足
편안 **안**   나눌 **분**   알 **지**   발 **족**

뜻 : 편안한 마음으로 제 분수를 지키며 만족할 줄을 앎

安　分　知　足

 신문 기사의 주요 단어를 빈칸에 쓰세요.

☐☐☐ 분리배출 기준이 복잡해 많은 사람들이 실수하거나 헷갈린다고 해요. 우리나라는 1995년에 쓰레기 ☐☐☐를 시작했지만, 지역마다 ☐☐이 다르고 복잡해 혼란이 계속되고 있어요. 이를 해결하기 위해 명확한 가이드 제공, 통일된 기준 마련, 주민 교육 등이 필요해요.

 다음 내용에 대한 나의 의견을 쓰세요.

> 쓰레기 분리배출은 번거로우므로 굳이 하지 않아도 괜찮다.

나는 이 의견에 (찬성 / 반대)한다. 그 이유는

티백 하나에 미세 플라스틱 1,200억 개가 들었다?

수백만 개의 미세 플라스틱이 나온 티백 차

최근 국제 학술지 《케모스피어》에 발표된 연구에 따르면, 우리가 자주 마시는 티백 차에서 수백만 개의 미세 플라스틱이 나온다는 충격적인 사실이 밝혀졌어요. 스페인의 바르셀로나자치대학 연구팀은 티백으로 차를 우릴 때 얼마나 많은 미세 플라스틱이 나오는지에 대한 연구를 진행했어요.

연구팀은 나일론, 폴리프로필렌 같은 플라스틱 소재로 만든 티백을 물에 넣고 차를 우린 다음, 미세 플라스틱을 전자현미경으로 관찰했어요. 연구 결과, 티백 하나로 우린 차 한 잔에서 무려 1,200억 개 이상의 미세 플라스틱이 나왔다고 해요. 그리고 미세 플라스틱 입자를 사람의 장 세포에 노출했더니 많은 양의 플라스틱이 세포핵까지 들어갔다고 해요. 체내로 미세 플라스틱이 들어가면 몸에 해를 끼칠 가능성이 커요. 플라스틱 입자가 세포를 다치게 하거나 염증을 일으킬 수 있기 때문이에요.

그렇다면 우리는 환경을 위해 어떻게 해야 할까요? 미세 플라스틱 배출을 줄이기 위해 플라스틱 성분이 포함된 티백이 아닌 종이 티백을 사용하는 거예요. 또 티백 대신 찻잎을 직접 우려내는 방법은 플라스틱 사용을 줄일 뿐만 아니라 더 깊고 풍부한 차 맛을 즐길 수 있는 장점도 있죠. 더 나아가, 제조업체들이 플라스틱이 포함되지 않은 제품을 만들도록 요구하는 것도 큰 도움이 될 거예요. 우리의 작은 관심과 실천으로 미세 플라스틱의 배출을 줄여 건강도 지키고, 환경도 보호하는 건 어떨까요?

어휘 풀이

1 **티백**: 차를 우릴 때 사용하는 작은 주머니
2 **소재**: 물건을 만드는 데 사용하는 재료
3 **입자**: 아주 작고 눈에 잘 보이지 않는 작은 조각
4 **세포핵**: 세포의 중심에 있는 중요한 부분
5 **체내**: 몸 안쪽

이것만은 꼭!

미세 플라스틱이란?
크기가 5mm 이하인 플라스틱 조각이에요. 화장품, 세제 등에서 생기거나 큰 플라스틱이 부서져 생겨요. 이를 줄이려면 플라스틱 사용을 줄이고, 재사용이 가능한 제품을 선택하는 게 좋아요.

▶ 정답 239쪽

국어 실력 팍팍 늘리기

 신문 기사의 내용에 알맞도록 〈보기〉에서 어휘를 찾아 쓰세요.

> 보기
>
> 체내   세포   종이   티백

① (　　　)으로 차를 우릴 때 수백만 개의 미세 플라스틱이 배출된다는 사실이 밝혀졌어요.

② 미세 플라스틱 입자가 사람의 장 (　　　)에 들어가 해를 끼칠 수 있다는 연구 결과가 나왔어요.

③ 미세 플라스틱이 (　　　)로 들어가면 몸에 안 좋은 영향을 미쳐요.

④ (　　　) 티백을 사용하는 것이 미세 플라스틱의 배출을 줄이기 위한 하나의 대안이 돼요.

문해력 아래 질문에 맞는 답을 골라 번호에 ○ 하세요.

다음 중 티백 차에서 미세 플라스틱이 배출되는 문제를 해결하기 위한 가장 적절한 방법은 무엇인가요?

① 티백 대신 투명한 플라스틱 병에 차를 우려 마셔요.
② 플라스틱 티백을 여러 번 다시 써서 미세 플라스틱 배출을 줄여요.
③ 종이 티백을 사용하거나, 티백 대신 찻잎을 이용해 차를 우려내요.
④ 미세 플라스틱 배출을 줄이기 위해 티백을 물에 더 오래 우려 마셔요.
⑤ 티백 차를 마시는 대신 콜라나 사이다 같은 탄산음료를 마셔요.

 다음 질문에 대한 답을 쓰세요.

① **티백 차에서 미세 플라스틱이 나오는 이유는 무엇인가요?**

② **미세 플라스틱이 체내에 들어가면 어떤 위험이 생길 수 있나요?**

음식물 쓰레기는 왜 따로 버릴까?

반드시 분리배출해야 하는 음식물 쓰레기

프랑스 정부는 2024년 1월 1일부터 음식물 쓰레기와 일반 쓰레기를 분리해서 버려야 한다는 조치를 발표했어요. 이와 함께 프랑스의 라디오 방송, '프랑스 앵테르'를 통해 한국에서 음식물 쓰레기를 분리 배출하는 요령을 본받을 필요가 있다고 했어요.

음식물 쓰레기는 분해될 때 메탄가스를 발생시켜 환경에 나쁜 영향을 줘요. 그래서 음식물 쓰레기를 따로 분리하면 쓰레기를 소각할 때 불필요한 에너지 낭비를 줄이고, 재활용을 통해 퇴비나 바이오가스를 만들 수 있어요. 이러한 방법이 환경을 보호하는 데 중요한 역할을 하게 되는 것이고요.

우리나라는 이미 10년 넘게 음식물 쓰레기 분리배출을 해오고 있어요. 이를 통해 음식물 쓰레기를 효과적으로 처리하고, 환경 오염을 줄이는 노력을 해왔죠. 최근에는 프랑스와 같은 다른 나라들도 이 제도를 도입하면서 음식물 쓰레기 문제에 대한 국제적인 인식이 높아지고 있어요. 이 제도가 단순히 쓰레기를 줄이는 것을 넘어, 살기 좋은 미래를 위한 필수적인 조치로 자리 잡아가고 있어요.

여러분의 가정에서는 음식물 쓰레기를 어떻게 버리고 있나요? 음식물 쓰레기를 줄이기 위해 여러분은 어떤 노력을 하고 있나요? 예를 들어, 필요한 만큼만 음식을 준비하거나, 남은 음식을 활용한 요리법을 사용하는 것도 방법이 될 수 있어요. 작은 실천이 모이면 환경을 지키고 자원 낭비를 줄이는 데 큰 도움을 줄 수 있을 거예요.

어휘 풀이

1 **정부**: 나라를 다스리는 조직이나 기관
2 **조치**: 문제를 해결하기 위해 취하는 행동
3 **소각**: 불에 태워 없앰
4 **퇴비**: 썩은 식물이나 음식물 쓰레기로 만든 거름
5 **인식**: 어떤 것을 알고 이해함

이것만은 꼭!

메탄가스란?
음식물 쓰레기가 썩을 때 나오는 가스예요. 이 가스는 온실가스의 한 종류로, 이산화탄소보다 환경에 더 큰 영향을 끼쳐요. 또한 메탄가스는 지구의 온도를 높이는 지구 온난화를 일으킬 수 있어요.

▶ 정답 239쪽

국어 실력 팍팍 늘리기

어휘력 어휘와 뜻을 알맞게 연결하세요.

1. 조치 • • ㉠ 불에 태워 없앰
2. 퇴비 • • ㉡ 문제를 해결하기 위해 취하는 행동
3. 소각 • • ㉢ 어떤 것을 알고 이해함
4. 정부 • • ㉣ 나라를 다스리는 조직이나 기관
5. 인식 • • ㉤ 썩은 식물이나 음식물 쓰레기로 만든 거름

문해력 신문 기사의 내용과 일치하는 것에 ○표, 일치하지 않는 것에 ×표 하세요.

1. 프랑스에서는 2024년부터 음식물 쓰레기와 일반 쓰레기를 분리해서 버려야 해요.
2. 음식물 쓰레기는 분해될 때 천연가스를 발생시켜 환경에 영향을 줘요.
3. 음식물 쓰레기를 재활용하면 퇴비와 바이오가스를 만들 수 있어요.
4. 한국은 5년 전부터 음식물 쓰레기 분리배출을 시작했어요.
5. 음식물 쓰레기의 분리배출은 살기 좋은 미래를 위한 필수적인 조치예요.

작문력 신문 기사의 주요 내용을 요약한 글을 따라 쓰세요.

> 프랑스는 2024년부터 음식물 쓰레기와 일반 쓰레기를 분리배출하도록 하는 새로운 조치를 발표했어요. 음식물 쓰레기를 분리하면 메탄가스 발생을 줄이고, 퇴비나 바이오가스로 재활용할 수 있어 환경 보호에 도움을 줄 수 있어요. 음식물 쓰레기 분리배출은 살기 좋은 미래를 위해 꼭 필요한 정책이에요.

500ml 페트병으로 옷을 만들 수 있다고?

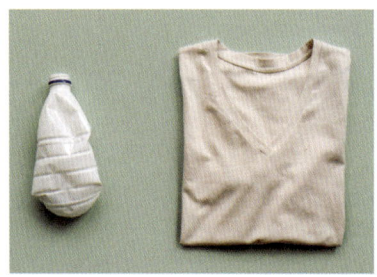

재활용 폴리에스테르로 만들어진 티셔츠

음료수나 물을 담는 500ml 페트병이 옷으로 재탄생할 수 있다는 사실을 알고 있나요? 1993년, '파타고니아'라는 회사는 사람들이 버린 페트병을 재활용해 폴리에스테르 원단을 만들었어요. 이 회사에서 파는 티셔츠 원단의 85%가 재활용 폴리에스테르로 만들어졌다고 해요.

우리나라에서도 500ml 페트병 6만 개를 사용하여 경찰들이 입는 근무복, 생활복 등을 만들었어요. 현재 일부 경찰들이 이러한 옷을 입고 있고요. 그뿐만 아니라 의류 업계에서도 페트병으로 티셔츠나 재킷을 만들어 판매하고 있어요.

페트병으로 섬유를 만드는 이유는 계속해서 생겨나는 플라스틱 쓰레기를 줄이고 자원을 재활용하기 위해서예요. 그러나 이런 재활용이 환경에 꼭 긍정적이기만 한 것은 아니라는 의견도 있어요. 페트병을 재활용하는 과정에서 많은 에너지가 소모되고 미세 플라스틱이 발생할 수 있다는 우려가 있죠. 또한 섬유로 바뀌어 버린 플라스틱은 다시 재활용할 수 없다고 지적하는 연구원들도 있어요.

페트병을 재활용하면 자원의 순환이 더 활발해져요. 버려지는 플라스틱이 환경오염의 주범으로 지적되는 가운데, 이를 새로운 옷이나 가방으로 재탄생시키는 기술은 자원 낭비를 줄이는 데 큰 도움을 주죠. 하지만 더 근본적으로는 쓰레기 발생을 줄이고, 친환경적인 제품을 선택하는 것이 필요하지 않을까요?

어휘 풀이

1 **원단**: 옷이나 물건을 만드는 데 쓰이는 천
2 **섬유**: 가늘고 기다란 실 모양 물질
3 **소모**: 사용해서 없어지거나 줄어듦
4 **순환**: 어떤 일이 계속 반복되는 과정
5 **주범**: 좋지 않은 결과를 만드는 주된 원인

이것만은 꼭!

재활용 폴리에스테르란?
버려진 페트병을 녹여서 만든 섬유예요. 이 섬유는 옷을 만드는 데 사용되며, 환경을 보호하는 데 도움을 줘요. 예를 들어, 페트병을 재활용하면 쓰레기를 줄일 수 있고, 자원을 절약할 수 있어요.

▶ 정답 239쪽

국어 실력 팍팍 늘리기

 다음 한자어가 들어간 사자성어를 따라 쓰세요.

• 쓰는 순서는 별도의 활동지를 통해 연습해 보세요.

指	指	鹿	爲	馬
가리킬 지	가리킬 지	사슴 록(녹)	위할 위	말 마

뜻 : 윗사람을 이용하여 마음대로 권세를 휘두름

 신문 기사의 내용에 맞게 ▢에서 알맞은 표현을 골라 ○ 하세요.

1. 1993년, 파타고니아는 페트병을 재활용해 **폴리에스테르 / 나일론** 원단을 만들었어요.
2. 페트병을 재활용할 때 많은 **에너지 / 섬유** 가 소모되고, 미세 플라스틱이 발생할 수 있어요.
3. 플라스틱을 재활용하는 것도 중요하지만, 쓰레기 발생을 **늘리는 / 줄이는** 노력이 더 필요해요.

 다음 내용에 대한 나의 의견을 쓰세요.

> 페트병은 사용하기 간편하기 때문에 많이 쓰는 게 좋다.

나는 이 의견에 (찬성 / 반대)한다. 그 이유는

047 500ml 페트병으로 옷을 만들 수 있다고?

해파리 로봇이 바다 쓰레기를 청소한다고?

바다에 떠다니는 해양 쓰레기들

세계적인 학술지인 《사이언스 어드밴시스》에 해양 쓰레기를 청소하는 '해파리 로봇'에 대한 논문이 실렸어요. 그 논문에 따르면 해양 쓰레기의 70%는 해저로 가라앉는다고 해요. 놀라운 사실은 이 중 60% 이상이 플라스틱이고, 이게 분해되려면 수백 년의 시간이 필요하다고 해요.

해파리 로봇은 이러한 문제를 해결하기 위해 개발되었어요. 기존의 쓰레기 처리 로봇은 크고 무겁다는 단점이 있었어요. 하지만 해파리 로봇은 마치 해파리의 촉수처럼 부드럽게 움직이면서 해양 쓰레기를 효율적으로 청소할 수 있어요. 이 로봇은 움직임이 자유로워 좁은 바위틈에서도 유연하게 작동할 수 있다고 해요.

해파리 로봇을 사용하면 해양 쓰레기 수거가 더 쉬워지고, 해양 생태계 보호에도 도움을 줄 수 있어요. 환경 분야에서 플라스틱 오염이 심각한 문제인 만큼, 이런 기술은 앞으로 더 많이 발전되고 활용될 가능성이 커요.

미래에는 해양 쓰레기 처리를 위해 어떤 로봇이 개발될까요? 물고기의 움직임을 모방한 로봇이나, 바다 탐사와 쓰레기 수거를 동시에 할 수 있는 드론형 로봇이 만들어지진 않을까요? 또, 태양열이나 조류(물의 흐름) 에너지를 활용해 스스로 작동하는 친환경 로봇이 등장할 수도 있어요. 여러분이 상상하는 해양 쓰레기 처리를 위한 로봇은 어떤 모습인가요?

어휘 풀이

1 **해파리**: 바다에 사는 투명하고 말랑말랑한 생물
2 **해저**: 바다의 밑바닥
3 **분해**: 물질이 작은 조각이나 성분으로 나뉨
4 **촉수**: 해파리나 문어에게 있는 돌기 모양 기관
5 **유연**: 부드럽고 잘 구부러짐

이것만은 꼭!

해양 쓰레기란?
바다로 흘러 들어가서 해양환경을 오염시키는 쓰레기예요. 주로 플라스틱, 비닐, 그물 같은 물질들이 해저로 가라앉아 오랫동안 분해되지 않고 남아서 바다 생태계를 위협해요.

▶ 정답 239쪽

국어 실력 팍팍 늘리기

 다음 한자 어휘를 따라 쓰세요.

• 쓰는 순서는 별도의 활동지를 통해 연습해 보세요

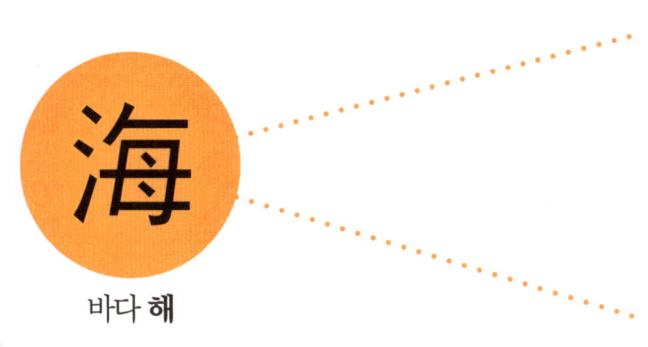

海 바다 해

海	物
바다 **해**	물건 **물**

바다에서 나는 동물과 식물

海	外
바다 **해**	바깥 **외**

바다 건너에 있는 다른 나라

 신문 기사의 주요 단어를 빈칸에 쓰세요.

세계적인 학술지에 ☐☐ ☐☐ 를 청소하는 '☐☐ ☐☐'에 대한 논문이 실렸어요. 이 로봇은 부드럽고 유연한 움직임으로, 크고 무겁다는 단점을 지닌 기존 로봇의 한계를 극복하며, 바위틈 같은 좁은 곳에서도 쓰레기를 효과적으로 수거할 수 있어요. 이 기술은 해양 생태계 보호에 큰 도움을 줄 수 있으며, ☐☐ ☐☐ 문제 해결을 위해 앞으로 더욱 발전될 것으로 기대돼요.

 해파리 로봇을 만든 사람들에게 묻고 싶은 질문을 간단하게 쓰세요.

예시문 다른 해양 동물들도 많은데, 해파리를 고른 이유는 무엇인가요?

기후 변화로 인해 사라지는 빙하

빙하를 녹게 만드는 일회용품들

최근 유네스코(UNESCO)는 인류가 온실가스를 대폭 감축하더라도 2050년쯤에는 세계 문화유산 내 빙하의 3분의 1이 사라질 것이라고 경고했어요. 빙하는 지구 온난화의 직접적인 영향을 받는 지형으로, 지난 20년 동안 녹은 빙하의 양은 해수면 상승에 큰 영향을 미쳤어요.

빙하가 녹는 주된 원인은 지구 온난화예요. 온실가스 배출로 인해 지구의 대기가 더 많은 열을 흡수하게 되고, 그 결과 얼음이 녹는 속도가 점점 빨라지는 것이죠. 특히, 시간이 흐를수록 탄소 배출이 계속 증가하면서 해수면이 상승하고, 해양 생태계에도 심각한 영향을 미치고 있어요.

지구 온난화를 막기 위해 각 나라마다 온실가스 배출을 줄이는 정책과 재생 에너지를 사용하는 정책이 필요해요. 많은 나라가 탄소 배출을 줄이기 위해 산업 규제를 강화하고, 태양광, 풍력 같은 친환경 에너지를 개발하고 있어요. 개인적으로는 에너지를 절약하고, 일회용품 사용을 줄이며, 대중교통을 이용하는 작은 실천들이 도움이 될 수 있어요.

우리는 더 나은 미래를 위해 어떤 노력을 해야 할까요? 일회용품 사용을 줄이고, 재생할 수 있는 에너지를 사용하는 등 작은 실천부터 시작하는 게 중요해요. 지금은 기후 변화가 미치는 영향에 대해 더 많은 논의와 실천이 필요한 때예요.

어휘 풀이

1 **인류**: 지구에 사는 모든 사람
2 **감축**: 양이나 수를 줄임
3 **지형**: 땅의 생김새나 모양
4 **대기**: 공기를 달리 이르는 말
5 **규제**: 법이나 규칙으로 제한하거나 통제함

이것만은 꼭!

온실가스란?
지구의 대기를 따뜻하게 만드는 가스로, 이산화탄소(CO_2), 아산화질소(N_2O) 등이 있어요. 이 가스들이 지구 대기에 쌓이면 열이 빠져나가지 못하고 지구 온도가 점점 올라가는 현상이 생겨요.

▶ 정답 239쪽

국어 실력 팍팍 늘리기

 **어휘력** 다음 뜻에 어울리는 어휘를 쓰세요.

1. _____ : 땅의 생김새나 모양
2. _____ : 양이나 수를 줄임
3. _____ : 법이나 규칙으로 제한하거나 통제함
4. _____ : 지구에 사는 모든 사람
5. _____ : 공기를 달리 이르는 말

 **문해력** 빈칸에 알맞은 단어를 신문 기사에서 찾아 쓰세요.

1. 유네스코는 2050년쯤 세계 문화유산 내 _____ 의 3분의 1이 사라질 것이라고 경고했어요.
2. 빙하가 녹는 주된 원인은 _____ 이며, 해수면 상승에 큰 영향을 미쳐요.
3. 온실가스 배출로 지구의 _____ 가 더 많은 열을 흡수하고 있어요.
4. 온실가스 배출을 줄이고 _____ 에너지를 사용하는 정책이 필요해요.
5. 개인 차원에서는 _____ 사용을 줄이는 실천이 기후 변화 해결에 도움이 돼요.

 **작문력** 다음 질문에 대한 답을 쓰세요.

1. **지구 온난화를 막기 위해 필요한 두 가지 정책은 무엇인가요?**

   _____

2. **신문 기사에서 예로 든 두 가지 친환경 에너지는 무엇인가요?**

   _____

049 기후 변화로 인해 사라지는 빙하

종이 빨대가 플라스틱 빨대보다 친환경적일까?

플라스틱 빨대와 종이 빨대

2023년 11월, 일회용 플라스틱 빨대 사용 금지 정책으로 인해 우리나라 사람들은 종이 빨대를 이용해서 음료를 먹게 되었어요. 종이 빨대가 플라스틱 빨대보다 친환경적이라고 인식되었으니까요. 그런데 최근 종이 빨대가 플라스틱보다 친환경적인지에 대한 논쟁이 일어나고 있어요.

많은 이들은 종이 빨대가 플라스틱 사용을 줄이고 자연에 더 빨리 분해된다고 생각하지만, 최근 연구에서는 그렇지 않다는 결과가 나왔어요. '1회용품 저감정책 통계작성 및 관리 방안'이라는 보고서에 따르면 종이 빨대를 만들 때도 플라스틱 코팅을 해야 하므로 쉽게 재활용하기 어렵다고 해요. 또한 종이 빨대를 소각할 때 플라스틱 빨대보다 더 많은 이산화탄소가 배출되었다는 연구 결과도 있고요. 종이 빨대가 친환경적이라는 인식과 달리, 생산 과정에서 환경에 미치는 영향을 고려해야 한다는 목소리가 나오고 있어요.

그런데 이와 다른 입장도 있어요. 위에서 말한 연구가 해외의 연구 사례일 뿐 우리나라에서 사용되는 종이 빨대와는 그 종류가 다르므로, 국산 종이 빨대를 사용하는 것이 더 친환경적이고, 환경에도 해롭지 않다는 의견이에요.

앞으로 우리는 종이와 플라스틱을 넘어 새로운 대체품을 찾아봐야 할지도 몰라요. 전혀 다른 소재와 형태의 빨대를 사용해야 할지도 모르죠.

어휘 풀이

1 **금지**: 하지 못하게 막음
2 **코팅**: 겉에 다른 것을 덧씌움
3 **사례**: 어떤 일이 실제로 있었던 예
4 **해롭다**: 몸이나 환경을 이롭지 않게 하다
5 **대체품**: 기존의 것을 대신할 수 있는 물건

이것만은 꼭!

이산화탄소 배출이란?
종이, 플라스틱 빨대 모두 사용 후 처리 과정에서 이산화탄소가 배출돼요. 이산화탄소는 온실가스 중 하나로, 공기 중에 너무 많이 쌓이면 지구의 온도를 높이고 기후 변화를 일으켜요.

▶ 정답 240쪽

국어 실력 팍팍 늘리기

어휘력 신문 기사의 내용에 알맞도록 〈보기〉에서 어휘를 찾아 쓰세요.

> **보기**   대체품   재활용   친환경   이산화탄소

① 종이 빨대가 플라스틱 빨대보다 (　　　)적이라는 인식이 있었어요.

② 종이 빨대를 만들 때 플라스틱 코팅을 해야 해서 쉽게 (　　　)할 수 없다는 문제가 있어요.

③ 종이 빨대를 소각할 때 더 많은 (　　　)가 배출된다는 연구도 있어요.

④ 우리는 앞으로 종이와 플라스틱이 아닌 새로운 (　　　)을 찾아봐야 할지도 몰라요.

문해력 아래 질문에 맞는 답을 골라 번호에 ○ 하세요.

다음 중 종이 빨대가 플라스틱 빨대보다 친환경적이지만은 않다는 의견을 가장 잘 설명한 것은 무엇인가요?

① 종이 빨대가 플라스틱 빨대보다 제작 비용이 비싸기 때문이에요.
② 종이 빨대는 모든 나라에서 동일한 재료로 제작되기 때문이에요.
③ 종이 빨대는 자연에서 분해되지 않아 환경오염을 악화시키기 때문이에요.
④ 종이 빨대를 만들 때 플라스틱 코팅이 필요하므로 쉽게 재활용하기가 어렵기 때문이에요.
⑤ 종이 빨대가 환경에 미치는 영향에 대한 연구가 아직 전혀 이루어지지 않았기 때문이에요.

작문력 신문 기사 속 단어를 넣어 자유롭게 한 문장을 쓰세요.

① **논쟁**　**예시**　친구들과 어떤 게임이 재미있는지 **논쟁**이 있었다.

② **대체품**　**예시**　슈퍼마켓에서 내가 찾는 물건이 없어서 다른 **대체품**을 샀다.

가로세로퍼즐로 깃대종 찾기!

경기도에서 지정한 31종의 '깃대종' 중에서 가로세로퍼즐에 들어갈 동물의 이름을 찾아 써넣어 보세요.

<31종의 '깃대종'>
* **포유류 7종**: 오소리, 멧토끼, 수달, 하늘다람쥐, 삵, 족제비, 담비
* **조류 13종**: 흰눈썹황금새, 알락꼬리마도요, 청딱다구리, 크낙새, 노랑부리백로, 검은머리물떼새, 수리부엉이, 저어새, 큰고니, 동고비, 독수리, 흰꼬리수리, 두루미
* **양서류 4종**: 수원청개구리, 금개구리, 맹꽁이, 도롱뇽
* **무척추류 7종**: 말똥게, 넓적사슴벌레, 애반딧불이, 쌍꼬리부전나비, 대모잠자리, 꼬리명주나비, 장수하늘소

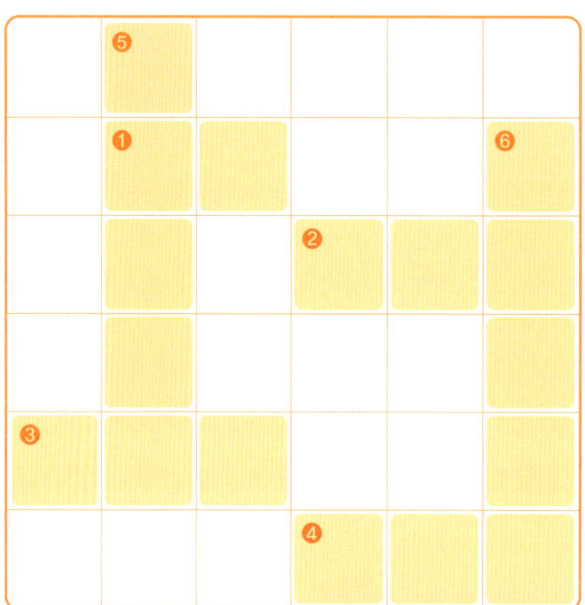

가로
① 깨끗한 하천에서 물고기를 잡아먹으며 사는 동물이에요. 물에서 수영을 아주 잘해요.
② 주로 죽은 동물을 먹으며, 넓은 날개를 펴고 하늘을 높이 나는 새예요.
③ 밤에 주로 활동하며 땅을 파서 굴을 만드는 동물이에요. 줄무늬가 있는 얼굴이 특징이에요.
④ 비가 오면 '맹~ 맹~' 우는 소리를 내는 양서류예요.

세로
⑤ 몸이 크고 긴 더듬이를 가진 곤충으로, 오래된 참나무에서 살아요.
⑥ 우리나라에서 가장 큰 부엉이로, 강가나 산림에서 사냥하는 맹금류예요.

정답: ① 수달 ② 독수리 ③ 오소리 ④ 맹꽁이 ⑤ 장수하늘소 ⑥ 수리부엉이

6장 : 국제

051 '웃긴 노벨상', 역대 이그 노벨상 수상자는?

052 102번째 생일에 스카이다이빙한 할머니가 있다?

053 싱가포르, 16종의 곤충을 식용으로 승인하다!

054 세계에서 가장 물가가 비싼 도시는?

055 중국에 '결혼학과'가 생긴 이유는?

056 백악관으로 돌아온 트럼프 미국 대통령

057 수백만 명을 대피하게 만든 허리케인 '밀턴'

058 기후 변화로 인한 난민, 어디로 가야 할까?

059 행복지수 최고의 나라, 핀란드

060 스웨덴에서는 6살부터 초등학교에 간다?

나의 102세 생일에 도전하고 싶은 것

'웃긴 노벨상', 역대 이그 노벨상 수상자는?

이그 노벨상은 기발한 연구에 수여하는 상이다.

과학계의 독특한 상인 '이그 노벨상'은 1991년 미국 하버드대에서 시작되었어요. 이 상은 노벨상을 패러디한 것으로, 재미있는 연구를 대상으로 수여돼요. "사람들을 웃게 하고, 생각하게 한다"라는 목적을 가지고 생리학, 화학, 의학 등 10개의 분야에서 수상자를 선정해요.

이그 노벨상의 수상 연구들은 우리가 상상할 수 없는 주제를 다뤄요. 예를 들어, 2024년 화학상은 술에 취한 벌레와 취하지 않은 벌레를 분리하는 연구 성과에 주어졌어요. 물리학상은 죽은 송어가 해류 속에서 살아 있는 송어만큼 효율적으로 이동할 수 있다는 연구로 받았고요. 이런 기발한 연구들이 과학적 상상력을 자극하면서도, 웃음을 자아내죠.

이그 노벨상에 대해 사람들의 의견은 다양해요. 어떤 사람들은 이 상이 과학을 가볍게 다룬다고 비판하지만, 반대로 과학의 재미를 알리는 데 중요한 역할을 한다고 보는 사람들도 있어요. 하지만 많은 사람들이 이 상이 과학의 창의성을 강조하고, 대중의 관심을 끌어 과학에 대한 흥미를 높인다는 점에서 긍정적으로 보고 있어요.

흥미로운 아이디어가 일상에서 실현될 때, 우리는 또다시 새로운 방식으로 과학을 바라보게 되지 않을까요? 작은 호기심이 의외로 놀라운 발견으로 이어질 수도 있으니, 이 상은 그 자체로 과학의 재미와 가치를 널리 알리는 계기가 되는 것 같아요.

어휘 풀이

1 **패러디**: 유명한 작품을 흉내내거나 바꿔 표현함
2 **성과**: 노력해서 얻은 좋은 결과
3 **해류**: 바닷물이 일정한 방향으로 흐르는 현상
4 **기발한**: 생각이나 행동이 독특하고 새로운
5 **실현**: 계획이나 꿈이 실제로 이루어짐

이것만은 꼭!

과학적 창의성이란?
새로운 아이디어를 통해 예상치 못한 발견을 하는 능력이에요. 과학적 창의성은 정해진 답을 찾는 것보다, 다양한 생각을 펼칠 때 나오는 경우가 많아요.

▶ 정답 240쪽

국어 실력 팍팍 늘리기

 다음 한자 어휘를 따라 쓰세요.

• 쓰는 순서는 별도의 활동지를 통해 연습해 보세요.

現	金
나타날 현	쇠 금
중앙은행에서 발행하는 지폐나 주화	

現	代
나타날 현	대신할 대
지금의 시대	

現
나타날 현

 신문 기사의 내용과 일치하는 것에 ○표, 일치하지 않는 것에 ×표 하세요.

1. 이그 노벨상은 1991년 하버드대에서 시작되었어요.
2. 이그 노벨상은 어렵고 심각한 연구를 높이 평가해요.
3. 이그 노벨상은 생리학, 화학 등 총 5개의 분야에서 수상자를 선정해요.
4. 2024년 화학상은 술에 취한 벌레와 취하지 않은 벌레를 분리하는 연구에 주어졌어요.
5. 사람들은 이그 노벨상이 과학의 창의성을 강조한다고 긍정적으로 보는 경우가 많아요.

 이그 노벨상을 수상한 사람들에게 묻고 싶은 질문을 간단하게 쓰세요.

| 예시문 | 이그 노벨상을 받는 기분이 어떤가요? |

051 '웃긴 노벨상', 역대 이그 노벨상 수상자는? 123

102번째 생일에 스카이다이빙한 할머니가 있다?

고도의 상공에서 낙하하고 있는 스카이다이버

2024년 8월, 영국의 일간지인 《가디언》에 따르면 102세의 마네트 베일리 할머니께서 영국에서 가장 나이가 많은 스카이다이버가 되었다고 해요. 102세 생일을 맞아 2,100m 상공에서 뛰어내린 대단한 도전을 한 할머니는 사실 2차 세계대전 참전 용사였다고 해요.

베일리 할머니께서는 사람은 언제나 나이와 상관없이 새로운 도전을 찾아 나서야 한다고 말씀하셨어요. 할머니께서는 100번째 생일에 페라리라는 고급 스포츠카를 타고 자동차 경주장을 시속 210km로 달린 적도 있다고 해요.

이러한 마네트 베일리 할머니의 멈추지 않는 도전은 우리에게 나이와 관계없이 용기와 도전 정신이 중요하다는 메시지를 전달해요. 102세라는 나이가 믿기지 않을 정도로, 그녀는 두려움을 뛰어넘어 자신만의 특별한 생일을 만들어 냈죠. 이번 스카이다이빙 소식은 전 세계 사람들에게 나이를 극복하며 꿈과 도전을 계속할 수 있다는 메시지를 주고 있어요. 그녀의 이야기는 도전은 젊은 사람들만의 특권이 아니라는 것을 보여주며, 나이와 상관없이 삶을 즐기고 새로운 것을 시도하는 기쁨을 다시금 생각하게 해줘요.

만약 여러분이라면 80세, 90세가 되었을 때, 이 할머니처럼 불가능하고 무모해 보이는 활동에 도전할 용기를 가질 수 있을까요?

어휘 풀이
1 **일간지**: 하루에 한 번씩 발행되는 신문
2 **상공**: 하늘 높은 곳
3 **참전**: 전쟁에 참여함
4 **극복**: 어려운 문제나 상황을 이겨냄
5 **무모**: 깊이 생각하는 신중함이나 꾀가 없음

이것만은 꼭!
스카이다이빙이란?
항공기에서 낙하산을 착용한 상태로 하늘에서 뛰어내리는 극한 스포츠예요. 항공기에서 낙하한 후 자유낙하 시간을 즐기다가, 일정 고도에 도달하면 낙하산을 펼쳐 착지하는 과정으로 진행돼요.

▶ 정답 240쪽

국어 실력 팍팍 늘리기

 어휘와 뜻을 알맞게 연결하세요.

1. 참전 • • ㉠ 하늘 높은 곳

2. 상공 • • ㉡ 깊이 생각하는 신중함이나 꾀가 없음

3. 무모 • • ㉢ 어려운 문제나 상황을 이겨냄

4. 일간지 • • ㉣ 하루에 한 번씩 발행되는 신문

5. 극복 • • ㉤ 전쟁에 참여함

 신문 기사의 내용에 맞게 ▇ 에서 알맞은 표현을 골라 ○ 하세요.

1. 대단한 도전의 주인공인 베일리 할머니는 2차 세계대전 **참전 / 구호** 용사였다고 해요.

2. 베일리 할머니는 100번째 생일에도 무려 **자동차 경주 / 스카이다이빙** 에 도전했어요.

3. 베일리 할머니의 스카이다이빙 소식은 전 세계 사람들에게 꿈과 도전을 **멈추게 한다 / 계속할 수 있다** 는 메시지를 주고 있어요.

 신문 기사 속 단어를 넣어 자유롭게 한 문장을 쓰세요.

1. **무모** 예시 형이 전교 1등에 도전하려는 것은 **무모**한 계획이다.

2. **극복** 예시 나는 친구의 도움 덕분에 큰 어려움을 **극복**할 수 있었다.

052 102번째 생일에 스카이다이빙한 할머니가 있다?

싱가포르, 16종의 곤충을 식용으로 승인하다!

미래 식량으로 주목받고 있는 식용 곤충

2024년 7월, 싱가포르에서 귀뚜라미, 메뚜기, 꿀벌 등 16종의 곤충을 식용으로 승인했어요. 이는 전 세계적으로 증가하는 곤충 소비 동향을 반영한 싱가포르 식품청(SFA)의 결정이에요. 현재 128개국에서 2,205종의 곤충이 식용으로 사용되고 있다고 해요.

곤충을 식용으로 활용하는 것은 기후 변화와 식량 부족 문제를 해결하는 방안 중의 하나예요. 곤충은 사육에 필요한 물과 자원이 적게 들고, 탄소 배출량도 적어서 친환경적인 단백질 공급원으로 주목받고 있어요. 유엔 식량농업기구(FAO)도 곤충 소비를 권장하면서, 미래의 식량 대책으로 제시하고 있어요.

하지만 곤충을 식용으로 승인하는 것에 대해 찬반 의견이 있어요. 찬성하는 사람들은 곤충이 미래의 식량 위기를 해결할 수 있는 주요 자원이라고 보며, 환경 보호와 자원 절약 측면에서 긍정적으로 평가해요. 반면, 반대하는 사람들은 아직 곤충을 음식으로 받아들이기 어렵고, 안전성과 위생에 대한 걱정을 해요. 곤충이 기존 식품과 달리 알레르기 반응을 일으킬 수 있으며, 사육과 가공 과정에서 식품 안전 기준을 제대로 충족할 수 있을지 의문을 제기하는 의견도 있어요.

유엔에 따르면 이미 세계 인구의 25% 정도가 곤충을 섭취하고 있다고 해요. 미래를 위해 곤충 소비를 확대하는 게 나을까요, 아니면 다른 대안을 찾는 게 나을까요?

어휘 풀이

1 **식용**: 먹을 것으로 씀
2 **승인**: 어떤 일을 허락하거나 인정함
3 **동향**: 상황이나 움직임의 방향
4 **권장**: 좋은 일을 하도록 권함
5 **섭취**: 음식을 먹거나 마심

이것만은 꼭!

식용 곤충이란?
식용 곤충은 사람들이 먹을 수 있도록 기르고 관리하는 곤충이에요. 귀뚜라미, 밀웜(갈색거저리 유충), 메뚜기 등이 대표적인 식용 곤충이에요.

▶ 정답 240쪽

국어 실력 팍팍 늘리기

어휘력 다음 뜻에 어울리는 어휘를 쓰세요.

1. _____ : 어떤 일을 허락하거나 인정함
2. _____ : 좋은 일을 하도록 권함
3. _____ : 상황이나 움직임의 방향
4. _____ : 먹을 것으로 씀
5. _____ : 음식을 먹거나 마심

문해력 빈칸에 알맞은 단어를 신문 기사에서 찾아 쓰세요.

1. 2024년, 싱가포르에서 _____ 으로 승인된 곤충의 종류는 16종이에요.
2. 곤충을 식용으로 활용하면 _____ 와 식량 부족 문제 해결에 도움을 줄 수 있어요.
3. 곤충은 적은 물과 자원으로 사육이 가능하고, _____ 배출량이 적은 단백질 공급원이에요.
4. 유엔 식량농업기구(FAO)는 곤충을 미래의 _____ 대책으로 제시하고 있어요.
5. 곤충 식용에 대해 찬성하는 사람들은 환경 보호와 _____ 측면에서 긍정적으로 평가해요.

작문력 신문 기사의 주요 내용을 요약한 글을 따라 쓰세요.

싱가포르는 2024년 7월, 귀뚜라미 등 16종의 곤충을 식용으로 승인했어요. 곤충은 적은 자원으로 사육할 수 있고, 탄소 배출량이 적어 친환경적인 단백질 공급원으로 주목받고 있어요. 곤충을 식용으로 승인하는 것에 대해 아직 찬반 의견들이 있지만, 세계 인구의 약 25%가 이미 곤충을 섭취 중이에요.

세계에서 가장 물가가 비싼 도시는?

싱가포르의 명소인 마리나 베이 샌즈 호텔

2023년, 영국의 시사 주간지 《이코노미스트》의 계열사인 '이코노미스트 인텔리전스 유닛(EIU)'의 보고서에 따르면, 세계에서 가장 물가가 비싼 도시로 싱가포르가 꼽혔어요. 2024년, 다른 조사 기관의 결과에서는 2위를 차지했고요. 싱가포르는 전통적으로 고물가를 자랑하는 곳으로 유명해요.

싱가포르에 사는 사람들이 가장 비싸다고 느끼는 것은 주거비라고 해요. 중산층들이 사는 일반적인 아파트도 20억이 넘어간다고 하니, 집값이 비싸다고 하는 서울의 집값보다도 훨씬 비싼 게 싱가포르의 아파트 가격이에요. 또 자동찻값도 비싸다고 해요. 예를 들어, 한국에서 5천만 원 정도 하는 중형차를 싱가포르에서 산다면 한국의 5배 정도인 2억 5천만 원 정도가 필요하다고 해요.

싱가포르 외에도 뉴욕, 제네바, 홍콩, LA 등의 도시가 생활비가 높은 도시로 꼽혀요. 우리나라의 수도인 서울도 물가가 비싼 도시를 꼽을 때 항상 등장하고요. 하지만 물가가 비싼 게 단점만 있는 건 아니에요. 일반적으로 물가가 높은 도시는 경제적으로 발전한 곳이 많아요. 많은 사람들이 일하고 싶어 하는 대기업과 국제 기구가 자리 잡고 있고, 다양한 산업이 발달해 있어요. 또한 교통, 교육, 의료 등의 공공 서비스가 우수하고, 다양한 문화적 이벤트와 여가 활동을 충분히 즐길 수 있는 사회 인프라도 잘 갖춰져 있어요.

어휘 풀이

1 **주간지**: 일주일에 한 번 발행되는 신문이나 잡지
2 **고물가**: 물건값이 매우 비싼 상태
3 **주거비**: 집을 구하거나 유지하는 데 드는 비용
4 **중산층**: 경제적으로 중간 정도 생활을 하는 계층
5 **생활비**: 살아가는 데 필요한 비용

이것만은 꼭!

물가란?
물건이나 서비스의 가격을 말해요. 우리가 마트에서 물건을 사거나 학원에서 수업을 받을 때, 그 물건의 가격이나 수업료가 물가예요.

▶ 정답 240쪽

국어 실력 팍팍 늘리기

 다음 한자어가 들어간 사자성어를 따라 쓰세요.
• 쓰는 순서는 별도의 활동지를 통해 연습해 보세요.

| 生 날 생 | 九 아홉 구 | 死 죽을 사 | 一 한 일 | 生 날 생 |

뜻 : 죽을 고비를 여러 번 넘기고 겨우 살아남

九　死　一　生

 신문 기사의 주요 단어를 빈칸에 쓰세요.

☐☐☐는 세계에서 가장 물가가 비싼 도시 중 하나로, 주거비와 자동차 가격 등이 특히 높아요. 그밖에 ☐☐가 비싼 도시로는 뉴욕, 제네바, 홍콩, LA 등이 있으며, 서울도 항상 포함돼요. 하지만 물가가 높은 도시 중에는 경제적으로 발전한 곳이 많아서 다양한 산업이 발달했고, 공공 서비스와 사회 ☐☐☐가 잘 갖춰져 있어요.

 다음 내용에 대한 나의 의견을 쓰세요.

> 물가가 비싼 도시에서는 살 필요가 없다.

나는 이 의견에 (찬성 / 반대)한다. 그 이유는

054 세계에서 가장 물가가 비싼 도시는? 129

중국에 '결혼학과'가 생긴 이유는?

신부에게 반지를 끼워 주는 신랑

중국의 한 대학교에 '결혼학과'가 신설되어 사람들의 관심을 끌고 있어요. 중국 중앙TV(CCTV)에 따르면, 베이징 민정직업대학에 '결혼 서비스 및 관리 학과'가 처음으로 만들어졌다고 해요. 결혼율의 급격한 감소로 인해 결혼을 위한 학과가 생겼다는 소식에 많은 이들이 놀랐다고 해요.

중국에서 결혼 기피 현상이 늘어나는 이유는 여러 가지예요. 결혼 적령기 인구 감소와 성비 불균형이 큰 원인이에요. 남성에 비해 여성의 수가 적어 결혼을 원하는 남성들이 배우자를 찾기 어려운 상황이죠. 또 높은 결혼 비용과 취업 및 경제난도 젊은 세대가 결혼을 포기하게 만드는 중요한 원인이에요.

그런데 결혼학과의 신설에 관한 입장이 엇갈리고 있어요. 결혼 교육을 통해 어느 정도 결혼이라는 제도를 아는 상태에서 결혼 생활을 시작하면, 결혼에 대한 만족도가 높아져 결혼하는 사람이 늘어나는 장점을 얻을 수 있다는 의견이 있어요. 반대로, 결혼학과에 대해 부정적인 의견을 가진 쪽에서는 결혼은 개인의 선택이기 때문에 학문적으로 접근하는 게 적절하지 않다고 이야기하기도 해요.

앞으로 중국에서 결혼에 대한 어떠한 정책들을 발표하게 될지 계속해서 지켜볼 필요가 있어요. 그리고 우리 사회에서도 결혼과 출산율 문제를 해결하기 위해 어떤 노력이 필요한지 고민해 볼 필요가 있지 않을까요?

어휘 풀이
1 **급격한**: 변화나 상황이 매우 빠르고 심한
2 **기피**: 어떤 일을 피하거나 싫어함
3 **성비**: 남성과 여성의 비율
4 **취업**: 직업을 구해 일함
5 **경제난**: 경제적으로 어려운 상황

이것만은 꼭!
학과란?
학술의 분과, 쉽게 말해 어떤 주제를 연구하는 교수들의 집단을 말해요. '결혼학과'라면 결혼을 연구하는 교수들의 집단을 말하겠죠?

▶ 정답 240쪽

국어 실력 팍팍 늘리기

 **어휘력** 신문 기사의 내용에 알맞도록 〈보기〉에서 어휘를 찾아 쓰세요.

> **보기**   제도   비용   불균형   감소

1. 중국에서 결혼율의 급격한 (   )로 인해 '결혼학과'가 신설되었어요.
2. 성비 (   )으로 인해 결혼을 원하는 남성들이 배우자를 찾기 어려운 상황이에요.
3. 높은 결혼 (   )과 경제난은 젊은 세대가 결혼을 포기하는 중요한 원인 중 하나예요.
4. 결혼학과가 결혼이라는 (   )를 이해하게 해주어 결혼율을 높여 준다는 견해가 있어요.

 **문해력** 아래 질문에 맞는 답을 골라 번호에 ○ 하세요.

다음 중 중국에서 '결혼학과'가 신설된 이유는 무엇인가요?

① 중국에서 결혼 적령기 인구가 증가하고 있기 때문이에요.
② 성비 불균형, 높은 결혼 비용 등으로 결혼을 꺼리는 현상이 증가했기 때문이에요.
③ 중국의 젊은 세대가 결혼에 관해 깊이 연구하기를 희망했기 때문이에요.
④ 결혼학과가 국제적으로 큰 인기를 얻고 있기 때문이에요.
⑤ 결혼율을 낮추려는 정부의 새로운 정책에 따라 생겨난 학과이기 때문이에요.

 **작문력** 다음 질문에 대한 답을 쓰세요.

1. **중국에서 결혼 기피 현상이 늘어나는 주요 원인 두 가지는 무엇인가요?**

2. **결혼학과 신설에 대해 찬성하는 사람들의 의견은 무엇인가요?**

백악관으로 돌아온 트럼프 미국 대통령

백악관에서 기자회견을 하고 있는 트럼프 대통령

2025년 1월 20일, 미국 국회의사당 중앙홀은 트럼프 대통령의 취임식을 보려는 사람들로 가득 찼어요. 트럼프 대통령은 "나는 미국의 헌법을 보호하고 지킬 것을 엄숙히 선서합니다."라고 말하며 두 번째 임기를 시작했어요.

도널드 트럼프 대통령은 1946년에 태어나 사업가로 큰 성공을 거뒀어요. 이후 정치에 도전하며 2017년 제45대 미국 대통령이 되었고, 46대 대선에서 연임을 노렸지만, 당시 민주당의 조 바이든 후보에게 패하고 말았어요. 하지만 이번에 다시 당선되어 제47대 대통령으로 4년의 임기를 시작하게 되었어요. 그는 역대 최고령 대통령이자 역대 대통령 중 가장 많은 재산을 가진 사람으로 알려져 있어요.

트럼프의 재취임에 대한 시민들의 반응은 다양해요. 한쪽에서는 그의 강력한 경제 정책과 외교 전략을 기대하며 환영했어요. 다른 쪽에서는 그의 독단적인 스타일이나 직설적인 말투가 대통령직을 수행하는 데 걱정된다는 목소리도 있었어요.

트럼프 대통령의 두 번째 임기는 미국 역사에 어떤 영향을 미칠까요? 과연 그가 어떤 정책으로 미국을 이끌어갈지, 그리고 그의 리더십이 이전과 무엇이 다를지 많은 사람이 궁금해하고 있어요. 이번 임기가 미국뿐만 아니라 전 세계에 어떤 변화를 가져올지, 앞으로의 상황을 계속 주목해야 할 것 같아요.

어휘 풀이

1 **취임식**: 새로 맡은 직책에 오르는 것을 알리는 행사
2 **엄숙히**: 분위기가 무겁고 진지하게
3 **임기**: 정해진 직책을 맡아 일하는 기간
4 **외교**: 나라 간에 관계를 맺고 일을 처리하는 활동
5 **독단적**: 다른 의견을 듣지 않고 자기 판단대로만 함

이것만은 꼭!

백악관은?
미국의 상징적인 건물로, 미국 대통령이 살고 일하는 곳이에요. 이곳에서는 대통령이 세계 여러 나라의 지도자들을 만나거나, 중요한 회의를 열고, 미국을 위해 중요한 결정을 내리는 일을 해요.

국어 실력 팍팍 늘리기

▶ 정답 241쪽

어휘력
어휘와 뜻을 알맞게 연결하세요.

1. 엄숙히 • • ㉠ 정해진 직책을 맡아 일하는 기간
2. 외교 • • ㉡ 나라 간에 관계를 맺고 일을 처리하는 활동
3. 독단적 • • ㉢ 분위기가 무겁고 진지하게
4. 취임식 • • ㉣ 다른 의견을 듣지 않고 자기 판단대로만 함
5. 임기 • • ㉤ 새로 맡은 직책에 오르는 것을 알리는 행사

문해력
신문 기사의 내용과 일치하는 것에 ○표, 일치하지 않는 것에 ×표 하세요.

1. 트럼프 대통령은 2025년 제47대 미국 대통령으로 취임했어요.
2. 그는 2017년에 제46대 미국 대통령으로 처음 당선되었어요.
3. 트럼프 대통령은 역대 최고령 대통령으로 알려져 있어요.
4. 일부 시민들은 강한 경제 정책을 기대하며 트럼프의 재취임을 환영했어요.
5. 일부 시민들은 그의 독단적인 스타일이나 직설적인 말투가 걱정된다고 말했어요.

작문력
신문 기사의 주요 내용을 요약한 글을 따라 쓰세요.

도널드 트럼프 대통령은 2025년 1월 20일, 제47대 미국 대통령으로 두 번째 임기를 시작했어요. 역대 최고령 대통령으로 기록되며 재취임한 그에 대해 강력한 경제 정책과 외교 전략을 기대하는 환영 의견과 독단적인 스타일에 대한 우려가 공존하고 있어요.

수백만 명을 대피하게 만든 허리케인 '밀턴'

허리케인으로 인해 파괴된 해안가의 집들

2024년 10월, 미국 남동부 플로리다주를 강타한 허리케인 '밀턴'이 수백만 명의 주민을 대피하게 했어요. 이 허리케인은 최대 195km/h의 강풍과 함께 상륙했으며, 강력한 폭우를 동반해 큰 피해를 주었어요.

허리케인은 해양에서 따뜻한 공기와 수증기가 만나면서 발생해요. 밀턴도 대서양에서 생겨난 뒤 강력한 폭풍으로 발달했어요. 밀턴은 3등급 허리케인으로 플로리다에 상륙했고, 중간에 2등급, 1등급으로 약해졌지만, 여전히 강력했어요. 이번 일로 곳곳에서 홍수가 일어났고, 정전된 곳이나 파손된 건물들이 생겼다고 해요.

허리케인은 강력한 바람과 폭우를 동반하여 생명과 재산에 큰 위험을 줘요. 특히 밀턴이 상륙한 플로리다주에서는 토네이도로 인해 이동식 주택 단지가 파손되기도 했어요. 이런 자연재해에 대해 전문가들은 기후 변화가 허리케인의 강도를 더 높일 수 있다고 경고하고 있어요. 기후 변화로 인해 대서양의 수온이 상승하면서 허리케인이 더 자주, 더 강하게 발생할 수 있다는 게 연구자들의 의견이에요.

앞으로 우리는 이러한 허리케인과 같은 자연재해에 어떻게 대응해야 할까요? 기후 변화가 주는 영향을 줄이기 위해 국제사회는 물론, 개인 차원의 환경 보호 노력이 더 강화되어야 해요.

어휘 풀이

1 **대피**: 위험을 피해서 안전한 곳으로 옮김
2 **상륙**: 장마나 태풍이 바다를 건너와서 육지에 들이닥침
3 **파손**: 물건이 깨지거나 망가짐
4 **자연재해**: 태풍, 지진처럼 자연에서 일어나는 피해
5 **수온**: 물의 온도

이것만은 꼭!

허리케인이란?
따뜻한 바다 위에서 생겨나는 매우 강한 폭풍이에요. 보통 시속 119km 이상의 빠른 속도로 돌면서 이동하기 때문에 큰 나무를 쓰러뜨리거나 집을 파손할 정도로 힘이 세요.

▶ 정답 241쪽

국어 실력 팍팍 늘리기

 다음 한자어가 들어간 사자성어를 따라 쓰세요.
• 쓰는 순서는 별도의 활동지를 통해 연습해 보세요.

雨	雨	後	竹	筍
비 우	비 **우**	뒤 **후**	대 **죽**	죽순 **순**

뜻 : 어떤 일이 계속해서 많이 생겨남

雨　後　竹　筍

 신문 기사의 내용에 맞게 　 에서 알맞은 표현을 골라 ○ 하세요.

① 허리케인은 **해양 / 대륙** 에서 따뜻한 공기와 수증기가 만나면서 발생해요.

② 밀턴은 플로리다에 상륙했을 때 **3등급 / 1등급** 허리케인이었어요.

③ 연구자들은 대서양의 **바람 / 수온** 상승이 허리케인의 강도를 높일 수 있다고 경고했어요.

 다음 내용에 대한 나의 의견을 쓰세요.

> 허리케인으로 피해를 입은 사람들을 도와야 한다.

나는 이 의견에 (찬성 / 반대)한다. 그 이유는

기후 변화로 인한 난민, 어디로 가야 할까?

폭우로 침수된 거리를 걷고 있는 주민들

기후 변화로 인해 발생하는 난민 문제가 점점 심각해지고 있어요. 최근 발표된 보고서에서 2050년까지 최대 12억 명의 사람들이 기후 변화로 인해 고향을 떠나야 한다는 예측이 나왔어요. 해수면 상승, 가뭄, 사막화와 같은 기후 변화로 인해 삶의 터전을 잃는 사람의 수가 늘어나고 있어요.

이러한 기후 난민 문제의 주된 원인은 지구 온난화예요. 기후 변화로 인해 해수면이 상승하고, 점점 더 극단적인 기후 현상이 발생하면서, 기존의 주거지에서 더 이상 살 수 없게 된 사람들이 생기게 돼죠. 특히, 저지대 해안 지역에 사는 사람들은 해수면 상승으로 인해 집과 터전을 잃고 떠나야 할 위기에 처해 있어요. 또는 장기간 계속된 가뭄으로 인해 식수, 식량이 없어 떠나는 사람들도 많고요.

기후 난민 문제를 해결하기 위해서는 국제적인 협력이 필요해요. 현재 기후 난민은 국제법상 난민으로 인정받지 못하고 있어, 이들을 보호하고 지원하는 법적 체계가 필요해요. 따라서 여러 국가가 협의하여 기후 난민을 위한 새로운 법적 보호 체계를 마련하고, 환경 복원과 재난 방지를 위한 시스템을 지원하는 것이 중요해요. 또한, 기후변화로 인해 삶의 터전을 잃은 사람들이 새로운 환경에 적응할 수 있도록 정착 지원, 일자리 교육, 의료 서비스 같은 사회적 지원책도 마련해야 해요. 국제사회는 기후 난민들이 안정된 삶을 살 수 있도록 하기 위해 어떤 노력을 해야 할까요?

어휘 풀이

1 **난민**: 전쟁이나 재난 때문에 고향을 떠나야 하는 사람
2 **예측**: 앞으로 일어날 일을 미리 짐작함
3 **터전**: 사람이 살아가는 기반이나 장소
4 **극단적**: 지나치게 심하거나 과함
5 **주거지**: 사람이 살고 있는 집이나 장소

이것만은 꼭!

기후 난민이란?
기후 변화 때문에 살던 곳을 떠나야 하는 사람들을 말해요. 예를 들어, 해수면 상승으로 집이 물에 잠겨 다른 곳으로 이사를 하거나, 가뭄으로 인해 농사를 지을 수 없어 떠나는 사람들을 말해요.

국어 실력 팍팍 늘리기

▶ 정답 241쪽

 다음 한자 어휘를 따라 쓰세요.

• 쓰는 순서는 별도의 활동지를 통해 연습해 보세요.

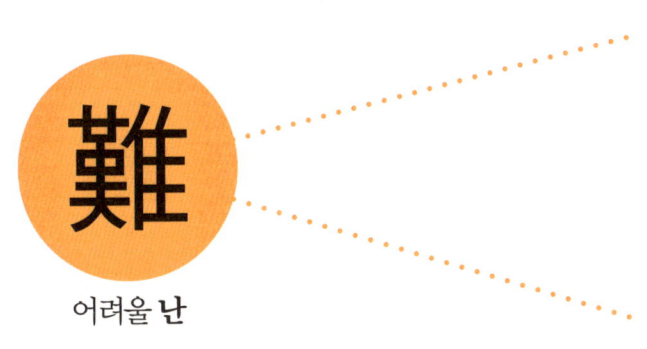

難
어려울 난

家	難
집 가	어려울 난

살림살이가 넉넉하지 못한 상태

苦	難
괴로울 고	어려울 난

괴로움과 어려움

 신문 기사의 주요 단어를 빈칸에 쓰세요.

▢▢ ▢▢ 로 인해 2050년까지 최대 12억 명이 고향을 떠나야 할 기후 난민이 될 수 있다는 예측이 나왔어요. 해수면 상승, 가뭄, 사막화와 같은 기후 변화로 많은 사람들이 삶의 터전을 잃고 있어요. 하지만 현재 기후 난민은 국제법상 ▢▢ 으로 인정받지 못하고 있어요. 따라서 여러 국가가 협의하여 기후 난민을 위한 새로운 법적 보호 체계를 마련하고, 환경 복원과 ▢▢ ▢▢ 를 위한 시스템을 지원해야 해요.

 기후 난민들에게 묻고 싶은 질문을 간단하게 쓰세요.

| 예시문 | 기후 변화 때문에 고향을 떠났을 때, 가장 힘들었던 점은 무엇이었나요? |

058 기후 변화로 인한 난민, 어디로 가야 할까?

행복지수 최고의 나라, 핀란드

핀란드의 국기

전 세계에서 가장 행복한 나라는 어디일까요? 핀란드는 세계에서 가장 행복한 나라로 꼽혀요. 유엔이 발표한 〈2024 세계행복보고서〉에서 핀란드는 수년간 연속해서 행복지수 1위를 기록했어요. 뒤를 이어 덴마크와 아이슬란드가 차지했고요.

핀란드가 이렇게 높은 행복지수를 유지하는 이유는 여러 가지가 있어요. 먼저, 사회적 안전망이 잘 갖춰져 있기 때문에 사람들이 경제적 불안이나 건강 문제에 큰 스트레스를 받지 않아요. 또한, 자연과 가까운 삶을 즐기고, 교육과 복지 제도가 뛰어나서 삶의 질이 높은 편이에요. 이러한 환경 속에서 사람들은 정신적, 육체적 건강을 더 잘 유지할 수 있죠.

행복학자들은 경제적 안정뿐만 아니라, 개인의 삶에 대한 만족감, 강력한 사회적 지원 등을 행복의 비결이라고 꼽아요. 그런 점에서 핀란드 사람들은 일과 삶의 균형을 중시하며, 여가 시간을 즐기고, 가족 및 친구들과의 관계를 중요하게 여겨요. 또한, 신뢰와 공동체 의식이 강한 사회 분위기가 사람들 간의 연결고리를 강화하고, 개인의 행복감을 더욱 높이는 역할을 하고 있어요.

이러한 최고의 행복지수를 자랑하는 핀란드의 사례를 통해 우리는 어떤 부분을 본받을 수 있을까요? 여러분은 여러분과 가족들의 행복지수를 높이기 위해 어떤 노력을 할 수 있을까요?

어휘 풀이

1 **안전망**: 위험한 상황에서 보호해 주는 제도나 장치
2 **복지 제도**: 사람들의 삶이 더 나아지게 돕는 제도
3 **유지**: 어떤 상태를 계속 이어나감
4 **비결**: 문제를 해결하거나 성공하기 위한 특별한 방법
5 **여가**: 일을 하지 않고 쉬는 시간

이것만은 꼭!

행복지수란?
한 나라에 사는 사람들이 얼마나 행복한지 나타내는 숫자예요. 보통 행복지수는 사람들이 느끼는 만족도, 건강 상태, 주변 사람들과의 관계, 돈 문제나 교육, 환경 등을 종합해서 계산해요.

국어 실력 팍팍 늘리기

▶ 정답 241쪽

어휘력 다음 뜻에 어울리는 어휘를 쓰세요.

1. _____ : 사람들의 삶이 더 나아지게 돕는 제도
2. _____ : 문제를 해결하거나 성공하기 위한 특별한 방법
3. _____ : 어떤 상태를 계속 이어나감
4. _____ : 일을 하지 않고 쉬는 시간
5. _____ : 위험한 상황에서 보호해 주는 제도나 장치

문해력 빈칸에 알맞은 단어를 신문 기사에서 찾아 쓰세요.

1. 〈2024 세계행복보고서〉에서 가장 행복한 나라로 꼽힌 나라는 _____ 예요.
2. 핀란드의 뒤를 이어 행복지수 2위와 3위를 차지한 나라는 _____ 와 아이슬란드예요.
3. 핀란드의 높은 행복지수 비결 중의 하나는 잘 갖춰진 사회적 _____ 이에요.
4. 핀란드 사람들은 자연과 가까운 삶을 즐기며, 뛰어난 교육과 _____ 덕분에 삶의 질이 높아요.
5. 핀란드 사람들은 일과 삶의 균형을 중시하며, _____ 시간을 즐겨요.

작문력 다음 질문에 대한 답을 쓰세요.

1. 〈2024 세계행복보고서〉에서 핀란드는 어떤 나라로 꼽혔나요?

2. 행복학자들이 경제적 안정 외에 행복의 비결로 꼽고 있는 것은 무엇인가요?

스웨덴에서는 6살부터 초등학교에 간다?

수업을 듣고 있는 스웨덴 초등학생들

스웨덴에서 2028년부터 만 6세 아이들을 초등학교에 입학하게 하는 교육 개편안이 발표되었어요. 그동안 스웨덴의 만 6세 아이들은 유치원에서 놀이 기반 교육을 의무로 받았어요. 그런데 앞으로는 유치원 교육을 받지 않고 초등학교에 입학하여 읽기, 쓰기, 수학을 더 빠른 시기부터 배우게 돼요.

이러한 개편안이 발표된 데에는 최근 스웨덴 청소년들의 학력, 수학과 독해력 점수가 급격하게 저하된 게 이유예요. 전문가들은 어린 나이에 기초 교육을 시작하면 학습 능력을 강화하고, 이후 학업 성취도에 긍정적인 영향을 미칠 수 있다고 보고 있어요. 또한 이번 교육 개혁은 '기본으로 돌아가자'라는 표어에 따라 디지털 기기 활용 수업을 줄이고, 종이와 펜을 이용해 공부하는 시간을 늘리는 내용이 담겨 있어요. 이는 디지털 환경에 익숙해진 아이들의 사고력과 집중력을 종이 기반 학습을 통해 높이려는 취지로 볼 수 있어요.

스웨덴의 이번 교육 개편안에 대해 찬반 의견이 갈리고 있어요. 찬성 측은 이번 교육 개편안을 통해 아이들이 학습에 일찍 적응할 수 있다고 봐요. 반대 측에서는 이번 정책이 아이들의 창의력 발달에 중요한 놀이 중심의 유아 교육과 반대되는 정책이라고 비판하고 있어요. 만 6세에 학교에 가는 것이 아이들의 창의력과 학습 능력에 어떤 영향을 미칠까요?

어휘 풀이

1 **개편안**: 기존의 제도나 조직을 새롭게 바꾸기 위한 계획
2 **의무**: 반드시 해야 하는 책임이나 일
3 **시기**: 어떤 일이 일어나는 때
4 **저하**: 수준이나 상태가 낮아짐
5 **적응**: 새로운 환경이나 상황에 익숙해짐

이것만은 꼭!

놀이 기반 교육이란?
아이들이 놀이를 통해 배우는 교육 방법이에요. 책상에 앉아서 공부만 하는 것이 아니라, 아이들이 직접 움직이거나 만지면서 자연스럽게 새로운 지식을 얻을 수 있어요.

▶ 정답 241쪽

국어 실력 팍팍 늘리기

어휘력 신문 기사의 내용에 알맞도록 〈보기〉에서 어휘를 찾아 쓰세요.

> **보기** 디지털 기기   유치원   저하   개편안

❶ 스웨덴에서는 2028년부터 만 6세 아이들을 초등학교에 입학시키는 교육 (   )을 발표했어요.

❷ 그동안 만 6세 아이들은 (   )에서 놀이 기반 교육을 의무로 받았어요.

❸ 스웨덴 청소년들의 수학, 독해력 점수가 (   )된 게 이번 개편안을 발표한 이유예요.

❹ (   ) 활용 수업을 줄이고 종이와 펜을 이용해 공부하는 시간을 늘리는 내용도 담겨 있어요.

문해력 아래 질문에 맞는 답을 골라 번호에 ○ 하세요.

다음 중 스웨덴이 만 6세 아이들을 초등학교에 입학시키는 교육 개편안을 발표한 이유는 무엇인가요?

① 유치원 교육에서 놀이 위주의 교육이 효과적이라는 연구 결과가 많았기 때문이에요.
② 스웨덴 정부가 아이들의 놀이 중심 교육을 포기하고 디지털 교육을 강화하려고 했기 때문이에요.
③ 디지털 기기를 더 적극적으로 활용하기 위해 조기 교육이 필요하다고 판단했기 때문이에요.
④ 만 6세 아이들이 유치원 대신 초등학교에서 더 많은 놀이 시간을 가질 수 있도록 하기 위해서예요.
⑤ 스웨덴 청소년들의 학력, 수학과 독해력 점수가 급격히 저하되었기 때문이에요.

작문력 신문 기사 속 단어를 넣어 자유롭게 한 문장을 쓰세요.

❶ **시기** 〔예시〕 봄은 꽃이 피는 아름다운 **시기**이다.

❷ **적응** 〔예시〕 그 전학생은 새로운 학교 생활에 **적응**하는 데 시간이 걸렸다.

060 스웨덴에서는 6살부터 초등학교에 간다?

나의 102세 생일에 도전하고 싶은 것

102세의 나이로 버킷리스트 중 하나인 스카이다이빙에 도전해 성공한 할머니처럼, 만약 여러분도 나중에 102세 생일을 맞는다면 어떤 도전을 해보고 싶나요?

▶ **버킷리스트란?**
버킷리스트는 내가 꼭 해보고 싶은 일들을 적어 놓은 목록이에요. 예를 들어, 우주여행 가기, 세계 일주하기, 롤러코스터 10번 타기 등이 있을 수 있어요.

여러분의 버킷리스트를 써보세요.

〈이런 도전은 어때요?〉

1. 스카이다이빙 하기
2. 스쿠버다이빙 하기
3. 마라톤 완주하기
4. 번지점프 하기
5. 외국어 배우기
6. 악기 연주 배우기
7. 우주여행 가기
8. 세계 일주 여행 떠나기

7장 : 스포츠

061 50홈런-50도루 오타니 쇼헤이, 새 역사를 쓰다!

062 파리 올림픽에서 보여준 멋진 스포츠맨십

063 월드컵 92년 역사상 최초의 여성 심판 출현

064 2024 한국시리즈, KIA 타이거즈의 V12!

065 호날두, 가장 몸값이 비싼 축구 선수?

066 2시간 10분의 벽을 깬 여자 마라톤 신기록

067 스포츠도 친환경! 환경을 지키는 그린 스포츠

068 한국 탁구 선수단, 2개의 동메달을 목에 걸다!

069 두 팔 없이 센강을 수영한 김황태 선수

070 월드클래스 선수 18명에 꼽힌 손흥민 선수

세상에 이런 일이!

50홈런-50도루 오타니 쇼헤이, 새 역사를 쓰다!

미국 메이저리그 선수들

2024년 9월, LA 다저스의 오타니 쇼헤이라는 선수가 메이저리그(MLB) 역사상 최초로 '50홈런-50도루'라는 기록을 세우며 새로운 야구의 역사를 만들었어요. 그의 50번째 홈런볼은 경매에서 약 61억 원에 낙찰되며 그의 성과가 단순한 기록을 넘어 상징적인 업적임이 증명되었어요.

오타니가 이런 대기록을 세울 수 있었던 배경에는 두 가지 원인이 있어요. 첫 번째는 그가 190cm가 넘는 키에 100kg이 넘는 몸무게를 가진 탁월한 신체의 소유자라는 사실이에요. 두 번째는 그가 탁월한 신체에서 뿜어져 나오는 뛰어난 파워로 홈런을 많이 치기도 하지만, 오타니는 다른 홈런 타자들에 비해 주력이 빠르기 때문에 도루도 잘해요.

오타니가 MLB에서 이렇게 성공할 수 있었던 이유가 단지 실력 때문만은 아니에요. 그는 성실하게 연습하고, 자신보다 팀을 위한 경기를 펼치는 선수로 인정받고 있어요. 실력과 인품이 어우러져 오타니는 단순한 야구 선수를 넘어, 현대 야구의 상징으로 팬들의 사랑을 받고 있어요.

메이저리그 선수 중 그 누구도 해내지 못한 '50홈런-50도루'라는 놀라운 기록을 남긴 오타니 쇼헤이의 성과는 단지 기록을 넘어서 스포츠의 새로운 가능성을 열어주고 있어요. 앞으로 그가 또 어떤 놀라운 기록을 세울지 기대되지 않나요?

어휘 풀이
1 **기록**: 어떤 사실이나 사건을 적거나 저장하여 남김
2 **업적**: 어떤 일을 이루어낸 뛰어난 결과나 성과
3 **탁월한**: 아주 뛰어나고 특별한
4 **주력**: 달리기 하는 능력
5 **인품**: 사람의 됨됨이나 품격

이것만은 꼭!
메이저리그란?
미국의 프로야구 리그를 가리키는 말이에요. 현재 존재하는 전 세계의 프로야구 리그 중 최고 수준으로 꼽히고 있어요. 우리나라 선수 중에는 1994년 박찬호 투수가 최초로 메이저리그에 진출했어요.

국어 실력 팍팍 늘리기

▶ 정답 241쪽

어휘력 다음 한자 어휘를 따라 쓰세요.

• 쓰는 순서는 별도의 활동지를 통해 연습해 보세요.

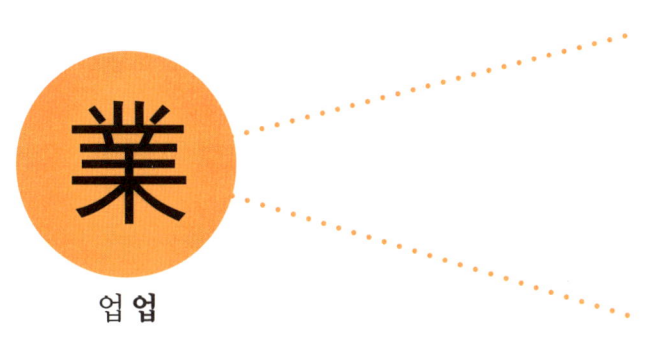

業
업 업

卒 / 業
마칠 졸 / 업 업
학교에서 정해진 과정을 모두 마침

休 / 業
쉴 휴 / 업 업
사업이나 작업을 잠시 멈추고 쉼

문해력 신문 기사의 내용과 일치하는 것에 ○표, 일치하지 않는 것에 ×표 하세요.

1. 오타니 쇼헤이는 메이저리그 최초로 '50홈런-50도루'를 달성했어요.
2. 오타니의 50번째 홈런볼은 경매에서 약 50억 원에 낙찰되었어요.
3. 오타니는 뛰어난 파워와 주력을 겸비했어요.
4. 오타니는 현대 야구를 상징하는 선수로 팬들에게 사랑받고 있어요.
5. 메이저리그에서 '50홈런-50도루'를 달성한 선수는 여러 명이 있어요.

작문력 오타니 쇼헤이 선수에게 묻고 싶은 질문을 간단하게 쓰세요.

예시문: 평소에 하루에 몇 시간씩 연습을 하나요?

061 50홈런-50도루 오타니 쇼헤이, 새 역사를 쓰다!

파리 올림픽에서 보여준 멋진 스포츠맨십

파리 올림픽 로고와 금, 은, 동메달

2024 파리 올림픽에서는 선수들의 스포츠맨십 장면이 큰 감동을 주었어요. 체조 여자 마루운동 시상식에서 은메달, 동메달을 딴 두 선수가 금메달을 딴 레베카 안드라데 선수를 향해 양옆에서 무릎을 꿇고 웃는 얼굴로 손을 활짝 뻗는 동작을 취하며 진심으로 축하해 주는 모습은 정말 흐뭇한 장면이었죠.

이처럼 멋진 스포츠맨십이 발휘되는 배경에는 경쟁보다 중요한 가치를 실천하는 선수들의 마음가짐이 있어요. 세계 최고의 운동선수들이 경쟁하는 올림픽에서 각국의 선수들이 서로 응원하고 축하하는 장면은 관중들에게 잊지 못할 순간을 선사했어요. 이런 모습을 통해 관중들은 스포츠가 경쟁을 넘어 인간의 존엄성과 우정을 나누는 무대인 것을 다시금 느낄 수 있었어요.

이번 올림픽에서 스포츠맨십은 다양한 경기에서 드러났어요. 경쟁 관계의 선수를 위해 관중석에 조용히 해달라는 신호를 보낸 체조 선수, 마지막 400m를 앞두고 자신을 추월한 선수를 진심으로 축하해 주는 트라이애슬론 선수, 분단 상황에서 함께 셀카를 찍는 한국과 북한 선수까지. 이러한 장면은 스포츠가 단지 기록을 세우는 것 이상의 의미를 지닌다는 것을 보여주어, 사람들에게 큰 감동을 주었어요.

스포츠맨십이란 왜 필요한 것일까요? 운동 경기에서 승리하는 것만큼이나 서로에게 예의를 지키는 모습이 중요한 이유를 생각해 보면 좋겠어요.

어휘 풀이
1 **흐뭇한**: 마음이 편안하고 만족스러운
2 **각국**: 여러 나라
3 **선사**: 어떤 물건이나 기쁨을 다른 사람에게 줌
4 **추월**: 앞서가는 것을 따라잡아 앞지름
5 **분단**: 나라나 지역이 나뉘어 따로 떨어진 상태

이것만은 꼭!
스포츠맨십이란?
경기에서 규칙을 지키고 상대를 존중하는 태도를 뜻해요. 경기에 이기기 위해 최선을 다하면서도, 상대를 존중하고 페어플레이 정신을 지키는 것이 스포츠맨십이에요.

▶ 정답 241쪽

국어 실력 팍팍 늘리기

어휘력 어휘와 뜻을 알맞게 연결하세요.

1. 선사 • • ㉠ 나라나 지역이 나뉘어 따로 떨어진 상태

2. 각국 • • ㉡ 여러 나라

3. 분단 • • ㉢ 어떤 물건이나 기쁨을 다른 사람에게 줌

4. 추월 • • ㉣ 마음이 편안하고 만족스러운

5. 흐뭇한 • • ㉤ 앞서가는 것을 따라잡아 앞지름

문해력 신문 기사의 내용에 맞게 ▨에서 알맞은 표현을 골라 ○ 하세요.

1. 2024 파리 올림픽 체조 여자 **평행봉 / 마루운동** 종목에서 레베카 안드라데 선수가 금메달을 땄어요.

2. 트라이애슬론 선수는 자신을 추월한 선수를 **격려 / 축하** 해 주었어요.

3. 스포츠맨십은 서로에게 **예의를 지키는 것 / 기록을 자랑하는 것** 이 중요한 이유를 알려줘요.

작문력 신문 기사 속 단어를 넣어 자유롭게 한 문장을 쓰세요.

1. **추월** 〈예시〉 나는 자전거를 타다가 앞에 있는 친구를 **추월**했다.

2. **분단** 〈예시〉 한반도는 남북으로 나라가 **분단**되어 있다.

062 파리 올림픽에서 보여준 멋진 스포츠맨십 147

월드컵 92년 역사상 최초의 여성 심판 출현

2022 카타르 월드컵에 처음 등장한 여성 심판

1930년 우루과이에서 시작된 월드컵에서 역사상 최초로 여성 심판이 본선 경기 주심을 맡게 되었어요. 2022년 카타르 월드컵 때 독일과 코스타리카의 경기에서 스테파니 프라파르 심판이 최초의 여성 주심이 되었어요. 이 경기에서는 주심뿐만 아니라 부심도 여성 심판이 맡았죠.

이번 사건은 여성의 스포츠 참여가 널리 퍼지는 세계적인 흐름을 보여주는 일이에요. 오랜 시간 '금녀의 벽'으로 불리던 남성 중심의 월드컵 심판 자리에 여성이 참여하게 된 건 여성 심판들의 역량이 축구계에서 신뢰를 얻었기 때문이에요.

이러한 변화를 두고 다양한 의견이 있어요. 많은 사람은 남녀 구분 없이 역량을 인정받는 것이 올바른 방향이라며 환영하지만, 아직 축구는 남성들이 중심이 되는 스포츠라는 인식이 남아 있어 변화가 쉽지 않을 것이라는 의견도 있어요. 또한 여성 심판들은 남성과 비교해 더욱 높은 기준에서 평가받는 일도 있어 성별에 구애받지 않는 공정한 평가가 필요하다는 목소리도 나오고 있어요.

앞으로 더 많은 여성 심판과 지도자들이 축구계에서 활약하게 될까요? 선수뿐 아니라 심판, 코치 등 다양한 분야에서 여성의 참여가 확대될 것인지 관심을 두고 지켜볼 필요가 있어요. 성별과 관계없이 축구를 사랑하는 모든 사람이 공정한 기회를 누릴 수 있도록, 우리는 어떤 노력을 할 수 있을지 고민해 보면 좋겠어요.

어휘 풀이

1 **주심**: 경기에서 중심이 되어 심판 역할을 하는 사람
2 **금녀**: 여자는 할 수 없게 막음
3 **역량**: 어떤 일을 해내는 힘이나 능력
4 **신뢰**: 믿고 의지하는 마음
5 **구애**: 무엇에 얽매이거나 영향을 받음

이것만은 꼭!

월드컵이란?
국제축구연맹(FIFA)이 주관하는 세계에서 가장 큰 축구 대회로, 4년마다 한 번씩 열려요. 지금까지는 32개 나라가 본선에 출전했지만, 2026년 월드컵부터는 48개국으로 늘어날 예정이에요.

▶ 정답 242쪽

국어 실력 팍팍 늘리기

어휘력 다음 뜻에 어울리는 어휘를 쓰세요.

1. ☐ : 믿고 의지하는 마음
2. ☐ : 무엇에 얽매이거나 영향을 받음
3. ☐ : 여자는 할 수 없게 막음
4. ☐ : 경기에서 중심이 되어 심판 역할을 하는 사람
5. ☐ : 어떤 일을 해내는 힘이나 능력

문해력 빈칸에 알맞은 단어를 신문 기사에서 찾아 쓰세요.

1. 2022년 카타르 월드컵에서 스테파니 프라파르 심판이 여성 최초로 ☐ 을 맡았어요.
2. 아직 축구는 ☐ 들이 중심이 되는 스포츠라는 인식이 남아 있어요.
3. 여성 심판들이 월드컵 심판으로 참여하게 된 것은 축구계에서 ☐ 를 얻었기 때문이에요.
4. 여성 심판들이 ☐ 평가를 받을 수 있도록 성별에 구애받지 않는 시스템이 필요해요.
5. 심판, 코치 등 다양한 분야에서 여성의 ☐ 가 더 확대될지 관심이 모이고 있어요.

작문력 신문 기사의 주요 내용을 요약한 글을 따라 쓰세요.

> 2022년 카타르 월드컵에서 스테파니 프라파르 심판이 여성으로서 월드컵 역사상 최초로 본선 경기 주심을 맡으며 여성 심판의 새로운 장을 열었어요. 이러한 변화는 여성의 스포츠 참여와 역량에 대한 신뢰를 보여주는 현상이에요. 앞으로 더 많은 여성 심판과 지도자들이 축구계에 참여할 가능성에 관한 관심이 모이고 있어요.

2024 한국시리즈, KIA 타이거즈의 V12!

프로야구는 야구팬들의 큰 사랑을 받고 있다.

KIA 타이거즈가 2024 한국시리즈에서 우승하며 통산 12번째 우승을 달성했어요. KIA는 삼성 라이온즈와의 5차전에서 7-5로 역전승을 거두며 4승 1패로 우승을 확정 지었어요. '한국시리즈 무패' 기록도 이어지면서 팬들의 열광적인 응원을 받았어요.

KIA 타이거즈는 2017년 우승 이후 7년 만에 한국시리즈 우승 트로피를 받게 되었어요. 2024 시즌 KIA 타이거즈의 우승은 탄탄한 팀워크와 투수진의 활약 덕분이었어요.

한국시리즈 우승팀들은 해마다 치열한 경쟁을 펼치고 있어요. 1982년 첫 한국시리즈가 열린 이후, 삼성, 두산, LG, KIA 등 여러 팀이 우승컵을 들어올렸어요. 특히, KIA 타이거즈는 1980년대와 1990년대의 해태 타이거즈 시절부터 한국시리즈에서 강력한 면모를 보여왔어요.

KIA 타이거즈의 12번째 한국시리즈 우승은 한국 야구의 새로운 역사를 썼다고 할 수 있어요. 이번 시즌 내내 안정적인 경기력과 놀라운 팀워크를 보여준 KIA 타이거즈는 팬들에게 잊지 못할 순간들을 선사했죠. 특히 결정적인 순간마다 빛난 선수들의 활약과 감독의 뛰어난 전략은 우승을 향한 열정을 그대로 보여줬어요. 2025 시즌에는 어떤 팀이 우승 트로피를 받게 될까요? 2024년처럼 프로야구 신드롬이 다시 일어날지 지켜보는 것도 흥미로운 일일 것 같아요.

어휘 풀이

1 **역전승**: 경기나 상황에서 지고 있다가 이기게 됨
2 **확정**: 어떤 일을 분명히 결정하여 정함
3 **열광**: 무언가에 열정적으로 반응하며 좋아하는 상태
4 **치열**: 매우 격렬하고 강한 경쟁이나 싸움
5 **신드롬**: 사회적으로 크게 유행하거나 관심을 끄는 현상

이것만은 꼭!

한국시리즈란?
약 6개월 동안 경쟁하는 한국 프로야구 정규 시즌에서 1위를 한 팀과 플레이오프의 승자가 맞붙는 최종 결승전이에요. 총 7전 4선승제로 치러지며, 먼저 4번 승리한 팀이 우승하게 돼요.

▶ 정답 242쪽

국어 실력 팍팍 늘리기

 다음 한자어가 들어간 사자성어를 따라 쓰세요.

• 쓰는 순서는 별도의 활동지를 통해 연습해 보세요.

| 勝 이길 승 | 百 일백 백 | 戰 싸움 전 | 百 일백 백 | 勝 이길 승 |

뜻: 백 번 싸워 백 번 이기는 것처럼 싸울 때마다 이김

百　戰　百　勝

 신문 기사의 주요 단어를 빈칸에 쓰세요.

KIA 타이거즈가 2024 ☐☐☐☐에서 통산 12번째 우승을 차지했어요. 이번 우승은 2017년 우승 이후 7년 만으로, 탄탄한 팀워크와 투수진의 활약, 안정적인 경기력이 큰 역할을 했어요. KIA 타이거즈의 12번째 한국시리즈 ☐☐은 한국 ☐☐의 새로운 역사를 썼다고 인정받고 있어요.

 다음 내용에 대한 나의 의견을 쓰세요.

> KIA 타이거즈의 우승에는
> 감독의 뛰어난 전략이 가장 큰 기여를 했다.

나는 이 의견에 (찬성 / 반대)한다. 그 이유는

호날두, 가장 몸값이 비싼 축구 선수?

세계적인 인기를 얻고 있는 축구선수, 호날두

전 세계에서 가장 높은 몸값을 받는 축구 선수는 누구일까요? 2024년 경제 전문지 《포브스》에 따르면, 그 선수는 포르투갈 출신의 공격수인 크리스티아누 호날두예요. 그의 1년 수익은 한국 돈으로 3,900억 원에 달한다고 해요. 그의 라이벌인 리오넬 메시와는 두 배 차이가 나는 몸값이죠.

호날두가 이렇게 높은 몸값을 자랑하는 이유는 그의 뛰어난 경기력과 꾸준한 성과 때문이에요. 그는 다수의 리그에서 수많은 골을 기록하며 팀을 여러 차례 우승으로 이끌었고, 1985년생이라는 나이에도 불구하고 여전히 세계 정상급 기량을 유지하고 있어요.

또한, 호날두는 상업적 가치를 통해 더 많은 수익을 창출하고 있어요. 그는 세계적인 브랜드와 다수의 광고 계약을 맺고 있으며, SNS 팔로워 수도 수억 명이 넘어요. 경기 외에 다른 분야에서 올린 수익 덕분에 그는 단순한 축구 선수를 넘어 하나의 브랜드로 평가받으며, 가장 비싼 선수로 자리매김하고 있어요. 그의 영향력은 축구 애호가뿐 아니라 대중문화와 비즈니스 세계에서도 독보적이라고 할 수 있어요.

앞으로 호날두는 계속해서 최고의 몸값을 받는 세계적인 인기 스타가 될 수 있을까요? 시간이 지나도 지금처럼 여전히 최고의 위치를 유지할 수 있을지, 축구 외에 다른 분야에서도 그의 영향력이 계속될지 살펴보는 것은 흥미로운 일이 아닐까요?

어휘 풀이

1 **라이벌**: 비슷한 실력으로 겨루는 상대
2 **몸값**: 운동선수나 연예인이 활동을 통해 받을 수 있는 금액이나 가치
3 **기량**: 어떤 일을 잘 해내는 능력이나 실력
4 **수익**: 어떤 활동을 통해 얻은 돈이나 이익
5 **창출**: 새로운 것을 만들어 냄

이것만은 꼭!

상업적 가치란?
다른 사람들에게 받는 관심과 인기에 따라 경제적 가치를 평가하는 것을 뜻해요. 예를 들어, 호날두 같은 축구 선수가 광고에 나오면 많은 팬이 그 상품을 더 관심 있게 보게 돼요.

▶ 정답 242쪽

국어 실력 팍팍 늘리기

 신문 기사의 내용에 알맞도록 〈보기〉에서 어휘를 찾아 쓰세요.

보기   수익   몸값   광고   기량

1. 호날두는 세계에서 가장 (   )이 비싼 선수로 꼽혀요.
2. 호날두는 1985년생이라는 나이에도 불구하고 세계 정상급 (   )을 유지하고 있어요.
3. 호날두는 상업적 가치를 통해 더 많은 (   )을 창출하고 있어요.
4. 호날두는 세계적인 브랜드와 다수의 (   ) 계약으로 상업적 가치를 증명했어요.

 아래 질문에 맞는 답을 골라 번호에 ○ 하세요.

다음 중 호날두가 전 세계에서 가장 높은 몸값을 자랑하는 이유는 무엇인가요?

① 그는 자신의 라이벌 리오넬 메시보다 나이가 많기 때문이에요.
② 세계 여러 리그에서 최고 성적을 기록하고 팀을 여러 차례 우승으로 이끌었기 때문이에요.
③ 그는 SNS 활동을 거의 하지 않지만, 경기력으로 높은 평가를 받기 때문이에요.
④ 포르투갈 축구협회가 그의 몸값을 높게 책정했기 때문이에요.
⑤ 나이가 많아져도 성과를 낼 수 있다는 점에서 팀이 더 높은 몸값을 제안했기 때문이에요.

 다음 질문에 대한 답을 쓰세요.

1. 호날두의 몸값이 높은 이유는 무엇인가요?

2. 호날두가 축구 외에 다른 분야에서도 영향력이 큰 이유는 무엇인가요?

065 호날두, 가장 몸값이 비싼 축구 선수? 153

2시간 10분의 벽을 깬 여자 마라톤 신기록

결승선을 향해 달리는 여성 마라톤 선수들

2024년 10월 13일, 케냐의 루스 체푼게티 선수가 미국 시카고 마라톤에서 2시간 9분 56초라는 경이로운 기록을 세웠어요. 이는 여자 마라톤 사상 처음으로 2시간 10분 벽을 돌파한 기록이며, 이전 기록을 약 2분이나 단축한 기록이에요.

체푼게티 선수는 우승 후, "세계 기록은 항상 내가 꿈꾸던 것이었고, 드디어 꿈을 이루게 되었다."라는 말을 남겼어요. 이번 경기에선 선수의 페이스를 효과적으로 유지하는 최신 페이싱 전략과 더불어 가벼운 고기능성 러닝화를 사용하여 체력 소모를 최소화했고, 체계적인 영양 관리로 에너지를 효율적으로 유지할 수 있었다고 해요. 또한, 기후와 코스 조건이 선수에게 유리하게 작용했고요. 이 모든 요소가 결합하여 여자 마라톤 최초로 2시간 10분의 벽을 깨는 쾌거를 이루게 된 것이죠.

마라톤에서 신기록을 세우는 일은 정말 어려운 과제예요. 기록을 단축하려면 뛰어난 체력뿐 아니라 이상적인 날씨, 신발이나 의류의 성능, 페이스메이커의 컨디션 등 모든 조건이 적당하게 갖춰져야 하거든요.

앞으로 여자 마라톤 기록이 얼마나 더 단축될까요? 현재 기록을 뛰어넘는 새로운 선수들이 등장할 수도 있고, 훈련법과 경기를 둘러싼 환경이 더 발전하면서 예상치 못한 변화가 일어날 수도 있어요.

어휘 풀이

1 **경이로운**: 너무 신기하고 놀라운
2 **돌파**: 일정한 기준이나 기록을 넘어섬
3 **페이스**: 일이나 운동을 하는 속도나 리듬
4 **쾌거**: 매우 기쁘고 자랑스러운 큰 성과
5 **단축**: 어떤 일이나 기록 등을 더 짧게 줄임

이것만은 꼭!

페이스메이커란?
육상, 자전거, 수영 경기 등에서 다른 선수를 위해 속도를 조절하는 사람을 말해요. 즉, 선수가 페이스를 잘 유지해 좋은 기록을 낼 수 있게 도와주는 사람이에요.

국어 실력 팍팍 늘리기

▶ 정답 242쪽

어휘력 어휘와 뜻을 알맞게 연결하세요.

1. 돌파 • • ㉠ 매우 기쁘고 자랑스러운 큰 성과
2. 경이로운 • • ㉡ 너무 신기하고 놀라운
3. 단축 • • ㉢ 어떤 일이나 기록 등을 더 짧게 줄임
4. 페이스 • • ㉣ 일정한 기준이나 기록을 넘어섬
5. 쾌거 • • ㉤ 일이나 운동을 하는 속도나 리듬

문해력 신문 기사의 내용과 일치하는 것에 ○표, 일치하지 않는 것에 ×표 하세요.

1. 체픈게티 선수는 여자 마라톤 기록을 약 1분 단축했어요.
2. 체픈게티 선수는 마라톤 완주 후 드디어 꿈을 이루었다고 말했어요.
3. 체픈게티 선수는 고기능성 러닝화 덕분에 경기에서 체력 소모를 줄일 수 있었어요.
4. 이번 기록 경신은 불리한 기후와 코스 조건에도 불구하고 일궈낸 쾌거였어요.
5. 마라톤에서 신기록을 세우는 일은 오직 뛰어난 체력으로만 가능해요.

작문력 신문 기사의 주요 내용을 요약한 글을 따라 쓰세요.

> 케냐의 루스 체픈게티 선수가 2024년 미국 시카고 마라톤에서 2시간 9분 56초로 여자 마라톤 사상 처음으로 2시간 10분 벽을 돌파했어요. 이는 이전 기록을 약 2분 단축한 놀라운 기록이에요. 최신 페이싱 전략, 고기능성 러닝화, 체계적인 영양 관리, 그리고 유리한 기후와 코스 조건이 기록 경신에 도움을 주었어요.

스포츠도 친환경! 환경을 지키는 그린 스포츠

샌프란시스코 자이언츠의 홈구장 '오라클 파크'

최근 스포츠 산업에서도 환경 보호에 관한 관심이 커지고 있어요. 미국 프로야구(MLB) 구단 샌프란시스코 자이언츠는 홈구장 '오라클 파크'를 친환경적으로 조성하여, 쓰레기를 줄이는 '그린 이니셔티브' 프로젝트를 실천 중이에요. 스포츠팀이 환경을 지키기 위해 앞장서고 있다는 사실이 많은 팬들에게 놀라움을 주고 있어요.

인기 있는 스포츠 경기는 한 번에 수만 명이 경기를 관람해요. 수많은 팬이 모여드는 경기장에서 플라스틱과 같은 일회용품이 대량으로 사용되죠. 그래서 경기장에서 배출되는 쓰레기만 해도 수십 톤이 넘는다고 해요. 에너지 소비량 증가, 온실가스의 배출 등으로 인해 스포츠 경기는 비환경적이라고 비판을 받기도 했어요.

이런 문제를 해결하기 위해 2010년부터 시작된 '그린 스포츠' 운동은 경기장을 변화시키고 있어요. 태양광 패널을 설치하거나 LED 조명을 사용하는 경기장이 늘어나고 있어요. 또한 친환경 소재로 된 유니폼을 착용하거나 일회용 플라스틱 사용을 금지하는 재활용 프로그램을 통해 많은 자원을 절약하고 있다고 해요.

앞으로 스포츠 경기에서 더 많은 친환경 활동을 기대해도 될까요? 우리가 사랑하는 스포츠가 환경을 지키는 데에도 이바지할 수 있도록, 모두가 함께 그린 스포츠를 응원하는 마음을 가지면 좋겠어요.

어휘 풀이

1 **조성**: 어떤 장비나 물건을 자리에 맞게 놓고 쓰도록 함
2 **관람**: 영화나 공연, 전시, 운동 경기 등을 봄
3 **대량**: 매우 많은 양
4 **설치**: 어떤 일을 하는 데 필요한 기계나 설비 등을 마련하여 갖춤
5 **조명**: 빛을 비추는 것 또는 빛

이것만은 꼭!

그린 스포츠란?
운동할 때 자연과 환경을 지키는 방법을 생각하며 하는 스포츠예요. 예를 들어, 경기할 때 쓰레기를 줄이고, 물과 전기를 아껴 쓰고, 일회용품 대신 여러 번 쓸 수 있는 물건을 사용하는 거예요.

국어 실력 팍팍 늘리기

 다음 한자어가 들어간 사자성어를 따라 쓰세요.

• 쓰는 순서는 별도의 활동지를 통해 연습해 보세요.

明	明	白	白
밝을 명	밝을 명	흰 백	흰 백

뜻 : 의심할 여지 없이 매우 뚜렷함

明　明　白　白

 신문 기사의 내용에 맞게 ▨에서 알맞은 표현을 골라 ○ 하세요.

① 샌프란시스코 자이언츠는 ' 오라클 파크 / 에코 스타디움 '을(를) 친환경적으로 조성했어요.

② 경기장에서 사용되는 일회용품으로 인해 쓰레기가 수십 톤 / 수백 킬로그램 씩 배출되기도 해요.

③ 친환경 유니폼이나 재활용 프로그램은 에너지 소비 증가 / 자원 절약 에 도움이 되고 있어요.

 다음 내용에 대한 나의 의견을 쓰세요.

> 스포츠 경기에서까지 환경 보호에 신경 쓸 필요는 없다.

나는 이 의견에 (찬성 / 반대)한다. 그 이유는

067 스포츠도 친환경! 환경을 지키는 그린 스포츠

한국 탁구 선수단, 2개의 동메달을 목에 걸다!

탁구 경기를 하고 있는 선수들

2024 파리 올림픽에서 한국 탁구 선수단이 12년 만에 두 개의 동메달을 획득했어요. 이는 2012 런던 올림픽 이후 처음으로 거둔 메달로, 국내 탁구 팬들에게 큰 기쁨을 안겨주었어요. 선수단은 8월 12일 국민의 환영을 받으며 귀국하였어요.

12년 만에 메달을 획득하게 된 중심에는 '삐약이'라는 별명을 가진 신유빈 선수가 있어요. 시합 중에 내는 기합이 마치 병아리가 '삐약'거리는 것처럼 들린다고 하여 붙여진 별명이죠. 15일 동안 14개의 경기를 치른 신유빈 선수는 혼합 복식에서 3위를 차지하며 첫 번째 동메달을 목에 걸었어요. 그리고 여자 단체전에서 하나의 동메달을 더 따내어 2관왕이 되었죠.

지난 12년 동안 올림픽 탁구에서 메달을 따지 못했던 이유는 중국과 일본 선수들의 강한 실력에 밀려 결승 진출이 쉽지 않았기 때문이에요. 특히, 중국은 전통적인 탁구 강국으로 세계 최정상급 실력을 자랑해 오고 있죠. 하지만 이번 올림픽에서는 우리 선수단의 뛰어난 전략과 집중력 덕분에 좋은 성과를 거둘 수 있었어요.

2028년에 개최되는 로스앤젤레스 올림픽에서도 한국 탁구 선수단이 메달을 딸 수 있을까요? 더 발전된 기술과 강한 정신력으로 다시 한번 세계 정상에 도전하는 한국 탁구의 미래가 기대돼요. 앞으로도 우리 선수들이 국제 대회에서 좋은 성과를 거두기를 응원해 봐요!

어휘 풀이

1 **획득**: 어떤 것을 노력하여 얻음
2 **귀국**: 외국에 나갔던 사람이 자기 나라로 돌아옴
3 **기합**: 특별한 힘을 내거나 집중하기 위해 내는 소리
4 **복식**: 운동 경기에서 두 사람이 한 팀이 되어 겨루는 방식
5 **강국**: 힘이 세고 영향력이 큰 나라

이것만은 꼭!

탁구란?
탁구는 작은 공을 라켓으로 쳐서 상대와 주고받는 운동이에요. 영어로 '테이블 테니스'라고 하는데, 흔히 탁구공이 튕기는 소리를 빗대어 '핑퐁'이라고도 불러요.

국어 실력 팍팍 늘리기

▶ 정답 242쪽

 다음 한자 어휘를 따라 쓰세요.

• 쓰는 순서는 별도의 활동지를 통해 연습해 보세요.

 신문 기사의 주요 단어를 빈칸에 쓰세요.

2024 파리 올림픽에서 한국 ☐☐ 선수단이 2012 런던 올림픽 이후 12년 만에 두 개의 동메달을 따내며 국내 팬들에게 큰 기쁨을 주었어요. 특히 '삐약이'라는 별명을 가진 신유빈 선수는 ☐☐☐☐ 과 여자 단체전에서 각각 동메달을 획득하여 ☐☐☐ 이 되었어요. 지난 12년 동안 한국 선수들은 중국과 일본 선수들의 강한 실력에 밀려 번번이 메달 획득에 실패했어요. 하지만 이번 올림픽에서 우리 선수단의 뛰어난 전략과 집중력 덕분에 좋은 성과를 거둘 수 있었어요.

 한국 탁구 선수단에게 묻고 싶은 질문을 간단하게 쓰세요.

| 예시문 | 동메달을 땄을 때의 기분이 어땠나요? |

068 한국 탁구 선수단, 2개의 동메달을 목에 걸다!

두 팔 없이 센강을 수영한 김황태 선수

패럴림픽 트라이애슬론에 출전한 선수의 모습

두 팔 없이 수영할 수 있을까요? 2024년 파리 패럴림픽 트라이애슬론(철인 3종 경기)에 출전한 47세의 김황태 선수는 두 팔 없이 센강을 완주하며 전 세계를 놀라게 했어요. 그는 1시간 24분 1초 만에 경기를 마쳤고, 11명 중 10위를 기록했어요.

김황태 선수의 도전은 특별했어요. 패럴림픽 트라이애슬론에서는 수영 750m, 사이클 20km, 달리기 5km를 이어서 완주해야 해요. 하지만 두 팔이 없는 김 선수는 오직 발과 허리만 이용해 센강에서 헤엄쳐야 하므로 결코 쉬운 일이 아니었죠. 불가능에 가까운 도전이었지만 그는 포기하지 않고 끝까지 경기를 완주했어요. 그의 끈기와 열정은 많은 사람들에게 감동을 주었어요.

패럴림픽은 신체적 장애 및 시·감각적 장애가 있는 운동선수들이 참여하는 국제적인 스포츠 대회예요. 이 대회는 장애를 극복한 선수들이 자기 능력을 발휘하고 타인과 경쟁할 수 있는 기회를 줘요. 다양한 장애 유형에 맞춘 종목과 등급이 있어서 선수들은 자신의 강점을 최대한 살려 경기에 참여할 수 있어요. 이번 김 선수의 사연은 패럴림픽 정신을 보여주는 사례예요.

김황태 선수의 사례처럼 한계를 넘는 도전은 우리에게 중요한 질문을 던져요. 이런 도전에서 배울 수 있는 교훈은 무엇일까요? 이들의 도전이 우리에게 주는 의미는 무엇일까요?

어휘 풀이

1 **센강**: 프랑스 파리를 흐르는 강으로, 프랑스에서 세 번째로 긴 강
2 **완주**: 정해진 거리를 끝까지 달림
3 **유형**: 성격이나 특성에 따라 나누어진 분류
4 **종목**: 경기나 활동의 종류
5 **사연**: 어떤 일에 얽힌 이야기나 배경

이것만은 꼭!

패럴림픽이란?
신체적 장애가 있는 선수들이 참가하는 국제 스포츠 대회예요. 올림픽이 끝난 직후 열리며, 하계와 동계로 나뉘어 각각 4년마다 개최돼요. 평등과 화합의 가치를 전 세계에 전하는 의미가 있어요.

국어 실력 팍팍 늘리기

▶ 정답 243쪽

어휘력   다음 뜻에 어울리는 어휘를 쓰세요.

1. _____ : 경기나 활동의 종류
2. _____ : 정해진 거리를 끝까지 달림
3. _____ : 어떤 일에 얽힌 이야기나 배경
4. _____ : 프랑스 파리를 흐르는 강으로, 프랑스에서 세 번째로 긴 강
5. _____ : 성격이나 특성에 따라 나누어진 분류

문해력   빈칸에 알맞은 단어를 신문 기사에서 찾아 쓰세요.

1. 김황태 선수는 두 _____ 없이 센강을 완주하며 전 세계를 놀라게 했어요.
2. 패럴림픽 트라이애슬론은 수영, _____, 달리기를 이어서 완주해야 하는 경기예요.
3. 김황태 선수는 발과 _____를 이용해 센강에서 수영했어요.
4. 김황태 선수의 _____와 열정은 많은 사람들에게 감동을 주었어요.
5. _____은 장애를 극복한 선수들이 자기 능력을 발휘할 수 있는 기회를 줘요.

작문력   다음 질문에 대한 답을 쓰세요.

1. **김황태 선수가 두 팔 없이도 트라이애슬론을 완주할 수 있었던 이유는 무엇인가요?**

   _____

2. **패럴림픽은 어떤 대회인가요?**

   _____

월드클래스 선수 18명에 꼽힌 손흥민 선수

손흥민 선수의 유니폼과 등번호

영국의 '기브미스포츠'라는 매체에서 잉글랜드 프리미어리그(EPL) 소속 선수 중 최고의 월드클래스 18인을 선정했어요. 이 명단에 한국의 손흥민 선수가 포함되었죠. 손흥민 선수는 토트넘이라는 팀에서 유일하게 월드클래스 선수로 선정되어 그의 가치를 인정받았어요.

손흥민 선수가 최고의 선수로 꼽히게 된 데에는 사연이 있어요. 토트넘의 동료이자 세계적인 스트라이커인 해리 케인이라는 선수가 바이에른 뮌헨팀으로 이적한 후 손흥민 선수가 팀 공격의 중심이 되었어요. 팬들의 걱정과는 달리 그는 자신만의 경기력과 안정적인 득점력으로 뛰어난 리더십을 보여주었어요.

손흥민 선수가 뛰어난 선수인 이유는 단순히 골을 많이 넣는 것을 넘어 팀 전체에 큰 영향을 미치기 때문이에요. 그는 빠른 속도를 이용해 팀원들과의 유기적인 패스와 협력 플레이로 경기를 풀어가는 능력이 탁월해요. 그래서 80개가 넘는 도움 기록을 남기게 되었죠. 이러한 이유로 손흥민 선수는 단순히 개인 기록이 뛰어난 선수를 넘어, 팀의 중심이자 세계적인 월드클래스 선수로 인정받고 있어요.

손흥민 선수는 앞으로 지금까지의 성과를 뛰어넘는 어떤 기록을 세우게 될까요? 월드클래스의 자리에 안주하지 않고 발전을 거듭하는 손흥민 선수를 응원하며 유럽 축구에 관심을 가져 보는 건 어떨까요?

어휘 풀이

1 **매체**: 정보나 소식을 전달하는 도구나 수단
2 **이적**: 운동선수가 다른 팀으로 옮김
3 **리더십**: 단체를 이끄는 능력이나 자질
4 **유기적**: 각 부분이 서로 연결되고 조화롭게 작용함
5 **안주**: 현재 상황이나 처지에 만족함

이것만은 꼭!

잉글랜드 프리미어리그(EPL)란?
잉글랜드 프리미어리그, 줄여서 EPL은 영국 잉글랜드에서 열리는 유명한 축구 대회예요. 팀마다 세계적인 선수들이 많아서 전 세계 축구 팬이 관심을 가지는 리그예요.

국어 실력 팍팍 늘리기

▶ 정답 243쪽

어휘력 신문 기사의 내용에 알맞도록 〈보기〉에서 어휘를 찾아 쓰세요.

> 보기 리더십   명단   이적   유기적

❶ 손흥민 선수는 EPL 최고의 월드클래스 선수 (   )에 이름을 올렸어요.

❷ 동료 선수인 해리 케인의 (   )으로 손흥민 선수가 팀 공격의 중심이 되었어요.

❸ 토트넘에서 손흥민 선수는 뛰어난 (   )을 보여주었어요.

❹ 손흥민 선수는 빠른 속도를 바탕으로 팀원들과 (   )으로 경기를 풀어나갔어요.

문해력 아래 질문에 맞는 답을 골라 번호에 ○ 하세요.

다음 중 손흥민 선수가 잉글랜드 프리미어리그(EPL)에서 최고의 월드클래스 선수로 꼽힌 이유는 무엇인가요?

① 손흥민 선수는 토트넘에서 가장 오랫동안 활약한 선수이기 때문이에요.
② 잉글랜드 프리미어리그에서 도움 기록 없이 골로만 활약했기 때문이에요.
③ 손흥민 선수는 득점보다도 팀 방어에 더 집중한 선수이기 때문이에요.
④ 해리 케인이 이적한 후 팀의 주 공격수로서 뛰어난 리더십을 보여주었기 때문이에요.
⑤ 토트넘 소속 선수 중 골을 가장 많이 넣은 선수이기 때문이에요.

작문력 신문 기사 속 단어를 넣어 자유롭게 한 문장을 쓰세요.

❶ **매체** 〈예시〉 텔레비전은 다양한 프로그램을 보여주는 **매체**이다.

❷ **리더십** 〈예시〉 은호는 친구들을 이끄는 멋진 **리더십**을 가지고 있다.

세상에 이런 일이!

 스포츠와 관련된 주제 중에 "세상에 이런 일이 있었어?"라고 놀랄 만한 주제들을 읽고, 질문에 답해 보세요.

◆ 1년 동안 매일 42.195km를 달린 사람이 있다?

42.195km를 달리는 경기인 마라톤은 한 번 완주하기도 쉽지 않은 스포츠예요. 그런데 이 거리를 매일 1년 동안 완주한 사람이 있어요. 벨기에에 사는 힐드 도손이라는 직장인이에요. 힐드 도손은 1년 내내 매일 마라톤을 뛰어 총 365번의 마라톤을 완주했어요. 이렇게 달린 총거리는 약 15,000km에 달하죠. 또한 그녀는 달리기를 통해 유방암 환자들을 위한 치료비를 모금하기도 했어요. 그녀의 대단한 기록은 기네스북에 올라갈 예정이에요.

 힐드 도손은 1년 동안 매일 마라톤을 뛰며 목표를 이루었어요. 여러분도 이루고 싶은 꿈이나 목표가 있나요? 그 목표를 위해 매일 꾸준히 할 수 있는 일은 무엇일까요?

A.

◆ 22억짜리 홈런볼의 주인공이 된 열 살 소년!

LA 다저스 소속의 프레디 프리먼이 월드시리즈 경기에서 친 끝내기 만루 홈런볼이 약 22억 원(156만 달러)에 낙찰되었어요. 그런데 놀랍게도, 이 공을 얻게 된 주인공은 다름 아닌 열 살짜리 소년, 잭 루더맨이라고 해요. 잭 루더맨은 원래 치과에 가서 교정기를 뺄 계획이었다고 해요. 그런데 갑자기 부모님께서 계획을 바꿔 야구장에 가게 된 것이죠. 치과에서 야구장으로 가는 예상 밖의 선택이 열 살짜리 소년을 22억 원의 주인공으로 만들어 준 셈이죠. 대단한 행운이죠?

 우연한 선택 덕분에 22억 원짜리 홈런볼을 얻게 된 잭 루더맨. 여러분도 예상하지 못한 선택이나 우연한 일이 좋은 결과로 이어졌던 경험이 있나요? 그런 일이 생긴다면, 그 기회를 어떻게 활용하고 싶나요?

A.

8장 : 과학

071 경남 하동군을 스스로 달리는 자율주행버스

072 배고픔을 느낄수록 노화가 늦어진다고?

073 2024년 노벨상을 휩쓴 인공지능 과학자들

074 전 세계는 지금 비만 치료제 돌풍!

075 2025년 3월, 토성의 고리가 사라졌다!

076 원숭이들끼리 서로의 이름을 부르며 대화한다고?

077 목성으로 떠난 '유로파 클리퍼' 탐사선

078 매년 5월 20일은 세계 꿀벌의 날

079 화성에 오아시스가 있다고?

080 세계에서 가장 빠른 중국의 자기 부상 열차

꿀순이에게서 온 편지

경남 하동군을 스스로 달리는 자율주행버스

도로를 주행 중인 중국의 자율주행버스

2024년 10월 시범 운행을 거쳐 2025년 1월, 경상남도 하동군이 전국에서 가장 먼저 '농촌형 자율주행버스' 운행을 시작했어요. 버스 기사 없이 주행하기 때문에 버스 기사가 부족한 농촌 지역의 대중교통 대안이 될 수 있다는 기대를 받고 있어요.

하동군이 자율주행버스를 도입하게 된 이유는 농촌에서 도시로 떠나는 사람들이 많아지고 또한 고령화로 인해서 버스 기사를 구하기 어려운 촌락 지역 내의 교통 문제 해결을 위해서예요. 이를 위해 국토교통부는 하동군을 '자율주행차 시범운행지구'로 지정하였어요. 이 지구에서는 교통 이용 요금이나 안전과 관련된 규제를 풀어줄 수 있다고 해요.

자율주행버스에는 다양한 과학 기술이 담겨 있어요. 차량은 센서와 카메라를 통해 주변 환경을 실시간으로 분석해 도로 상황을 파악해요. 또 GPS와 AI 시스템을 이용해 정확한 주행 경로를 설정하죠. 이러한 기술 덕분에 버스 기사 없이도 승객을 안전하게 목적지까지 데려다줄 수 있어요. 물론 버스에 승객들만 있는 건 아니에요. 비상 상황을 대비해 운전이 가능한 안전 요원이 버스에 배치되어 있다고 해요.

자율주행버스는 경남 하동군과 같이 대중교통이 부족한 촌락의 사람들에게 도움을 줄 수 있어요. 가까운 미래에 하동을 넘어 다른 농촌 지역까지 확대될 수도 있고요. 자율주행버스를 이용하는 하동군의 주민들은 어떤 생각을 할까요?

어휘 풀이

1 **주행**: 차나 기계가 도로나 경로를 따라 움직임
2 **고령화**: 나이가 많은 사람이 점점 많아짐
3 **촌락**: 시골의 작은 마을
4 **분석**: 어떤 것을 잘게 나누어 하나하나 자세히 살펴봄
5 **배치**: 사람이나 물건을 적당한 자리나 위치에 나누어 둠

이것만은 꼭!

GPS란?
GPS는 Global Positioning System의 약자로서, 인공위성을 이용하여 사람의 위치뿐만 아니라 비행기, 선박, 자동차 등의 위치도 파악할 수 있는 기술을 일컫는 말이에요.

국어 실력 팍팍 늘리기

▶ 정답 243쪽

 어휘력   다음 한자 어휘를 따라 쓰세요.

• 쓰는 순서는 별도의 활동지를 통해 연습해 보세요.

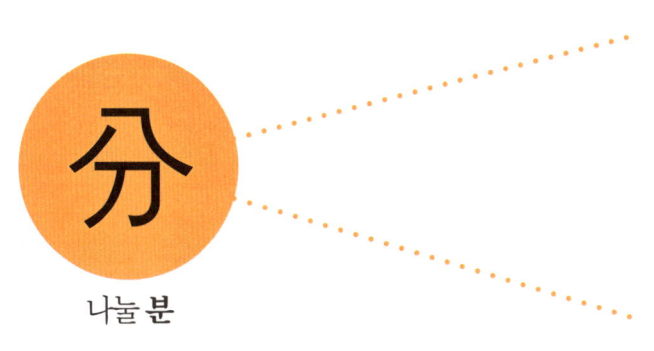

氣	分
기운 **기**	나눌 **분**

마음에 느껴지는 감정이나 상태

身	分
몸 **신**	나눌 **분**

사회에서의 위치나 지위

分
나눌 **분**

 문해력   신문 기사의 내용과 일치하는 것에 ○표, 일치하지 않는 것에 ×표 하세요.

① 경상남도 하동군에서 '농촌형 자율주행버스'가 전국 최초로 운행을 시작했어요.

② 국토교통부는 하동군을 '자율주행차 금지구역'으로 지정했어요.

③ 자율주행버스는 GPS와 AI 기술을 이용해 정확한 경로를 설정해요.

④ 하동군에서는 자율주행버스 운행을 위해 모든 안전 요원을 버스에서 제외했어요.

⑤ 농촌형 자율주행버스는 다른 농촌 지역에서도 이미 활발하게 운영 중이에요.

 작문력   자율주행버스를 이용하는 하동군 주민들에게 묻고 싶은 질문을 간단하게 쓰세요.

예시문   자율주행버스를 타면서 불편한 점이 있으셨나요?

배고픔을 느낄수록 노화가 늦어진다고?

냉장고 안에서 음식을 찾고 있는 한 여성

여러분은 배고픔과 배부름 중에 어떤 걸 좋아하나요? 그런데 배고픔이라는 감정이 노화를 늦추는 열쇠라는 연구 결과가 발표되었어요. 미국 미시간대학교 의과대학의 연구에 따르면, 열량 섭취를 줄이는 것뿐만 아니라 배고픔을 느끼는 것만으로도 신체의 노화 속도를 늦출 수 있다고 해요.

열량을 적게 섭취하는 게 신체의 세포 손상을 줄여주어 건강에 긍정적인 영향을 준다는 기존 연구 결과가 있었어요. 연구진들은 여기서 한 걸음 더 나아가 초파리들을 대상으로 '배고픔'이라는 감각 자체가 노화 속도에 영향을 미치는지를 확인하는 연구를 진행했어요. 연구 결과, 배고픔을 느낄 때 특정 유전자와 뇌의 신호가 활성화되어 세포가 더 잘 유지되고 보호되는 효과를 확인했어요.

배고픔은 소화 기관의 불필요한 부담을 줄이고, 몸의 신진대사와 세포 재생이 원활해지는 것을 돕는다고 해요. 또 몸에 활성산소가 많아지는 것을 줄여 세포 손상을 막는 데 도움이 된다고 해요. 이를 통해 신체가 오랫동안 건강을 유지할 수 있다고 해요.

우리는 배고픔을 불편함으로만 생각했지만, 이제 새로운 관점에서 배고픔이 우리 몸에 어떤 긍정적인 영향을 미칠 수 있을지 궁금하지 않나요? 어떤 생활 습관이 노화를 늦추는지 궁금하지 않나요?

어휘 풀이

1 **열량**: 음식이나 물질이 에너지를 내는 양
2 **유전자**: 부모로부터 물려받은 생물의 특징을 결정하는 기본 단위
3 **신진대사**: 몸에서 에너지를 만들고 사용하며 생명을 유지하는 과정
4 **활성산소**: 몸 안의 산소가 변해서 세포에 해를 끼칠 수 있는 물질
5 **손상**: 물건이나 몸이 다치거나 상함

이것만은 꼭!

노화란?
시간이 지나면서 우리 몸이 점점 변하고, 여러 가지 기능이 약해지는 자연스러운 과정이에요. 예를 들어, 피부에 주름이 생기고 머리카락이 하얗게 변하는 것 등이 노화의 증상이에요.

▶ 정답 243쪽

국어 실력 팍팍 늘리기

어휘력 어휘와 뜻을 알맞게 연결하세요.

1. 신진대사 • • ㉠ 물건이나 몸이 다치거나 상함

2. 손상 • • ㉡ 부모로부터 물려받은 생물의 특징을 결정하는 기본 단위

3. 활성산소 • • ㉢ 몸 안의 산소가 변해서 세포에 해를 끼칠 수 있는 물질

4. 열량 • • ㉣ 음식이나 물질이 에너지를 내는 양

5. 유전자 • • ㉤ 몸에서 에너지를 만들고 사용하며 생명을 유지하는 과정

문해력 신문 기사의 내용에 맞게 [　] 에서 알맞은 표현을 골라 ○ 하세요.

1. 배고픔은 노화를 [촉진하는 / 늦추는] 열쇠가 될 수 있다고 해요.
2. 배고픔은 [특정 유전자 / 열량 섭취] 를 활성화해 세포를 보호한다고 해요.
3. 배고픔이 신체의 [세포 손상 / 세포 재생] 을 막는 데 도움이 된다는 연구 결과가 있어요.

작문력 신문 기사 속 단어를 넣어 자유롭게 한 문장을 쓰세요.

1. **섭취** (예시) 물을 충분히 **섭취**하는 게 건강에 좋다.

2. **유전자** (예시) **유전자**가 사람의 키와 머리 색깔을 결정한다.

072 배고픔을 느낄수록 노화가 늦어진다고? 169

2024년 노벨상을 휩쓴 인공지능 과학자들

인공지능에 대한 연구가 활발히 진행되고 있다.

2024년 노벨상은 인공지능 과학자들이 물리학과 화학 분야에서 수상자로 선정되며 화제가 되었어요. 물리학상 공동 수상자로 선정된 존 홉필드 교수와 제프리 힌튼 교수는 인공 신경망과 머신러닝의 기초를 마련해 현대 AI 기술의 근간을 만든 것으로 평가받았어요.

AI 과학자들의 노벨상 수상은 기술 혁신의 새로운 시대를 열었다는 점에서 긍정적인 평가를 받았어요. 구체적으로 설명하자면, 힌튼 교수는 '백프롭'이라는 학습 방법을 개발해 AI가 스스로 오류를 교정하며 발전할 수 있는 토대를 마련했어요. 그리고 홉필드 교수는 컴퓨터가 학습한 패턴을 기억하고 유사성을 찾아내는 개념을 도입해 물리학, 생물학, 컴퓨터 과학의 경계를 넘나드는 연구를 진행했어요.

이러한 성과에도 불구하고 이번 노벨상 수여에 대해서는 과학계에서 의견이 나뉘고 있어요. 일부 물리학자들은 물리학상이 순수 과학 연구에 주어져야 한다고 주장하며 AI 연구가 물리학과의 연관성이 약하다고 주장해요. 반면, 다른 과학자들은 인공지능 연구의 학문적 중요성과 기여를 높이 인정하여 이들이 물리학적 도구를 이용해 머신러닝을 발전시킨 것이 혁신적인 성과라고 평가하고 있어요.

과연 앞으로도 인공지능 연구가 이번처럼 학문적 경계를 넘나드는 혁신을 이끌 수 있을까요?

어휘 풀이

1 **수상자**: 상을 받은 사람
2 **근간**: 어떤 것의 가장 중요한 중심이나 기초
3 **토대**: 무언가를 세우거나 시작하기 위한 기초
4 **수여**: 상이나 자격을 줌
5 **기여**: 어떤 일에 힘을 보태거나 도움을 줌

이것만은 꼭!

노벨상이란?
과학, 문학, 평화 등 여러 분야에서 세계에 큰 공헌을 한 사람이나 단체에 주는 상이에요. 스웨덴의 '알프레드 노벨'이 인류를 위해 훌륭한 일을 한 사람들에게 상금을 남긴 게 시작이 되었어요.

▶ 정답 243쪽

국어 실력 팍팍 늘리기

어휘력 다음 뜻에 어울리는 어휘를 쓰세요.

1. ▢▢▢▢ : 상이나 자격을 줌
2. ▢▢▢▢ : 어떤 일에 힘을 보태거나 도움을 줌
3. ▢▢▢▢ : 어떤 것의 가장 중요한 중심이나 기초
4. ▢▢▢▢ : 무언가를 세우거나 시작하기 위한 기초
5. ▢▢▢▢ : 상을 받은 사람

문해력 빈칸에 알맞은 단어를 신문 기사에서 찾아 쓰세요.

1. 2024년 노벨상에서는 ▢▢▢▢ 과학자들이 물리학과 화학 분야에서 수상자로 선정되었어요.
2. 제프리 힌튼 교수는 AI가 스스로 오류를 교정할 수 있는 ▢▢▢▢ 학습 방법을 개발했어요.
3. 존 홉필드 교수는 컴퓨터가 학습한 ▢▢▢▢ 을 기억하고 유사성을 찾아내는 개념을 도입했어요.
4. 일부 과학자들은 물리학상이 ▢▢▢▢ 연구에 주어져야 한다고 주장했어요.
5. 노벨상 수상자들이 물리학적 도구를 이용해 ▢▢▢▢ 을 발전시킨 것이 혁신으로 평가받았어요.

작문력 신문 기사의 주요 내용을 요약한 글을 따라 쓰세요.

> 2024년 노벨상에서 인공지능 과학자들이 물리학상을 받아 화제가 되었어요. 힌튼 교수는 AI가 스스로 학습하고 발전하는 방법을 개발했고, 홉필드 교수는 컴퓨터가 기억하고 유사성을 찾아내는 기술을 만들었어요. 하지만 과학계에서는 인공지능 연구에 노벨상을 준 것에 대해 찬성과 반대 의견으로 나뉘어 있어요.

전 세계는 지금 비만 치료제 돌풍!

비만은 각종 질병의 원인이 되고 있다.

전 세계의 비만 인구는 20억 명에 달한다고 해요. 성인 3명 중 1명은 비만을 겪고 있다는 뜻이죠. 이 상황에서 덴마크의 의약 회사 노보 노디스크에서 개발한 〈위고비〉라는 비만 치료제가 2024년 10월, 국내에 출시되었어요. 체중 감량 효과가 뛰어나 출시 이후 짧은 시간 안에 세계적으로 큰 인기를 끌고 있는 약이에요.

〈위고비〉의 주요 성분인 세마글루타이드는 뇌를 자극해 식욕을 억제하고, 소화를 늦추어 포만감을 오래 유지하게 해요. 이를 통해 체중 감량 효과를 극대화할 수 있죠. 또한 내장 지방을 줄여주고, 위와 혈관의 움직임을 조절하는 기능도 있다고 해요. 이러한 비만 치료제는 주로 주사를 이용해서 한 주에 한 번 정도 투약해요.

비만 치료제는 체중 감량 및 심혈관 질환과 당뇨병 예방 등 건강을 개선하는 데 도움이 되지만, 메스꺼움이나 변비 같은 부작용이 있는 사례도 있다고 해요. 따라서 비만 치료제는 반드시 의사의 처방과 관리하에 사용해야 해요.

부작용이 전혀 없는 비만 치료제가 생긴다면 원하는 음식을 마음껏 먹고도 적당한 체중을 유지하면서 건강을 지킬 수 있지 않을까요? 앞으로 비만 치료제가 더 혁신적으로 발전한다면, 단순한 체중 관리뿐 아니라 질병 예방의 핵심 도구로 자리 잡을 가능성이 높아요. 우리의 건강 관리 방식은 과연 어떻게 변화할까요?

어휘 풀이

1 **감량**: 몸무게나 어떤 양을 줄임
2 **식욕**: 음식을 먹고 싶어 하는 마음
3 **포만감**: 배가 불러 더 이상 먹고 싶지 않은 느낌
4 **투약**: 약을 지어주거나 약을 씀
5 **질환**: 몸이나 마음에 생긴 병

이것만은 꼭!

비만 치료제란?
비만 관리를 위해 의학적으로 개발된 약물로, 식욕 억제, 지방 흡수 억제 등의 기능이 있어요. 이러한 치료제는 비만과 관련된 합병증(예: 당뇨병, 심혈관 질환) 예방에도 효과가 있다고 알려져 있어요.

국어 실력 팍팍 늘리기

▶ 정답 244쪽

어휘력 다음 한자어가 들어간 사자성어를 따라 쓰세요. • 쓰는 순서는 별도의 활동지를 통해 연습해 보세요.

量 헤아릴 량	感 느낄 감	慨 분개할 개	無 없을 무	量 헤아릴 량

뜻 : 마음속으로 느끼는 감동이나 느낌이 끝이 없음

感　慨　無　量

문해력 신문 기사의 주요 단어를 빈칸에 쓰세요.

전 세계 ▢▢ 인구는 약 20억 명에 달하며, 이를 해결하기 위해 비만 치료제 〈위고비〉가 2024년 국내에 출시되었어요. 〈위고비〉는 체중 감량 효과가 뛰어나 전 세계적으로 큰 인기를 끌고 있어요. 하지만 비만 ▢▢▢는 부작용이 있을 수 있어 반드시 의사의 ▢▢ 과 관리하에 사용해야 해요.

작문력 다음 내용에 대한 나의 의견을 쓰세요.

> 비만 치료제는 자주, 많이 사용할수록 좋다.

나는 이 의견에 (찬성 / 반대)한다. 그 이유는

074 전 세계는 지금 비만 치료제 돌풍!

2025년 3월, 토성의 고리가 사라졌다!

태양계의 여섯 번째 행성인 토성

미 항공우주국(NASA)에 따르면 2025년 3월 23일, 토성을 둘러싼 고리가 잠시 사라지는 신기한 현상이 일어났다고 해요. 즉, 지구와 토성이 일직선으로 정렬되면서 토성 고리가 지구에서는 보이지 않게 되었다고 해요. 하지만 고리가 완전히 사라지는 게 아닌 우리의 눈에 보이지 않는 현상이에요.

태양계 행성 중 토성의 고리는 유일하게 지구에서도 뚜렷하게 관찰할 수 있어요. 하지만 실제 고리의 두께는 수십 미터 정도로 매우 얇아요. 또한 그 입자들도 매우 얇아요. 그래서 토성의 고리를 측면이나 특정한 각도에서 보게 되면 마치 고리가 사라진 것처럼 보이게 되는 거예요.

토성의 고리는 토성과 그 위성들 사이에서 발생하는 중력으로 인해 수많은 작은 얼음과 먼지 입자들로 이루어져 있어요. 이 미세 입자들이 토성의 중력에 의해 토성 대기권으로 떨어져 내리고 있다고 해요. 그래서 먼 미래에는 토성의 고리가 완전히 사라져 영원히 볼 수 없게 될 수도 있다는 연구도 있어요. 하지만 2025년 3월 23일 이후에 보이지 않게 된 토성의 고리는 시간이 흐르면서 차츰 다시 볼 수 있게 될 거예요.

토성 고리는 여전히 여러 과학적 궁금증을 불러일으키고 있어, 앞으로 더 많은 연구와 탐사로 밝혀질 부분이 많은 행성이에요. 여러분은 토성에 대해 어떠한 궁금증을 가지고 있나요?

어휘 풀이

1 **일직선**: 한 방향으로 쭉 곧은 줄
2 **정렬**: 일정한 순서나 방향으로 가지런히 배열함
3 **행성**: 별 주위를 도는 둥근 모양의 천체
4 **유일**: 오직 그 하나만 있음
5 **측면**: 어떤 것의 한쪽 부분이나 방향

이것만은 꼭!

토성이란?
태양계에서 여섯 번째에 있는 행성으로, 크기가 매우 큰 가스 행성이에요. 토성의 가장 큰 특징은 그 주위를 둘러싼 멋진 고리인데, 이 고리는 얼음과 먼지 입자들로 이루어져 있어요.

▶ 정답 244쪽

국어 실력 팍팍 늘리기

 신문 기사의 내용에 알맞도록 〈보기〉에서 어휘를 찾아 쓰세요.

보기   중력   얼음   정렬   행성

① 2025년 3월 23일, 지구와 토성이 (   )되어 고리가 보이지 않는 현상이 발생했다고 해요.

② 토성의 고리는 수많은 작은 (   )과 먼지 입자들로 이루어져 있어요.

③ 토성의 고리는 (   )에 의해 미세 입자들이 대기권으로 떨어지며 점차 사라질 수 있다고 해요.

④ 토성은 앞으로 더 많은 연구와 탐사로 밝혀질 부분이 많은 (   )이에요.

 아래 질문에 맞는 답을 골라 번호에 ○ 하세요.

다음 중 2025년 토성 고리가 지구에서 보이지 않게 된 이유는 무엇인가요?

① 토성의 고리가 완전히 사라졌기 때문이에요.
② 토성 고리는 원래 보이지 않는 것이 정상이기 때문이에요.
③ 토성 고리는 중력 때문에 항상 가려져 있기 때문이에요.
④ 고리 입자들이 모두 토성 대기권으로 떨어져 없어졌기 때문이에요.
⑤ 지구와 토성이 일직선으로 정렬되면서 지구에서 보이지 않기 때문이에요.

작문력 다음 질문에 대한 답을 쓰세요.

① 토성의 고리는 무엇으로 이루어져 있나요?

② 2025년 3월 23일 이후에 토성에 어떤 변화가 생길 거라고 했나요?

원숭이들끼리 서로의 이름을 부르며 대화한다고?

특정 음성을 이용하여 대화하는 마모셋원숭이

원숭이들끼리 사람들처럼 서로 이름을 불러 소통한다는 사실이 밝혀져 화제가 되고 있어요. 2024년 8월 발표된 이스라엘 히브리 대학의 연구에 따르면, 남미에 사는 마모셋 원숭이들은 특정 음성을 사용해 서로를 지칭하며 대화한다고 해요.

마모셋원숭이는 사회적 유대가 강한 동물로 꼽혀요. 보통 2~15마리 정도가 작은 집단을 이뤄 살아요. 연구진은 원숭이 두 마리가 서로를 볼 수 없도록 장벽이 세워진 방에 두고 실험을 시작했어요. 원숭이를 관찰한 결과, 두 마리의 원숭이는 서로가 상대방을 부를 때 '피콜'이라는 특정한 소리를 길게 내는 발성을 이용하여 소통했다고 해요.

이 연구는 마모셋원숭이가 단순한 소리가 아닌 '음성 학습'을 통해 소리를 인지하고 습득한다는 점을 알려주었어요. 마치 인간처럼 소리를 학습하는 마모셋원숭이는 이 능력 덕분에 정교한 의사소통이 가능하다고 해요. 이번 연구는 언어의 진화나 인간의 소통 방식에 대한 새로운 시사점을 제공해 주었어요.

과학자들은 이번 발견을 통해 인간 및 동물의 소통과 언어의 진화 과정을 더 깊이 이해할 수 있을 것으로 기대하고 있어요. 만약 기술이 더 발달하여 인간과 동물 간의 '대화 통역기' 같은 장치를 만든다면 동물과 대화하는 날이 오지 않을까요? 만약 그렇게 된다면 여러분은 어떤 동물과 대화하고 싶나요?

어휘 풀이

1 **유대**: 둘 이상을 서로 연결시키거나 결합시킴
2 **장벽**: 가리어 막은 벽
3 **발성**: 소리를 냄
4 **진화**: 생물이 점차 발전하고 변화하는 과정
5 **시사점**: 어떤 문제에 대해 생각하게 하거나 암시하는 점

이것만은 꼭!

마모셋원숭이란?
남아메리카의 열대 우림에 사는 작은 원숭이에요. 큰 소리를 내어 서로 의사소통하고, 무리 내에서 다양한 표정과 소리를 이용해 서로 신호를 주고받는다는 특징이 있어요.

▶ 정답 244쪽

국어 실력 팍팍 늘리기

 **어휘력** 어휘와 뜻을 알맞게 연결하세요.

1. 발성 • • ㉠ 가리어 막은 벽
2. 유대 • • ㉡ 생물이 점차 발전하고 변화하는 과정
3. 진화 • • ㉢ 어떤 문제에 대해 생각하게 하거나 암시하는 점
4. 시사점 • • ㉣ 둘 이상을 서로 연결시키거나 결합시킴
5. 장벽 • • ㉤ 소리를 냄

 **문해력** 신문 기사의 내용과 일치하는 것에 ○표, 일치하지 않는 것에 ×표 하세요.

1. 마모셋원숭이는 사회적 유대가 거의 없는 동물이에요.
2. 연구에 따르면 마모셋원숭이는 보통 30마리의 집단을 이뤄 산다고 해요.
3. 마모셋원숭이는 서로를 부를 때 '피콜'이라는 소리를 사용한다고 해요.
4. 마모셋원숭이는 음성 학습을 통해 소리를 익혀요.
5. 이번 연구는 언어의 진화와 관련된 시사점을 제공해 주었어요.

 **작문력** 신문 기사의 주요 내용을 요약한 글을 따라 쓰세요.

> 원숭이들이 사람처럼 서로 이름을 부르며 소통한다는 사실이 밝혀졌어요. 남미에 사는 마모셋원숭이는 '피콜'이라는 소리를 사용해 서로를 부르고 대화한다고 해요. 이 원숭이들은 소리를 배우고 익혀 의사소통할 수 있는 능력을 지니고 있어요. 이 연구를 통해 인간 및 동물의 소통 방식의 진화 과정을 이해하게 될 것으로 예상돼요.

목성으로 떠난 '유로파 클리퍼' 탐사선

목성의 위성들

2024년 10월, 미 항공우주국(NASA)의 우주 탐사선 유로파 클리퍼가 우주로 발사되었어요. 유로파 클리퍼는 무려 29억km라는 거리를 이동하며 5년 이상 걸리는 여행을 떠났어요. 계획대로라면 2030년 4월경에 목성의 위성인 유로파에 도착할 예정이라고 해요.

스페이스X의 팰컨 헤비 로켓에 실려 지구를 떠난 유로파 클리퍼의 임무는 유로파에서 생명체의 흔적을 찾는 것이에요. 유로파는 두꺼운 얼음층으로 덮여 있지만, 그 아래에는 바다가 있을 것으로 예측돼요. 즉, 생명체가 살기 좋은 조건을 갖추고 있는 셈이죠. 유로파 클리퍼는 생명체의 단서를 찾기 위해 유로파의 표면과 얼음 아래에 있는 바다를 조사하고, 거기서 나오는 화학 물질들을 분석할 계획이에요.

목성의 위성 중 여섯 번째로 목성에 가까운 유로파는 과학자들의 연구 대상으로 알려져 있어요. 과학자들은 유로파의 매끄러운 얼음 표면을 통해 바다가 존재할 수도 있다는 사실을 추측했어요. 또한 지각에서 발생하는 열로 인해 얼음 밑에 바다가 만들어져 생명체가 살 수 있는 환경을 만들 수 있다는 가설도 세웠죠. 이번 탐사는 과학자들이 세운 가설의 진위를 판단할 수 있다는 점에서 큰 의미가 있어요.

과연 50억 달러를 들여 만든 유로파 클리퍼가 유로파에서 생명체의 흔적을 찾을 수 있을까요?

어휘 풀이

1 **발사**: 미사일이나 로켓 등을 쏘아 올림
2 **흔적**: 지나간 뒤에 남아 있는 자취
3 **단서**: 문제를 풀기 위해 필요한 실마리나 힌트
4 **가설**: 어떤 현상을 설명하기 위해 세운 임시적인 이론
5 **진위**: 참과 거짓 또는 진짜와 가짜를 아울러 이르는 말

이것만은 꼭!

유로파란?
목성의 위성 중 하나로, 얼음 표면이 두꺼운 위성 중 하나예요. 유로파는 생명체가 존재할 가능성도 있는데, 얼음 아래 화산이나 열수구가 있다면 미생물이 사는 환경이 될 수 있기 때문이에요.

▶ 정답 244쪽

국어 실력 팍팍 늘리기

어휘력 다음 한자어가 들어간 사자성어를 따라 쓰세요. • 쓰는 순서는 별도의 활동지를 통해 연습해 보세요.

說
말씀 설

甘 言 利 說
달 감   말씀 언   날카로울 리(이)   말씀 설

뜻 : 다른 사람의 귀가 솔깃하도록 이로운 조건을 내세워 그 사람을 꾀는 말

甘   言   利   說

문해력 신문 기사의 내용에 맞게 ▩에서 알맞은 표현을 골라 ○ 하세요.

1. 유로파 클리퍼는 **29억km / 10억km** 거리를 이동하는 탐사선이에요.
2. 유로파는 얼음으로 덮여 있고, 그 아래에 **사막이 / 바다가** 있을 가능성이 있어요.
3. 과학자들은 유로파 지각의 **열로 / 바람으로** 인해 바다가 존재할 수 있다고 추측했어요.

작문력 다음 내용에 대한 나의 의견을 쓰세요.

> 유로파 클리퍼를 우주로 보낸 것은
> 과학 기술의 발전에 도움이 되는 일이다.

나는 이 의견에 (**찬성 / 반대**)한다. 그 이유는

077 목성으로 떠난 '유로파 클리퍼' 탐사선

매년 5월 20일은 세계 꿀벌의 날

꽃가루를 옮기고 있는 꿀벌

매년 5월 20일은 유엔(UN)이 정한 세계 꿀벌의 날이에요. 이날은 양봉의 아버지라 불리는 슬로베니아의 안톤 얀샤의 생일을 기념해 만들어졌어요. 매년 이날에는 전 세계에서 꿀벌과 자연 보호의 중요성을 알리는 행사와 활동이 열리고 있어요.

꿀벌의 날은 왜 생긴 걸까요? 최근 꿀벌의 개체수가 급격하게 감소하고 있기 때문이에요. 기후 변화, 농약 사용, 서식지 파괴가 그 이유예요. 꿀벌이 사라지면 식물들의 수분이 제대로 이루어지지 않아, 농작물 생산이 크게 줄어들 위험이 있어요.

꿀벌은 작은 생물이지만 자연에 미치는 영향은 매우 커요. 꿀벌이 꽃가루를 옮기면서 여러 작물과 식물의 번식이 이루어지기 때문이에요. 꿀벌이 있어서 사과, 딸기, 토마토 같은 다양한 식물이 자라고 열매를 맺을 수 있어요. 한 마디로 꿀벌은 '생태계 최고의 일꾼'이자, 우리의 식탁을 지키는 '숨은 영웅'이에요. 하지만 최근 꿀벌의 개체수가 감소하면서 생태계에 큰 위협이 되고 있어, 꿀벌 보호를 위한 노력이 필요한 시점이에요.

꿀벌을 보호하기 위해 우리는 어떤 일을 할 수 있을까요? 다양한 식물 심기, 살충제, 제초제와 같은 농약 사용을 줄이고 꿀벌의 중요성을 알리는 활동 등이 꿀벌을 보호하는 데 도움이 돼요.

어휘 풀이

1 양봉: 꿀을 얻기 위해 벌을 기름
2 개체수: 특정 지역에 사는 같은 종의 생물체의 수
3 수분: 꽃가루가 암꽃으로 옮겨져 열매를 맺게 하는 일
4 번식: 생물이 자신의 새끼나 씨를 만들어 늘리는 현상
5 제초제: 잡초를 없애기 위해 사용하는 화학 약품

이것만은 꼭!

꿀벌은?
꽃에서 꿀과 꽃가루를 모아 먹이를 만들고, 이 과정에서 꽃가루를 다른 꽃으로 옮겨 식물이 열매를 맺을 수 있게 도와주는 중요한 곤충이에요. 꿀벌이 사라지면 생태계에 큰 영향을 미치게 돼요.

▶ 정답 244쪽

국어 실력 팍팍 늘리기

 다음 한자 어휘를 따라 쓰세요.

• 쓰는 순서는 별도의 활동지를 통해 연습해 보세요.

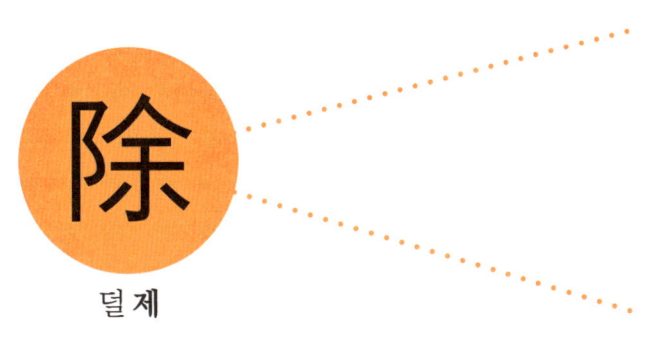

除 덜 제

免	除
면할 **면**	덜 **제**

해야 할 의무를 하지 않아도 되게 함

除	去
덜 **제**	갈 **거**

필요 없거나 방해되는 것을 없앰

 신문 기사의 주요 단어를 빈칸에 쓰세요.

세계 꿀벌의 날은 매년 5월 20일로, ▢▢과 자연 보호의 중요성을 알리기 위해 ▢▢이 정한 날이에요. 꿀벌의 개체수 감소는 기후 변화, 농약 사용, 서식지 파괴와 같은 이유로 발생해요. 꿀벌이 사라지면 식물들의 수분이 제대로 이루어지지 않아, 농작물 생산이 크게 줄어들 위험이 있어요. 꿀벌은 ▢▢▢를 옮기며, 다양한 식물의 번식과 열매 생산에 중요한 역할을 해요. 꿀벌을 보호하려면 다양한 식물을 심고, 농약 사용을 줄이며, 꿀벌의 중요성을 널리 알려야 해요.

 꿀벌을 키우는 사람들에게 묻고 싶은 질문을 간단하게 쓰세요.

| 예시문 | 꿀벌은 꿀을 모으기만 하고 먹지는 않나요? |

화성에 오아시스가 있다고?

태양계의 네 번째 행성인 화성

태양계의 네 번째 행성인 화성에 물이 있는 곳이 있을 수 있다는 탐험 결과가 발표되었어요. 유럽 우주국과 러시아 우주국의 연구팀은 화성의 적도 근처 매리너 협곡 지표 근처에서 많은 양의 수소 신호를 탐지했다고 밝혔어요.

물론 화성에서 물이 처음 발견된 건 아니지만 지금까지 발견된 물은 대부분 온도가 낮은 극지방의 얼음 형태였어요. 그러나 이번에 발견된 물은 적도 가까운 곳에서 발견된 것이기 때문에 활용 가치가 더 크다고 해요. 전문가들은 이번 발견이 화성 탐사에 중요한 역할을 할 것으로 기대하고 있어요.

화성에서 물을 발견하는 것은 과학적으로 큰 의미가 있어요. 물은 생명체에게 중요한 자원이자, 생명의 탄생을 가능하게 하는 핵심 요소예요. 만약 인간이 화성에서 생활하게 된다면 물은 단순히 마시는 용도를 넘어, 산소를 생성하거나 연료를 생산하는 데에도 활용될 수 있어요. 물의 발견은 단순히 화성 탐사에서 끝나는 것이 아니라, 장기적으로 인간이 화성에 거주할 가능성을 높이는 중요한 의미를 지니고 있어요. 또한, 화성에서 물의 흔적이 발견되면 과거 화성에 미생물 같은 생명체가 존재했을 가능성을 증명해 줄 수도 있어요.

만약 화성에 오아시스 같은 물 저장소가 있다면 어떨까요? 화성에서 지구처럼 물을 마시고, 농작물을 키우며 생활할 수 있는 시대가 열릴지도 몰라요.

어휘 풀이

1 **협곡**: 양쪽에 높은 절벽이 있는 좁고 긴 계곡
2 **탐지**: 드러나지 않은 사실이나 물건 등을 더듬어 찾아 알아냄
3 **생성**: 새롭게 생겨남
4 **거주**: 일정한 곳에 머물러 삶
5 **오아시스**: 사막에서 물이 나오고 식물이 자라는 곳

이것만은 꼭!

매리너(마리너, 마리네리스) 협곡이란?
화성에 있는 거대한 협곡으로, 태양계에서 가장 큰 협곡이에요. 이 협곡은 무려 4,000km 길이로 미국을 동서로 가로지를 정도의 길이에 해당하고, 너비는 약 200km, 깊이는 10km에 달해요.

▶ 정답 244쪽

국어 실력 팍팍 늘리기

 **어휘력** 다음 뜻에 어울리는 어휘를 쓰세요.

1. _____ : 드러나지 않은 사실이나 물건 등을 더듬어 찾아 알아냄
2. _____ : 새롭게 생겨남
3. _____ : 일정한 곳에 머물러 삶
4. _____ : 사막에서 물이 나오고 식물이 자라는 곳
5. _____ : 양쪽에 높은 절벽이 있는 좁고 긴 계곡

 **문해력** 빈칸에 알맞은 단어를 신문 기사에서 찾아 쓰세요.

1. 유럽 우주국과 러시아 우주국 연구팀은 화성의 협곡 근처에서 _____를 탐지했다고 밝혔어요.
2. 지금까지 화성에서 발견된 물은 대부분 온도가 낮은 극지방의 _____ 형태였어요.
3. 화성에서 물은 _____를 생성하거나 연료를 생산하는 데에도 활용될 수 있어요.
4. 물의 발견은 과거 화성에 _____가 있었을 가능성을 증명해 줄 수도 있어요.
5. 미래에는 화성에서 _____을 키우며 생활할 수 있는 시대가 열릴 수도 있어요.

 **작문력** 다음 질문에 대한 답을 쓰세요.

1. 이번에 화성에서 발견된 물은 이전에 발견된 물과 어떤 점에서 차이가 있나요?

2. 화성에서 물을 발견하는 것이 과학적으로 중요한 이유는 무엇인가요?

세계에서 가장 빠른 중국의 자기 부상 열차

중국 상하이의 자기 부상 열차

2024년 8월, 중국이 세계에서 가장 빠른 시속 1,000km까지 속도를 낼 수 있는 자기 부상 열차를 개발했다는 소식이 중국의 매체 글로벌 타임즈를 통해 발표되었어요. 이 속도는 우리나라 KTX의 속력인 300km보다 3배 이상 빠른 기록이에요.

자기 부상 열차는 늘어나는 교통량과 온실가스 배출 문제를 해결하기 위해 개발되었어요. 자기 부상 열차는 바퀴와 레일 사이의 마찰이 없어 높은 속도를 낼 수 있으며, 마찰이 줄어든 만큼 소음과 에너지 소모도 적어요. 중국처럼 넓은 나라에서는 장거리를 빠르게 이동해야 해서 초고속 교통수단을 개발하는 연구를 계속하고 있어요.

자기 부상 열차가 빠르게 움직일 수 있는 이유는 자기력 때문이에요. 강력한 자석의 힘으로 열차를 떠오르게 하고, 다른 자석의 힘을 이용해 앞쪽으로 빠르게 이동시키는 것이죠. 바퀴와의 마찰이 없으므로 획기적으로 빠른 속력을 낼 수 있는 거예요. 또한 자기 부상 방식은 소음도 적고, 에너지도 절약할 수 있어요.

과학의 발전으로 앞으로 점점 더 진화된 형태의 자기 부상 열차가 개발될 거예요. 그렇게 되면 자동차 또한 자기 부상 기술을 활용해 마치 공중에서 떠다니는 것 같은 '자기 부상 차량'도 개발되어 대중화될 수 있지 않을까요? 앞으로 세상의 교통수단은 어떻게 변화하게 될까요?

어휘 풀이
1 **시속**: 1시간 동안 이동한 거리, 속도를 나타내는 단위
2 **자기 부상**: 전자기적인 힘을 이용하여 물체를 들어올림
3 **레일**: 기차나 전철 같은 차량이 움직이는 길을 만드는 금속으로 된 막대
4 **마찰**: 물체가 서로 닿아 움직일 때 저항을 받는 현상
5 **절약**: 돈이나 자원을 아껴서 씀

이것만은 꼭!
자기력이란?
우리가 자석을 보면 서로 끌어당기거나 밀어내는 힘을 느낄 수 있는데, 이 힘을 자기력이라고 불러요. 즉, 자석이 철, 니켈, 코발트 같은 금속을 끌어당기거나 밀어내는 힘이에요.

▶ 정답 245쪽

국어 실력 팍팍 늘리기

 신문 기사의 내용에 알맞도록 〈보기〉에서 어휘를 찾아 쓰세요.

> 보기   자기력   온실가스   마찰   절약

1. 자기 부상 열차는 (   ) 배출 문제 해결에 도움을 줄 수 있어요.
2. 자기 부상 열차는 바퀴와 레일 사이의 (   )이 없어 빠르게 달릴 수 있어요.
3. 자기 부상 열차는 강력한 (   )으로 인해 열차가 떠올라 움직여요.
4. 자기 부상 방식은 소음도 적고, 에너지도 (   )할 수 있다는 장점이 있어요.

 아래 질문에 맞는 답을 골라 번호에 ○ 하세요.

다음 중 2024년 중국이 시속 1,000km의 자기 부상 열차를 개발한 이유는 무엇인가요?

① 자기 부상 열차가 자동차보다 더 많은 온실가스를 배출하지만, 속도가 빠르기 때문이에요.
② 중국은 좁은 영토 내에서 효율적인 교통수단이 필요했기 때문이에요.
③ 늘어나는 교통량과 온실가스 배출 문제를 해결하기 위해서예요.
④ 중국에서 현재의 열차 속도를 넘어서 비행기의 속도를 따라잡기 위한 기술이 필요했기 때문이에요.
⑤ 중국에서는 더 이상 자동차를 이용하지 않기로 했기 때문이에요.

 신문 기사 속 단어를 넣어 자유롭게 한 문장을 쓰세요.

1. **시속**　예시　고속 열차는 **시속** 300km로 달릴 수 있다.

2. **절약**　예시　준호는 물을 **절약**하기 위해 샤워 시간을 줄였다.

꿀순이에게서 온 편지

 매년 5월 20일, 세계 꿀벌의 날을 만들어 준 사람들에게 귀여운 꿀벌, 꿀순이가 편지를 썼습니다. 꿀순이의 편지를 읽어 보세요.

 안녕하세요! 저는 작은 꿀벌, 꿀순이에요.

이 편지를 읽고 있는 여러분께 정말 감사한 마음을 전하고 싶어요. 세계 꿀벌의 날을 만들어 주셔서 고마워요! 덕분에 많은 사람들이 저희 꿀벌을 더 소중하게 생각하게 되었어요.

그런데, 요즘 저희 꿀벌들에게 큰 걱정거리가 생겼어요. 최근 꿀벌 친구들이 점점 사라지고 있어요. 기후 변화로 계절이 변덕스럽고, 사람들이 쓰는 강한 농약 때문에 저희가 위험에 빠졌어요. 게다가 꽃이 가득해야 할 곳들이 점점 사라지고 있답니다. 이렇게 되면 저희가 꽃가루를 옮길 수 없고, 사과, 딸기, 토마토 같은 과일과 채소들이 자라지 못할 수도 있어요.

하지만 아직 희망이 있어요! 여러분이 저희를 도와줄 수 있거든요!

다양한 꽃과 식물을 많이 심어 주세요! 꽃이 많아지면 저희가 더 건강하게 살 수 있어요. 농약과 살충제 사용을 줄여 주세요! 안전한 환경에서 저희가 자유롭게 날아다닐 수 있어요. 주변 친구들에게 꿀벌의 소중함을 알려주세요!

앞으로도 저희를 지켜줄 거죠? 여러분의 관심과 사랑이 저희에게는 가장 큰 힘이 된답니다! 언제나 꿀처럼 달콤한 하루 보내세요!

여러분의 작은 친구, 꿀순이 드림

◆ 꿀순이의 편지에 답장을 써 주세요.

9장 : 교육

081　수능 'N수생' 21년 만에 최다!

082　3만 이공계 인재의 두뇌 유출!

083　'수포자'에 이어 '국포자'도 증가

084　2022 개정 교육과정, 새로운 교과서를 만나다!

085　아홉 번째 세계시민교육 국제회의가 열리다!

086　여수에서 열린 글로컬 미래 교육 박람회

087　2025년부터 시작되는 고교학점제 이야기

088　AI 코스웨어, 어떤 점이 좋을까?

089　"함께 공부할까요?" 공부 브이로그 인기!

090　수학계에서 가장 명예로운 상을 받은 한국인은?

공부 브이로그 썸네일 만들기!

수능 'N수생' 21년 만에 최다!

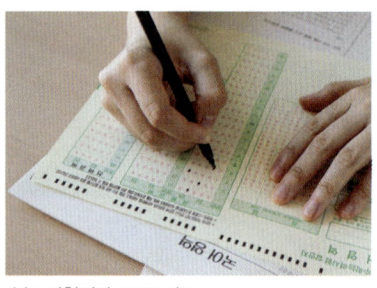

수능 시험지와 OMR 카드

교육부의 보도에 따르면 2025학년도 대학 수학 능력 시험에 졸업생, 즉 N수생이 21년 만에 가장 많이 지원을 했다고 해요.

왜 N수생이 많아졌을까요? 그 이유 중 하나는 인기 있는 대학, 특히 의대에 들어가기가 점점 어려워지고 있기 때문이에요. 의대는 의사가 되기 위한 공부를 하는 곳인데, 높은 수학 능력 시험 점수를 요구해요. 이번 입시에서는 의대 증원 계획으로 인해 더 많은 졸업생이 다시 수능 시험에 도전하게 된 거예요. 참고로, 대학 1학기를 마치고, 다시 수능을 보는 반수생도 N수생의 큰 비중을 차지하고 있다고 해요.

여러 차례 수능 시험에 도전하는 N수생들을 바라보는 시각은 둘로 나뉘어요. 꿈을 이루기 위해 계속해서 도전하는 이들을 응원하는 사람들도 있지만, 수험생들이 너무나 큰 정신적인 압박을 받게 되고, 너무 심한 경쟁이 야기된다며 부정적으로 보는 이들도 있어요.

앞으로 N수생의 수는 의대와 같은 인기 학과의 경쟁률, 대학 입시 제도 변화 등에 따라 달라질 수 있어요. 최근에는 수능 외에도 다양한 대입 전형과 진로 탐색의 기회가 확대되고 있어, 각자의 꿈을 이루는 방법도 점차 다양해지고 있어요. 이러한 변화가 대학 입시 환경에 어떤 영향을 미칠지 주목할 필요가 있어요.

어휘 풀이

1 보도: 뉴스나 정보를 사람들에게 알림
2 대학 수학 능력 시험: 대학교에 들어가기 위해 치르는 국가시험
3 지원: 어떤 일이나 기회에 참여하기 위해 신청함
4 증원: 사람이나 인원을 더 늘림
5 야기: 일이나 사건 등을 끌어 일으킴

이것만은 꼭!

N수생이란?
대학 수학 능력 시험을 한 번만 보는 것이 아니라 원하는 대학이나 학과에 들어가기 위해 여러 해 동안 시험을 보는 학생을 말해요. 예를 들어, 3년 동안 보는 학생은 삼수생이라고 불러요.

국어 실력 팍팍 늘리기

▶ 정답 245쪽

어휘력 다음 한자 어휘를 따라 쓰세요.

• 쓰는 순서는 별도의 활동지를 통해 연습해 보세요.

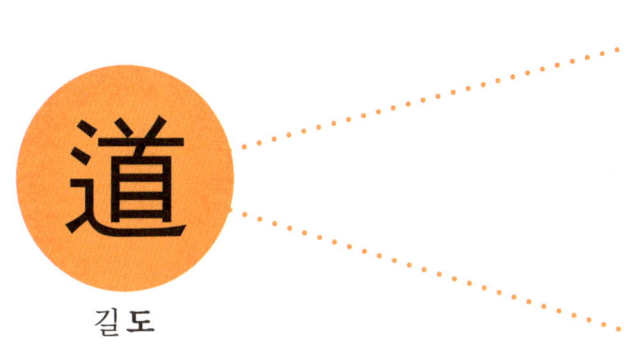

道
길 도

車	道
수레 차	길 도

차량이 다니는 길

孝	道
효도 효	길 도

부모님을 공경하고 잘 모심

문해력 신문 기사의 내용과 일치하는 것에 ○표, 일치하지 않는 것에 ×표 하세요.

1. 2025학년도 대학 수학 능력 시험에는 고3 학생들이 가장 많이 지원했어요.
2. 2025학년도 대학 수학 능력 시험에서 N수생이 21년 만에 가장 많이 지원했다고 해요.
3. 의대 증원 계획은 N수생 증가와는 관련이 없어요.
4. 반수생은 대학 1학기를 마치고 다시 수능을 보는 수험생을 말해요.
5. N수생 중 반수생의 비중은 높지 않다고 해요.

작문력 N수생들에게 묻고 싶은 질문을 간단하게 쓰세요.

예시문 대학 수학 능력 시험에 계속 도전하는 이유가 무엇인가요?

081 수능 'N수생' 21년 만에 최다!

3만 이공계 인재의 두뇌 유출!

연구에 몰두하고 있는 이공계 연구원들

과학기술정보통신부의 조사 결과에 따르면 최근 10년간 약 34만 명의 이공계 학생들이 해외로 떠났다고 해요. 같은 기간 국내 학생 수는 점점 줄고 있는데도 외국으로 떠나는 학생들의 수는 매년 3만~4만 명 정도로 비슷한 수치를 유지하고 있어요.

이공계 학생들이 외국으로 떠나는 이유는 무엇일까요? 보통 더 나은 교육 환경과 연구 기회를 찾기 위해서예요. 해외 대학에는 첨단 기술과 장비를 사용할 기회가 많고, 장학금 등 다양한 연구 지원 제도가 있어요. 공부하면서 임금을 벌 수도 있죠. 또 졸업 후에도 한국에 비해 좋은 일자리를 얻을 가능성이 크죠.

전문가들은 이런 인재들을 지키기 위해 더 좋은 교육과 연구 환경을 만들어야 한다고 말해요. 예를 들어, 이공계의 연구비를 늘리고, 기업과 협력해 연구 성과가 곧바로 일자리로 연결되게 하면 인재들이 떠나는 걸 막을 수 있을 거라는 것이죠. 또한, 국내에서도 다국적 기업처럼 매력적인 일자리와 충분한 보상이 제공된다면 학생들이 국내에 머무를 가능성이 커질 거예요.

여러분은 어떻게 하면 우리나라 이공계 학생들이 외국으로 나가지 않고 국내에서 꿈을 이룰 수 있을지 생각해 본 적 있나요? 이공계 학생들이 우리나라에서 꿈을 펼치려면 어떤 변화와 지원이 필요할까요?

어휘 풀이

1 **첨단**: 기술이나 발전이 가장 앞선 상태
2 **임금**: 일을 한 대가로 받는 돈
3 **인재**: 뛰어난 능력을 지닌 사람
4 **다국적**: 여러 나라와 관련되거나 여러 나라에서 활동함
5 **보상**: 어떤 것에 대한 대가로 갚음

이것만은 꼭!

이공계란?
이학과 공학을 합친 말이에요. 이학은 수학, 물리, 화학, 생물처럼 자연 현상을 연구하는 학문이고, 공학은 이런 과학 지식을 활용해 실제로 쓸 수 있는 기계나 기술을 만드는 학문이에요.

국어 실력 팍팍 늘리기

▶ 정답 245쪽

 **어휘력** 어휘와 뜻을 알맞게 연결하세요.

1. 임금 • • ㉠ 기술이나 발전이 가장 앞선 상태

2. 인재 • • ㉡ 뛰어난 능력을 지닌 사람

3. 보상 • • ㉢ 여러 나라와 관련되거나 여러 나라에서 활동함

4. 다국적 • • ㉣ 어떤 것에 대한 대가로 갚음

5. 첨단 • • ㉤ 일을 한 대가로 받는 돈

 **문해력** 신문 기사의 내용에 맞게 ▨에서 알맞은 표현을 골라 ○ 하세요.

1. 최근 10년간 해외로 떠난 **인문계 / 이공계** 학생 수는 약 34만 명이에요.

2. 이공계 학생들이 외국으로 떠나는 주요 이유는 **저렴한 학비 / 더 나은 연구 기회** 를 찾기 위해서예요.

3. 국내에서 인재를 지키기 위해서는 **연구비를 절약하려는 / 기업과 협력하려는** 노력이 필요하다고 해요.

 **작문력** 신문 기사 속 단어를 넣어 자유롭게 한 문장을 쓰세요.

1. **첨단** 〔예시〕 우리 학교에 **첨단** 장비를 갖춘 컴퓨터실이 생겼다.

2. **인재** 〔예시〕 우리 반에서 축구를 잘하는 **인재**는 성민이다.

'수포자'에 이어 '국포자'도 증가

국어는 학습의 기본이 되는 중요한 과목이다.

최근 학생들 사이에서 수학뿐만 아니라 국어를 포기하는 '국포자'가 늘고 있다고 해요. '2023년 학업성취도 평가' 결과에 따르면 중학교 3학년 학생의 9.1%가 국어에서 기초 학력 미달이라는 결과를 얻었다고 해요. 국어 공부에 어려움을 느끼는 학생이 10명 중 약 1명이라는 의미예요.

국포자가 늘어나는 이유로 학생들의 독서량 감소와 디지털 기기의 과도한 사용이 지적되고 있어요. 또 국어 교육이 문법과 문학에 치우쳐 학생들의 흥미를 끌지 못하는 것을 이유로 꼽는 전문가들도 있고요. 특히, 일상에서 국어보다는 외국어에 더 익숙한 환경이 늘어나며 국어에 관한 관심이 줄어들고 있다는 분석도 있어요. 이를 해결하기 위해 학생들이 국어를 재미있게 배우고 활용할 수 있는 다양한 프로그램과 창의적인 교육 방법이 필요하다는 목소리가 커지고 있어요.

국어는 학습의 기본이 되는 중요한 과목이에요. 또한 글을 잘 읽고 이해하는 능력은 세상을 이해하는 데에도 큰 도움이 돼요. 그런 점에서 국어를 포기하는 학생들이 늘어나는 것은 매우 우려스러운 일이에요.

우리는 국어에 관한 관심을 높이고, 재미있게 공부할 수 있는 방법을 찾아야 해요. 흥미로운 주제의 책을 읽거나, 친구들과 토론하는 시간을 가지는 것도 국어 실력을 키우는 좋은 방법이에요.

어휘 풀이

1 **기초 학력**: 가장 기본적인 학습 능력
2 **미달**: 정해진 기준에 미치지 못하는 상태
3 **과도한**: 기준이나 적당한 정도를 넘어선
4 **치우쳐**: 균형을 잃고 한쪽으로 쏠려
5 **토론**: 어떤 주제에 대해 서로 생각을 말하며 논의함

이것만은 꼭!

국가수준 학업성취도 평가란?
학생들이 학교에서 배운 내용을 얼마나 잘 이해했는지, 학습 수준이 어느 정도인지 확인하기 위해 2017년부터 지금까지 중3, 고2의 3%를 대상으로 실시되는 평가예요.

국어 실력 팍팍 늘리기

▶ 정답 245쪽

어휘력 다음 뜻에 어울리는 어휘를 쓰세요.

1. [　　　] : 균형을 잃고 한쪽으로 쏠려
2. [　　　] : 가장 기본적인 학습 능력
3. [　　　] : 어떤 주제에 대해 서로 생각을 말하며 논의함
4. [　　　] : 기준이나 적당한 정도를 넘어선
5. [　　　] : 정해진 기준에 미치지 못하는 상태

문해력 빈칸에 알맞은 단어를 신문 기사에서 찾아 쓰세요.

1. 최근 학생들 사이에서 국어를 포기하는 '[　　　]'가 늘고 있다고 해요.
2. 중학교 3학년 학생의 9.1%가 국어에서 [　　　] 미달이라는 결과를 얻었다고 해요.
3. 학생들의 [　　　] 감소와 디지털 기기의 과도한 사용으로 국포자가 늘고 있어요.
4. 국어 교육이 [　　　] 과 문학에 치우쳐 학생들의 흥미를 끌지 못한다고 해요.
5. 글을 잘 읽고 이해하는 능력은 [　　　] 을 이해하는 데에도 큰 도움이 돼요.

작문력 신문 기사의 주요 내용을 요약한 글을 따라 쓰세요.

> 최근 국어를 포기하는 학생이 늘어나고 있어요. 이 현상의 원인으로는 독서량 감소, 디지털 기기 사용 증가, 흥미를 끌지 못하는 문법과 문학 중심의 교육 등이 지적되고 있어요. 국어는 학습의 기본이 되는 중요한 과목이며, 글을 읽고 이해하는 능력은 세상을 이해하는 데에도 중요하기 때문에 '국포자' 증가 현상은 우려스러운 일이에요.

2022 개정 교육과정, 새로운 교과서를 만나다!

2022 개정 교육과정은 문제 해결 능력에 중점을 두고 있다.

2025년 새 학기부터 초등학교 3, 4학년, 중학교 1학년, 고등학교 1학년 학생들은 2022 개정 교육과정에 따라 새롭게 만들어진 교과서를 만나게 되었어요. 이번 개정은 대한민국의 11번째 국가 교육과정으로, 학습자 중심의 변화가 반영된 점에서 큰 주목을 받고 있어요.

2022 개정 교육과정이 만들어진 이유는 학생들이 변화하는 사회에 잘 적응하도록 돕기 위해서예요. 디지털 기술이 발전하면서 필요한 역량과 지식도 달라지고 있어요. 과거보다 정보가 빠르게 생산되고 있어서, 학생들이 단순히 지식만 배우는 게 아닌, 스스로 탐구하고 문제를 해결하는 능력을 키우는 게 중요해졌어요.

이번 교육과정은 기초 학습 능력과 함께 창의적 문제 해결력을 키우는 데 중점을 두었어요. 예를 들어, 국어 시간에는 문해력을 강화하여 학생들이 정보를 비판적으로 분석하고 소통하는 힘을 기르도록 했고, 수학과 과학에서는 다양한 활동을 통해 논리적 사고와 협동 능력을 키울 수 있도록 구성되었어요. 앞으로 학생들은 더 깊이 사고하며 자기 주도적으로 배움에 참여하게 될 거예요.

교육과정의 변화가 학생들에게는 어떤 영향을 미칠까요? 앞으로 변화하는 교육 환경 속에서 학생들이 더 즐겁고 효과적으로 배울 수 있는 방법은 무엇일지 우리 모두 함께 고민해 보면 좋겠어요.

어휘 풀이

1 **개정**: 법이나 규칙을 고쳐서 다시 만듦
2 **탐구**: 진리나 학문 등을 깊이 파고들어 연구함
3 **중점**: 가장 중요하게 여기는 부분
4 **문해력**: 글을 읽고 이해하며 활용하는 능력
5 **논리적**: 생각이나 말이 이치에 맞는 상태

이것만은 꼭!

교육과정이란?
학교에서 학생들이 어떤 내용을 배우고 어떤 활동을 할지 정해 놓은 계획이에요. 예를 들어, 5학년 학생들이 1년 동안 국어, 수학, 사회, 과학 등에서 어떤 내용을 배울지 정해둔 계획이에요.

▶ 정답 245쪽

국어 실력 팍팍 늘리기

 다음 한자어가 들어간 사자성어를 따라 쓰세요.

• 쓰는 순서는 별도의 활동지를 통해 연습해 보세요.

點 점 점

畫	龍	點	睛
그림 화	용 룡(용)	점 점	눈동자 정

뜻 : 어떤 일을 하는 데 가장 중요한 부분을 완성함

 신문 기사의 주요 단어를 빈칸에 쓰세요.

2025년 새 학기부터 초등학교 3, 4학년과 중학교 1학년, 고등학교 1학년 학생들이 2022 ☐☐ ☐☐ 에 따라 새 ☐☐☐를 사용하게 돼요. 새로운 교육과정은 학생들의 창의적 문제 ☐☐☐을 키우고 자기 주도적인 학습을 돕기 위해 만들어졌어요.

 다음 내용에 대한 나의 의견을 쓰세요.

> 2022 개정 교육과정은 학생들에게 도움이 되지 않는 교육과정이다.

나는 이 의견에 (찬성 / 반대)한다. 그 이유는

아홉 번째 세계시민교육 국제회의가 열리다!

다양성을 이해하고 존중하는 교육이 필요하다.

2024년 9월, 서울에서 열린 아홉 번째 세계시민교육 국제회의에 30개국에서 온 교육자와 학생들이 참여하며 큰 관심을 모았어요. 이번 회의는 '세계시민교육으로 그려보는 다자주의 회복과 평화'를 주제로 진행되었고, 전 세계적 이슈를 해결하기 위한 교육의 역할이 강조됐어요.

이 회의가 해마다 열리는 이유는 점점 더 많은 나라들이 서로 연결되고 영향을 주고받는 시대가 되었기 때문이에요. 환경 문제, 인권 갈등, 빈곤 문제와 같은 전 세계적 이슈를 해결하려면 국경을 넘어서는 협력과 이해가 필수적이죠. 세계시민교육은 학생들에게 다양성을 이해하고 서로 존중하며, 공동의 문제를 해결하는 방법을 배우도록 돕고 있어요.

세계시민교육을 받은 학생들은 넓은 시각을 가지고 세계를 바라볼 수 있어요. 예를 들어, 환경 보호 운동에 참여하거나 인권 보호를 위한 캠페인을 조직하기도 해요. 이 교육은 세계적인 리더로서 자라날 학생들에게 꼭 필요한 교육이에요.

미래의 세계시민교육에서는 가상현실(VR)과 인공지능(AI)을 통해 세계 여러 나라 친구와 함께 프로젝트를 진행하는 수업이 이루어질지도 몰라요. 서로 다른 나라의 학생들이 함께 배우고 소통하며 글로벌 문제를 풀어가는 수업을 경험해 보고 싶지 않나요?

어휘 풀이

1 **다자주의**: 여러 나라가 함께 협력하는 방식
2 **이슈**: 사람들 사이에서 주목받는 문제나 주제
3 **빈곤**: 가난하여 생활이 어려운 상태
4 **국경**: 나라와 나라의 경계를 이루는 선
5 **조직**: 여러 요소들을 얽거나 짜서 만듦

이것만은 꼭!

세계시민교육이란?
세계 곳곳의 문제를 알고, 다른 나라와 사람들을 존중하며 함께 살아가는 방법을 배우는 교육이에요. 이 교육을 통해 학생들은 전 세계가 서로 연결되어 있다는 것을 배울 수 있어요.

▶ 정답 245쪽

국어 실력 팍팍 늘리기

어휘력 신문 기사의 내용에 알맞도록 〈보기〉에서 어휘를 찾아 쓰세요.

> 보기   국경   다양성   국제회의   캠페인

① 2024년 서울에서 열린 세계시민교육 (　　　)에는 30개국의 교육자와 학생들이 참여했어요.

② 전 세계적 이슈를 해결하려면 (　　　)을 넘어서는 협력과 이해가 필요해요.

③ 세계시민교육은 학생들에게 (　　　)을 이해하는 방법을 가르쳐 줘요.

④ 세계시민교육을 받은 학생들은 환경 보호 운동이나 인권 보호를 위한 (　　　)에 참여하고 있어요.

문해력 아래 질문에 맞는 답을 골라 번호에 ○ 하세요.

다음 중 세계시민교육 국제회의가 매년 열리는 이유는 무엇인가요?

① 세계시민교육은 학생들에게 외국어를 가르치기 위한 프로그램이기 때문이에요.
② 세계시민교육은 학생들이 각 나라의 문화를 배우고 여행할 기회를 얻기 위해서 중요하기 때문이에요.
③ 환경 문제, 인권 갈등, 빈곤 문제 등을 해결하기 위해서예요.
④ 가상현실(VR)과 인공지능(AI)을 활용한 수업이 세계시민교육에서 가장 주요 목표이기 때문이에요.
⑤ 글로벌 문제를 해결하려면 국경을 넘어 협력과 이해가 필요하다는 인식이 커지고 있기 때문이에요.

작문력 다음 질문에 대한 답을 쓰세요.

① **세계시민교육 국제회의가 열리는 이유는 무엇인가요?**

② **세계시민교육은 학생들에게 어떤 도움을 주나요?**

여수에서 열린 글로컬 미래 교육 박람회

VR로 수업을 받고 있는 학생들

2024년 6월, 미래 교육의 방향성을 제시하는 '2024 대한민국 글로컬 미래 교육 박람회'가 여수에서 열렸어요. 이번 박람회는 '공생의 교육, 지속 가능한 미래'를 주제로 개최되었으며, 5일간 다양한 프로그램이 진행되었어요.

이번 박람회는 글로컬 미래 교실, 미래 교육 콘퍼런스, 미래 교육 전시, 문화예술 교육, 미래 교육 축제까지 총 다섯 개의 구역으로 나뉘어 있었어요. 이 안에서 학생들은 1,500개가 넘는 부스를 통해 인공지능(AI)을 활용한 학습 시스템, VR 체험 부스, 미래 직업 체험관 등 다양한 프로그램을 체험할 수 있었어요.

글로컬 미래 교육 박람회는 기술을 이용하여 교육 격차를 해소하고, 지역마다 특화된 교육 모델의 모습을 제시해 주었어요. 특히, 농촌 지역의 학생들도 도시 학생들과 같은 수준의 교육을 받을 수 있는 디지털 프로그램이 주목받았어요. 교육 전문가들은 기술과 창의력이 결합된 새로운 교육 모델이 모든 학생에게 평등한 기회를 제공하며, 나아가 우리나라를 넘어 세계적으로도 적용할 수 있는 미래 교육의 방향을 제시했다고 평가했어요. 미래 교육은 어떤 모습일까요? AI 선생님이 질문에 바로 답해주는 교실? VR로 세계를 여행하며 역사, 지리를 배우는 수업? 이번 박람회는 이런 흥미로운 상상을 현실로 만들기 위한 출발점이었어요.

어휘 풀이

1 **공생**: 서로 도우며 함께 살아감
2 **글로컬**: 세계와 지역이 동시에 연결된 상태
3 **구역**: 특정한 용도로 나누어진 지역이나 범위
4 **교육 격차**: 교육 수준이나 기회에서 생기는 차이
5 **해소**: 문제가 되는 상황을 해결하여 없앰

이것만은 꼭!

교육 박람회란?
여러 학교, 기관, 또는 회사들이 모여서 교육과 관련된 다양한 정보를 나누고 체험할 수 있는 큰 행사예요. 박람회에서는 새로운 학습 도구, 교재, 흥미로운 교육 프로그램을 보고, 체험할 수 있어요.

국어 실력 팍팍 늘리기

▶ 정답 246쪽

어휘력 | 어휘와 뜻을 알맞게 연결하세요.

1. 글로컬 · · ㉠ 교육 수준이나 기회에서 생기는 차이
2. 교육 격차 · · ㉡ 세계와 지역이 동시에 연결된 상태
3. 해소 · · ㉢ 문제가 되는 상황을 해결하여 없앰
4. 공생 · · ㉣ 특정한 용도로 나누어진 지역이나 범위
5. 구역 · · ㉤ 서로 도우며 함께 살아감

문해력 | 신문 기사의 내용과 일치하는 것에 ○표, 일치하지 않는 것에 ×표 하세요.

1. '2024 대한민국 글로컬 미래 교육 박람회'는 6월에 서울에서 열렸어요.
2. 박람회는 '공생의 교육, 지속 가능한 미래'를 주제로 열렸어요.
3. 글로컬 미래 교육 박람회에서는 1,500개 이상의 부스를 운영했어요.
4. AI 학습 시스템과 VR 체험은 이번 박람회에서 선보이지 않았어요.
5. 이번 박람회는 미래 교육의 방향을 제시했다고 평가받았어요.

작문력 | 신문 기사의 주요 내용을 요약한 글을 따라 쓰세요.

> 2024년 6월, 여수에서 열린 '대한민국 글로컬 미래 교육 박람회'는 AI 학습, VR 체험 등 미래 교육을 체험할 수 있는 다양한 프로그램을 선보였어요. 기술을 활용해 교육 격차를 해소하고 지역 특화 교육 모델을 제시했어요. 특히 농촌 학생들도 도시 수준의 교육을 받을 수 있는 디지털 프로그램이 주목받았어요.

2025년부터 시작되는 고교학점제 이야기

고교학점제는 고등학생들이 배우고 싶은 과목을 선택할 수 있는 제도이다.

2025년도부터 고등학생들은 자신이 듣고 싶은 과목을 직접 선택해 들을 수 있는 '고교학점제'로 공부하게 돼요. 고등학생들이 대학생처럼 학점을 모아 졸업하는 방식인데요. 전문가들은 이 제도를 통해 학생들이 진로와 적성에 맞는 과목을 깊이 있게 배울 수 있을 것으로 기대하고 있어요.

고교학점제가 생겨난 이유는 학생마다 학습 속도와 관심사가 다르기 때문이에요. 기존의 교육 방식은 정해진 시간 안에 같은 과목을 배우지만, 이 제도는 학생들이 진로에 맞는 과목을 선택하고, 자신만의 학습 계획을 세워 공부할 수 있어요.

물론 이 제도에 대해서도 찬성과 반대 의견이 있어요. 찬성하는 사람들은 이 제도가 학생들이 자신의 진로에 맞는 과목을 선택할 수 있도록 도와준다고 말해요. 예를 들어, 과학자가 되고 싶은 학생은 수학과 과학 과목을 더 깊이 공부할 수 있겠죠. 반대하는 사람들은 학생들이 스스로 과목을 선택하기 어려워할 수 있다는 점을 걱정해요. 또 학교마다 제공하는 과목이 다를 경우, 학생들 간의 학습 기회가 공평하지 않을 수 있다는 의견도 있어요.

만약 초등학생인 여러분이 고등학생이라면 어떤 과목을 선택하고 싶나요? 국어? 수학? 체육? 배우고 싶은 과목을 정해서 배울 기회가 생긴다면 어떤 과목을 고를 것인지 상상해 보세요!

어휘 풀이

1 **학점**: 학교에서 수업을 이수했음을 나타내는 점수나 단위
2 **제도**: 사회나 조직에서 정해 놓은 규칙이나 체계
3 **진로**: 앞으로 나아갈 방향이나 계획
4 **적성**: 어떤 일에 대한 능력이나 소질
5 **공평**: 어느 한쪽으로 치우치지 않고 공정한 상태

이것만은 꼭!

고교학점제란?
고등학생들이 배우고 싶은 과목을 선택해서 공부하고, 그 과목에서 정해진 학점을 얻으면 졸업할 수 있는 제도예요. 모든 학생이 같은 과목을 배워야 하는 초등학교나 중학교에는 없는 개념이에요.

▶ 정답 246쪽

국어 실력 팍팍 늘리기

 다음 한자어가 들어간 사자성어를 따라 쓰세요. • 쓰는 순서는 별도의 활동지를 통해 연습해 보세요.

適 者 生 存
맞을 적   놈 자   날 생   있을 존

뜻 : 환경에 적응하는 생물은 살아남고, 그렇지 못한 생물은 차츰 사라져서 멸망함

 신문 기사의 내용에 맞게 ▇ 에서 알맞은 표현을 골라 ○ 하세요.

1. 고교학점제를 통해 학생들은 대학처럼 **시험을 봐서 / 학점을 모아** 졸업할 수 있어요.

2. 고교학점제는 자신의 **진로와 적성 / 체력과 건강** 에 맞는 과목을 선택해 배울 수 있도록 도와줘요.

3. 고교학점제에서 학교마다 과목이 너무 다를 경우, 학습 기회가 **불공평하다 / 공평하다** 라는 반대 의견이 있어요.

 다음 내용에 대한 나의 의견을 쓰세요.

> 고교학점제는 학생들이 원하는 과목을
> 깊이 있게 배우는 데 도움을 준다.

나는 이 의견에 (찬성 / 반대)한다. 그 이유는

AI 코스웨어, 어떤 점이 좋을까?

AI 코스웨어를 이용해 공부하고 있는 학생들

학교에서 AI 코스웨어를 이용해 공부하는 학생들이 늘어나고 있어요! 인공지능의 발전으로 인해 AI 코스웨어를 수업에 도입하는 교사들이 늘어나고 있어요. AI 코스웨어는 여러분의 학습 속도와 수준에 맞게 개인화된 콘텐츠를 제공하여 공부를 도와주는 맞춤형 학습 도구예요.

AI 코스웨어를 사용하는 이유는 모두의 학습 수준이 비슷하지 않기 때문이에요. 어떤 친구는 수학 문제를 빨리 풀지만, 다른 친구는 늦게 풀 수도 있어요. 대신 글을 읽는 속도는 더 빠를 수 있죠. AI 코스웨어는 학생들의 학습 데이터를 분석해서 부족한 부분은 보완을 해주고, 강한 부분은 더 발전시켜 준다는 장점이 있어요.

AI 코스웨어 사용과 관련하여 찬성과 반대 의견이 있어요. 찬성하는 사람들은 AI 코스웨어가 맞춤형 학습을 실현해 준다고 말해요. 어려운 개념은 반복 학습할 수 있도록 돕고, 잘하는 부분은 더 심화해서 배울 수 있도록 유도하기 때문에 효과적인 학습이 가능하다는 것이죠. 반대하는 사람들은 아직은 AI가 충분히 발전하지 않았고, 많은 예산을 에듀테크 회사에 지급해야 하므로 관련 사업을 크게 확대할 필요는 없다고 주장해요.

여러분은 AI 코스웨어에 대해 어떻게 생각하나요? 종이책이 아닌 태블릿이나 노트북을 이용하여 공부하는 게 초등학생들에게 더 도움이 된다고 생각하나요?

어휘 풀이

1 **보완**: 부족한 부분을 채워서 완전하게 만듦
2 **심화**: 더 깊고 자세하게 함
3 **유도**: 어떤 방향으로 이끌어서 움직이게 함
4 **지급**: 돈이나 물건을 줌
5 **태블릿**: 화면을 터치하여 사용하는 휴대용 전자 기기

이것만은 꼭!

AI 코스웨어란?
인공지능(AI) 기술이 적용된 새로운 형태의 디지털 교육 프로그램이에요. 학생이 어떤 문제를 틀리면 AI가 이유를 분석해 설명을 제공하거나, 학생의 수준에 맞는 학습 자료를 추천해 줘요.

▶ 정답 246쪽

국어 실력 팍팍 늘리기

 다음 한자 어휘를 따라 쓰세요.

• 쓰는 순서는 별도의 활동지를 통해 연습해 보세요.

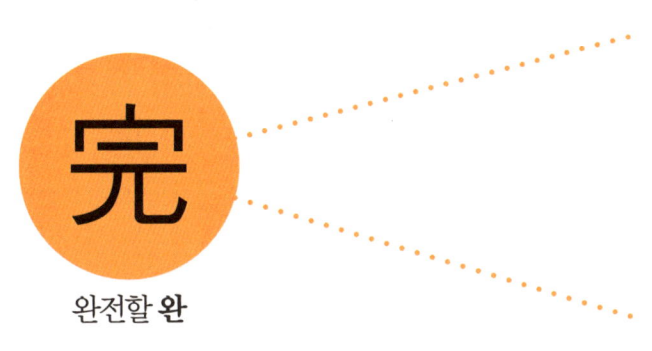

完
완전할 완

完	成
완전할 완	이룰 성

일을 다 마쳐서 끝냄

完	治
완전할 완	다스릴 치

병을 완전히 고침

 신문 기사의 주요 단어를 빈칸에 쓰세요.

AI ☐☐☐를 활용하여 수업하는 교사와 공부하는 학생들이 늘어나고 있어요. 이 새로운 디지털 교육 프로그램은 학생의 학습 속도와 ☐☐에 맞게 부족한 부분을 보완하고 강점을 발전시키는 ☐☐☐ 학습 도구예요. 하지만 예산 문제와 AI 기술의 완성도 부족을 이유로 AI 코스웨어의 도입 시기를 늦춰야 한다고 주장하는 의견도 있어요.

 AI 코스웨어를 개발한 연구자들에게 묻고 싶은 질문을 간단하게 쓰세요.

예시문 　AI 코스웨어를 만들 때, 가장 어려웠던 점은 무엇이었나요?

"함께 공부할까요?" 공부 브이로그 인기!

공부에 열중하고 있는 한 학생

최근 유튜브에서 공부 브이로그가 인기를 끌고 있어요. 한 설문 조사에 따르면, 10대와 20대의 60%가 "공부 브이로그를 본 적이 있다"라고 답했어요. 단순히 공부하는 모습을 보여줄 뿐만 아니라, 자신만의 공부법이나 일과를 공유하는 부분도 있어 구독자들의 많은 공감을 얻고 있어요.

공부 브이로그가 인기를 끌게 된 이유는 여러 가지예요. 먼저, 혼자 공부할 때 느끼는 외로움을 줄여 주기 때문이에요. 다른 사람이 공부하는 모습을 보면 마치 공부 소모임에 있는 것처럼 동기부여가 되죠. 또 브이로그에서 공유되는 다양한 공부 팁과 비결은 많은 학생들에게 실질적인 도움을 줘요. 더불어 유튜브 알고리즘이 관심 있는 콘텐츠를 추천해 줘서 공부 브이로그는 더욱 쉽게 노출되고, 이에 따라 더 많은 시청자가 관심을 가지게 되었어요.

교육 전문가들은 공부 브이로그를 만들거나 보는 것이 학습 동기를 높여준다고 말해요. 혼자서 집중하기 어려운 학생들이 다른 사람과 함께 공부하는 기분을 느낄 수 있기 때문이에요. 물론 영상을 찍거나 시청을 하면서 오히려 집중력이 흐트러져 공부에 방해된다는 반대 의견도 있어요.

여러분은 어떻게 생각하나요? 공부 브이로그를 찍거나 보는 게 초등학생들의 공부에 도움이 될까요, 아니면 방해가 될까요? 여러분의 생각이 궁금해요!

어휘 풀이

1 **설문 조사**: 여러 사람에게 물어보고 그 답을 모음
2 **일과**: 매일 규칙적으로 하는 일이나 일정
3 **동기부여**: 어떤 일을 하고 싶게 만드는 마음이나 이유를 줌
4 **알고리즘**: 문제를 해결하기 위한 단계적 절차나 방법
5 **노출**: 숨겨진 것이 드러남

이것만은 꼭!

브이로그란?
비디오와 블로그의 합성어로, 자신의 일상을 영상으로 기록해 다른 사람과 공유하는 것을 말해요. 즉, 브이로그는 글 대신 영상을 통해 자신의 하루나 특별한 순간을 보여주는 온라인 게시물이에요.

국어 실력 팍팍 늘리기

▶ 정답 246쪽

 **어휘력** 다음 뜻에 어울리는 어휘를 쓰세요.

1. ☐ : 어떤 일을 하고 싶게 만드는 마음이나 이유를 줌
2. ☐ : 문제를 해결하기 위한 단계적 절차나 방법
3. ☐ : 여러 사람에게 물어보고 그 답을 모음
4. ☐ : 숨겨진 것이 드러남
5. ☐ : 매일 규칙적으로 하는 일이나 일정

 **문해력** 빈칸에 알맞은 단어를 신문 기사에서 찾아 쓰세요.

1. 유튜브에서 공부 ☐ 가 인기를 끌고 있어요.
2. 공부 브이로그는 구독자들의 많은 ☐ 을 얻고 있어요.
3. 브이로그에서 공유되는 다양한 공부 팁과 ☐ 은 많은 학생들에게 도움을 줘요.
4. 전문가들은 공부 브이로그를 보는 것이 ☐ 를 높여준다고 말해요.
5. 반면, 브이로그가 오히려 ☐ 을 흐트러뜨린다고 반대하는 의견도 있어요.

 **작문력** 다음 질문에 대한 답을 쓰세요.

1. 공부 브이로그가 학습에 어떤 도움을 줄 수 있나요?

2. 공부 브이로그를 보는 걸 반대하는 사람들의 의견은 무엇인가요?

수학계에서 가장 명예로운 상을 받은 한국인은?

칠판에 수학 공식을 쓰고 있는 모습

2027년까지 한 수학자의 기념관이 서울 동대문구에 만들어질 예정이라고 해요. 몇 해 전, 한국 수학계는 역사적인 순간을 맞이했어요. 미국 프린스턴대 허준이 교수가 필즈상을 수상하며 한국인 최초로 수학계의 노벨상인 이 상을 받게 된 것이죠.

그의 필즈상 수상은 한국 수학의 세계적인 위상을 한층 높여주었어요. 그동안 수학이라는 학문은 우리나라에서 큰 관심을 받지 못했어요. 그 이유는 수학을 실생활에서 바로 쓸 수 없다고 생각하는 사람들이 많았기 때문이에요. 과학처럼 눈에 보이는 발명품을 만들거나, 기술처럼 앱을 개발하는 것과 달리, 수학은 문제를 푸는 규칙과 개념을 연구하죠. 그래서 사람들은 수학이 어렵고, 실용적이지 않다고 느끼기도 했어요.

그러나 수학은 단순히 숫자를 다루는 비실용적인 학문이 아니라, 논리와 창의력을 키우고 과학 기술 발전의 토대가 되는 중요한 분야예요. 허준이 교수의 필즈상 수상으로 인해 학문으로서의 수학에 관한 관심과 지원이 더욱 필요하다는 목소리가 커지게 되었어요.

혹시 여러분도 수학을 어려워하거나 쓸모없다고 생각한 적이 있나요? 하지만 수학은 우주를 탐사하거나 컴퓨터를 만드는 데 꼭 필요한 도구예요. 수학을 더 재미있고 흥미롭게 배우려면 어떤 방법을 사용하는 게 좋을까요?

어휘 풀이

1 **개발**: 새로운 것을 연구하여 만들어 냄
2 **개념**: 어떤 것을 이해할 수 있게 정리한 기본 생각
3 **비실용적**: 실제로 사용하기에 적합하지 않은 상태
4 **학문**: 어떤 분야에 대한 체계적인 지식
5 **쓸모**: 어떤 것의 유용하거나 필요한 정도

이것만은 꼭!

필즈상이란?
1936년에 시작된 수학 분야에서 뛰어난 업적을 남긴 수학자들에게 주는 세계적인 상이에요. 이 상은 40세 미만의 젊은 수학자들의 새로운 도전을 격려하기 위해 만들어졌어요.

국어 실력 팍팍 늘리기

 신문 기사의 내용에 알맞도록 〈보기〉에서 어휘를 찾아 쓰세요.

보기   실용적   필즈상   토대   위상

① 허준이 교수의 필즈상 수상은 한국 수학의 세계적인 (   )을 높였어요.

② 사람들은 수학이 어렵고, (   )이지 않다고 느끼는 경우가 많아요.

③ 수학은 논리, 창의력을 키우고 과학 기술 발전의 (   )가 되는 학문이에요.

④ 허준이 교수의 (   ) 수상 이후, 수학에 관한 관심이 점점 커지고 있어요.

 아래 질문에 맞는 답을 골라 번호에 ○ 하세요.

다음 중 허준이 교수의 필즈상 수상이 우리 사회에 미친 가장 큰 영향으로 적절한 것은 무엇인가요?

① 복잡한 계산과 공식을 없애는 새로운 수학 학습 방법이 개발되었어요.
② 수학이 과학이나 기술보다 실생활에 더 유용하다는 인식이 생겼어요.
③ 허준이 교수의 연구가 새로운 발명품과 기술 개발에 직접적인 도움을 주었어요.
④ 한국 수학의 세계적인 위상이 높아지고, 수학에 관한 관심과 지원이 필요하다는 목소리가 커졌어요.
⑤ 수학이 논리와 창의력보다는 실용성을 더 중요하게 여기는 학문으로 바뀌었어요.

작문력 신문 기사 속 단어를 넣어 자유롭게 한 문장을 쓰세요.

① **쓸모** 예시 이 연필은 다 닳아서 이제 **쓸모**가 없다.

② **학문** 예시 대학은 **학문**과 진리를 탐구하는 곳이다.

공부 브이로그 썸네일 만들기!

 내가 공부 브이로그를 만들게 된다면, 영상 제목은 어떻게 하고 싶나요? 썸네일에는 어떤 모습을 담고 싶나요? 공부 브이로그 썸네일을 디자인해 보세요.

> **썸네일이란?**
> 썸네일은 유튜브 영상의 표지 그림이에요. 우리가 책을 고를 때 책 표지를 보고 흥미로운지 판단하듯이, 유튜브에서는 썸네일을 보고 어떤 영상인지 짐작할 수 있어요.
> 예를 들어, 공부 브이로그 영상이 있다면, 썸네일에 '오늘 1시간 공부 도전!'이라는 글씨와 공부하는 모습이 들어갈 수 있어요. 썸네일이 재미있거나 눈에 띄면 더 많은 사람이 영상을 보고 싶어 한답니다.

나의 공부 브이로그 썸네일을 상상해 그려 보세요.

나의 공부 브이로그를 본 친구들은 어떤 댓글을 남길 것 같나요? 댓글의 내용을 상상해 써보세요.

 수민 ▶ 공부를 너무 열심히 해서 나도 같이 공부하고 싶은 기분이야! 다음 영상도 기대할게.

 민준 ▶ 책상이 깔끔해서 집중이 잘될 것 같아! 나도 정리부터 시작해야겠다.

10장 : 예술

091 〈츄파춥스〉와 초현실주의 화가 살바도르 달리

092 잠실 석촌호수에 나타난 16m짜리 랍스터

093 아동 문학계의 노벨상, 알마상을 받은 작가는?

094 AI 로봇이 그린 예술 작품, 15억 원에 낙찰되다!

095 반 고흐가 직접 그린 그림이 한국에 오다!

096 아시아 최대 영화제, 부산국제영화제 이야기

097 가상현실(VR)로 체험하는 신기한 미술관

098 2026년 스페인의 사그라다 파밀리아가 완성된다!

099 2년마다 열리는 세계의 비엔날레 이야기

100 한국의 모나리자, 신윤복의 〈미인도〉

내가 영화감독이 된다면?

〈츄파춥스〉와 초현실주의 화가 살바도르 달리

살바도르 달리가 디자인한 〈츄파춥스〉의 로고

막대사탕으로 유명한 〈츄파춥스〉의 로고를 디자인한 사람이 세계적인 화가 살바도르 달리라는 사실, 알고 있었나요? 〈츄파춥스〉 로고는 빨간색과 노란색이 조화를 이루며 꽃 모양처럼 보이는데요, 달리는 이 디자인을 단 1시간 만에 완성했다고 해요.

달리는 '초현실주의'라는 독특한 화풍으로 유명한 화가예요. 그의 그림은 현실에서는 볼 수 없는 기이하고 신비로운 장면을 담고 있죠. 그의 대표작은 녹아내리는 시계로 알려진 '기억의 지속'이에요. 그의 작품은 현실과 꿈을 섞어 놓은 듯한 느낌을 주어서 당시에 많은 사람들의 관심을 끌었어요.

초현실주의 화가 달리의 작품에 대해서는 전문가들의 의견이 엇갈려요. 어떤 사람들은 그의 작품이 매우 독창적이어서 창의력을 자극한다고 말하죠. 이 의견에 반대하는 사람들은 그림이 너무 이상해서 이해하기 어렵다고 하고요. 하지만 모두가 동의하는 것은 그의 예술이 보는 사람들에게 강렬한 인상을 준다는 것이에요.

만약 다음에 〈츄파춥스〉 막대사탕을 먹을 기회가 생긴다면, 여러분도 달리처럼 상상력을 발휘해 보세요. '사탕으로만 만들어진 세상은 어떤 모습일까?', '막대사탕의 크기가 빌딩만 하다면 어떤 일이 생길까?' 같은 기발한 생각을 떠올려 보는 거예요. 초현실주의는 단순히 이상한 그림을 그리는 것이 아니라, 우리가 익숙하게 보던 세상을 완전히 새로운 방식으로 바라보는 태도에서 시작돼요.

어휘 풀이

1 **조화**: 여러 가지가 서로 잘 어울리는 상태
2 **독특한**: 다른 것과 뚜렷이 구별되게 특별한
3 **화풍**: 그림을 그리는 방식이나 특징
4 **기이**: 매우 이상하거나 특이함
5 **독창적**: 다른 사람의 것을 따라하지 않고 새롭고 창의적임

이것만은 꼭!

초현실주의란?
꿈이나 상상처럼 현실에서 일어날 것 같지 않은 신기하고 독특한 장면을 표현하는 예술이에요. 초현실주의 작품에는 현실과 비현실이 섞여 있어서 마치 꿈을 꾸는 듯한 느낌을 받을 수 있어요.

국어 실력 팍팍 늘리기

▶ 정답 247쪽

 **어휘력** 다음 한자 어휘를 따라 쓰세요.

• 쓰는 순서는 별도의 활동지를 통해 연습해 보세요.

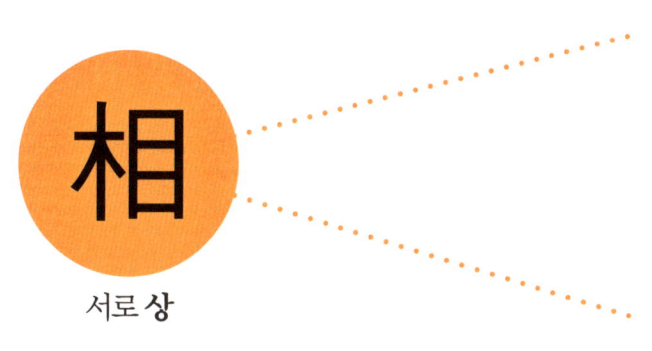

相	談
서로 **상**	말씀 **담**
문제를 해결하기 위해 서로 의논함	

色	相
빛 **색**	서로 **상**
물체가 띠는 고유의 빛깔	

서로 **상**

 **문해력** 신문 기사의 내용과 일치하는 것에 ○표, 일치하지 않는 것에 ×표 하세요.

1. 〈츄파춥스〉 로고는 세계적인 화가 살바도르 달리가 디자인했어요.
2. 살바도르 달리는 〈츄파춥스〉 로고 디자인을 1시간 만에 완성했어요.
3. 달리의 대표작은 녹아내리는 시계로 유명한 '기억의 지속'이에요.
4. 달리의 작품은 대부분 현실과 꿈이 분리된 느낌을 주고 있어요.
5. 초현실주의는 현실에서 일어날 수 있는 장면을 그대로 담는 화풍이에요.

 **작문력** 살바도르 달리를 좋아하는 사람들에게 묻고 싶은 질문을 간단하게 쓰세요.

예시문 살바도르 달리 화가를 좋아하는 이유는 무엇인가요?

잠실 석촌호수에 나타난 16m짜리 랍스터

잠실 석촌호수에 등장한 모형 랍스터

2024년 9월, 서울 잠실의 석촌호수에 16m라는 엄청난 크기의 랍스터가 나타났어요! 물론 실제 랍스터가 아닌 대형 풍선으로 만들어진 모형 랍스터였지만요. 이 작품은 롯데월드몰 오픈 10주년을 기념하는 공공미술 프로젝트에 의해 설치되었다고 해요.

공공미술이란 사람들이 쉽게 볼 수 있는 장소에 예술 작품을 전시하는 것을 말해요. 주로 공원, 거리, 호수 같은 곳에 설치되는데요, 누구나 무료로 감상할 수 있다는 게 특징이에요. 석촌호수에 나타난 풍선 랍스터 프로젝트도 공공미술의 한 예로, 사람들이 일상에서 예술을 더 친근하게 느낄 수 있도록 돕는 역할을 해주었어요.

랍스터를 본 시민들의 반응은 다양했어요. "엄청난 크기와 알록달록한 색이 너무 재미있어요!"라며 작품을 좋아하는 사람도 있었고, "조금 과한 것 같아요. 석촌호수의 평화로운 분위기가 사라진 것 같아요."라는 아쉬움을 표현하는 사람도 있었죠. 하지만 많은 시민들이 랍스터 앞에서 사진을 찍으며, 예술 작품과 가까워지는 시간을 가질 수 있었어요.

만약 석촌호수에 랍스터가 아닌 다른 동물이 전시된다면 어떤 동물이 좋을까요? 또는 여러분이 직접 공공미술 작품을 만든다면 어떤 것을 만들고 싶나요? 어떤 거대한 작품을 호수 위에 띄울 것인지 상상해 보세요!

어휘 풀이

1 **모형**: 실물을 본떠서 만든 물건
2 **전시**: 물건을 보여주려고 내놓아 배치하거나 진열함
3 **감상**: 예술 작품을 이해하여 즐기고 평가함
4 **과한**: 어떤 정도나 한도를 지나친
5 **거대한**: 엄청나게 큰

이것만은 꼭!

공공미술이란?
공원, 거리, 학교, 건물 앞처럼 사람들이 많이 다니는 곳에 설치된 예술 작품이에요. 사람들이 작품 주변에 모여 즐기거나 소통하는 기회를 주기 때문에 '모두를 위한 미술'이라고 불리기도 해요.

국어 실력 팍팍 늘리기

▶ 정답 247쪽

 **어휘력** 어휘와 뜻을 알맞게 연결하세요.

1. 감상 • • ㉠ 어떤 정도나 한도를 지나친

2. 전시 • • ㉡ 엄청나게 큰

3. 거대한 • • ㉢ 예술 작품을 이해하여 즐기고 평가함

4. 모형 • • ㉣ 물건을 보여 주려고 내놓아 배치하거나 진열함

5. 과한 • • ㉤ 실물을 본떠서 만든 물건

 **문해력** 신문 기사의 내용에 맞게 ▨에서 알맞은 표현을 골라 ○ 하세요.

1. 공공미술은 사람들이 쉽게 볼 수 있는 **미술관 / 공원이나 거리** 같은 곳에 전시돼요.

2. 석촌호수의 랍스터 프로젝트는 **공공미술 / 추상미술** 의 한 예로, 예술을 친근하게 느끼게 돕는 역할을 해요.

3. 시민들은 랍스터 작품 앞에서 **그림을 그리며 / 사진을 찍으며** 예술 작품과 가까워지는 시간을 보냈어요.

 **작문력** 신문 기사 속 단어를 넣어 자유롭게 한 문장을 쓰세요.

1. **모형** 예시 박람회에 자동차 **모형**이 전시되어 있었다.

2. **전시** 예시 미술관에는 다양한 그림들이 **전시**되어 있었다.

092 잠실 석촌호수에 나타난 16m짜리 랍스터

아동 문학계의 노벨상, 알마상을 받은 작가는?

바닥에 엎드려 동화책을 읽고 있는 한 어린이

'아동 문학계의 노벨상'으로 불리는 '아스트리드 린드그렌상(알마상)'을 받은 작가가 우리나라에도 있다는 사실을 알고 있나요? 그 주인공은 《구름빵》이라는 동화로 유명한 백희나 작가예요. 백희나 작가는 2020년, 한국인 최초로 어린이책 작가에게 주어지는 가장 권위 있는 상을 받으셨어요.

알마상은 2002년에 스웨덴에서 시작된 상으로서, 세계적인 아동문학 작가 '아스트리드 린드그렌'을 추모하기 위해 만들어졌다고 해요. 이 상은 매년 어린이와 청소년을 위한 문학을 발전시키는 데 기여한 작가나 일러스트레이터에게 주어져요. 특히, 알마상은 단순히 작품성뿐만 아니라, 어린이와 청소년의 삶에 긍정적인 변화를 끌어내는 창작자들을 선정한다는 점에서 특별한 의미가 있어요. 이 상의 수상자는 세계적으로 주목받으며, 그의 작품은 더 많은 어린이에게 희망과 영감을 줄 수 있는 기회를 얻게 돼요.

백희나 작가는 《구름빵》을 비롯해 《장수탕 선녀님》, 《알사탕》, 《달샤베트》와 같은 마음이 따뜻해지는 이야기를 그림책으로 만들어 왔어요. 그녀의 책은 종이 인형과 미니어처를 이용한 독특한 스타일로 유명해요. 이러한 창의성과 뛰어난 구성 덕분에 독자들은 그녀가 쓴 동화를 읽을 때마다 마치 작품 속 주인공들이 실제로 살아 움직이는 것 같은 느낌을 받는다고 해요.

어휘 풀이

1 **권위**: 사람들에게 인정받는 높은 신뢰나 힘
2 **일러스트레이터**: 그림을 그려 책, 잡지 등에 삽화를 넣는 사람
3 **선정**: 여럿 중에서 고름
4 **미니어처**: 실제 물건을 작게 축소해서 만든 것
5 **구성**: 여러 요소를 모아 하나로 만듦

이것만은 꼭!

아스트리드 린드그렌은 어떤 사람일까?
스웨덴의 유명한 동화 작가로, '내 이름은 삐삐 롱스타킹'을 쓴 작가이자 예술가예요. 100개 이상의 언어로 번역된 그녀의 책들은 어린이들의 상상력을 자극하는 내용이 많아요.

국어 실력 팍팍 늘리기

어휘력 — 다음 뜻에 어울리는 어휘를 쓰세요.

1. _____ : 여럿 중에서 고름
2. _____ : 실제 물건을 작게 축소해서 만든 것
3. _____ : 여러 요소를 모아 하나로 만듦
4. _____ : 사람들에게 인정받는 높은 신뢰나 힘
5. _____ : 그림을 그려 책, 잡지 등에 삽화를 넣는 사람

문해력 — 빈칸에 알맞은 단어를 신문 기사에서 찾아 쓰세요.

1. 알마상은 스웨덴에서 시작된 아동 문학계의 _____ 으로 불려요.
2. 백희나 작가는 한국인 _____ 로 알마상을 받은 작가예요.
3. 《구름빵》은 백희나 작가의 대표적인 _____ 작품이에요.
4. 알마상은 어린이와 _____ 을 위한 문학을 발전시키는 데 기여한 사람에게 주어져요.
5. 백희나 작가는 종이 인형과 _____ 를 이용한 독특한 그림책 스타일로 유명해요.

작문력 — 신문 기사의 주요 내용을 요약한 글을 따라 쓰세요.

《구름빵》으로 유명한 백희나 작가가 2020년, 한국인 최초로 스웨덴의 알마상을 수상했어요. 알마상은 '아동 문학계의 노벨상'으로 불리는 상으로, 아동문학 발전에 이바지한 작가나 일러스트레이터에게 주어져요. 그녀의 작품은 독자들에게 주인공들이 실제로 살아 움직이는 듯한 느낌을 전하며 큰 사랑을 받고 있어요.

AI 로봇이 그린 예술 작품, 15억 원에 낙찰되다!

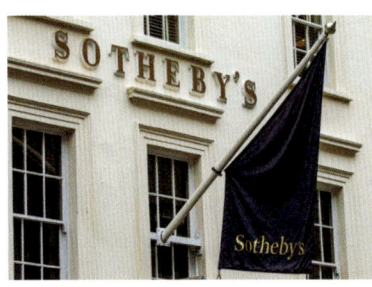

런던에 위치한 소더비 경매사

2024년 11월, AI 로봇 아이다(Ai-Da)가 그린 그림이 경매에서 무려 15억 원에 낙찰되었어요. 이 작품은 세계적인 경매사 소더비에서 판매되었는데, 전문가들은 이번 사건을 두고 "예술계에 새로운 시대가 열렸다."라고 말했어요.

아이다는 세계 최초의 AI 예술가 로봇이에요. 아이다의 눈에는 카메라가 있어, 사물을 관찰할 수 있어요. 또한 생체공학적으로 설계된 손도 있어 사람처럼 붓을 잡고 그림을 그릴 수 있어요. 또한 단순히 그림을 보고 그리는 게 아니라 사람처럼 창의적으로 생각하면서 작품을 완성한다고 해요. 심지어 작품에 관한 설명, 자기 작품을 통해 사람들에게 어떤 메시지를 던지려고 했는지도 설명할 수 있고요.

이번 예술 작품 판매 소식을 들은 전문가들은 "AI가 인간의 예술성을 따라잡는 놀라운 시대가 열렸다."라며 긍정적으로 평가했어요. 하지만 일부 네티즌들은 "사람이 그린 작품보다 AI가 그린 작품이 더 비싸다니, 뭔가 이상해요.", "AI가 예술가의 자리까지 위협하면 이젠 어떡하죠?"라며 의문을 제기하기도 했어요.

AI 로봇이 그린 그림이 100만 달러가 넘는 금액에 팔리는 세상. 앞으로 AI 로봇은 더 뛰어난 작품을 만들어 내게 될 거예요. 여러분은 AI와 함께 어떤 작품을 만들어 보고 싶나요?

어휘 풀이

1 **경매**: 물건을 팔 때, 가장 높은 가격을 제시한 사람에게 파는 일
2 **판매**: 값을 받고 상품을 팖
3 **생체공학**: 생물의 구조와 기능을 연구해 기술에 응용하는 학문
4 **완성**: 어떤 일을 다 이루어 완전한 것으로 만듦
5 **제기**: 의견을 내어놓음

이것만은 꼭!

소더비 경매사란?
세계적으로 유명한 경매 회사예요. 소더비 경매는 단순히 물건을 사고파는 것뿐만 아니라, 세계에서 아주 귀하고 특별한 물건들이 어떤 가치를 가졌는지 알려주는 중요한 역할을 해요.

국어 실력 팍팍 늘리기

▶ 정답 247쪽

어휘력 다음 한자어가 들어간 사자성어를 따라 쓰세요.

• 쓰는 순서는 별도의 활동지를 통해 연습해 보세요.

| 體 몸 체 | 一 한 일 | 心 마음 심 | 同 한가지 동 | 體 몸 체 |

뜻 : 한 마음 한 몸이라는 뜻으로 서로 힘을 모아 결합함

一　心　同　體

문해력 신문 기사의 주요 단어를 빈칸에 쓰세요.

2024년 11월, 세계 최초의 AI 로봇 ◯◯◯ 가 그린 그림이 ◯◯ 에서 15억 원에 팔렸어요. 아이다는 ◯◯ 로 사물을 관찰하고 생체공학적 손으로 창의적인 그림을 그리는 능력을 갖췄어요. 이번 일은 예술계에서 AI의 가능성을 긍정적으로 평가받는 계기가 되었어요.

작문력 다음 내용에 대한 나의 의견을 쓰세요.

> AI 로봇은 인간보다 창의적인 예술 작품을 만들어 낼 수 없다.

나는 이 의견에 (찬성 / 반대)한다. 그 이유는

094 AI 로봇이 그린 예술 작품, 15억 원에 낙찰되다!

반 고흐가 직접 그린 그림이 한국에 오다!

미술관에 전시된 반 고흐의 그림 〈자화상〉

2024년 11월, 세계적인 화가 반 고흐의 그림들이 예술의 전당에 전시되었어요. 이번 전시는 12년 만에 열린 행사로, 〈자화상〉, 〈감자 먹는 사람들〉 같은 그의 대표적인 걸작들을 볼 수 있었어요. 전시된 작품들의 가치가 무려 1조 원을 넘는 큰 전시였어요.

반 고흐는 네덜란드에서 태어난 화가로, 생전에 900점이 넘는 그림을 그렸지만, 살아 있을 때는 단 한 점의 그림만 팔릴 정도로 주목받지 못했어요. 하지만 그가 사망한 후에 그의 그림은 강렬한 색감과 독특한 붓질로 많은 사람들에게 사랑받게 되었어요. 〈별이 빛나는 밤에〉, 〈해바라기〉, 〈의사 가셰의 초상〉 등의 그림이 반 고흐를 대표하는 그림이에요.

예술의 전당 한가람미술관의 전시실을 찾은 관람객들은 반 고흐의 그림을 보며 감탄을 금치 못했어요. 한 관람객은 "그림 속에서 고흐의 감정을 느낄 수 있어서 감동적이었다."라고 말했어요. 또 다른 관람객은 "사진이나 영상으로만 보던 작품을 실제로 보니 훨씬 생동감이 넘쳤다."라는 소감을 전했어요.

이번 전시는 전 세계인들이 사랑하는 불멸의 화가, 반 고흐와 그의 예술 세계를 더 깊이 이해할 수 있는 좋은 기회가 되어 주었어요. 만약 반 고흐가 지금 살아있었다면, 현대의 풍경이나 도시, 또는 사람들의 일상을 그의 독창적인 시선으로 어떻게 그렸을까요?

어휘 풀이

1 **전당**: 중요한 목적을 위해 세운 큰 건물
2 **자화상**: 스스로 그린 자기의 초상화
3 **감탄**: 훌륭하거나 놀라운 것을 보고 크게 느낌
4 **생동감**: 살아 움직이는 듯한 느낌
5 **불멸**: 영원히 사라지지 않고 없어지지 않음

이것만은 꼭!

반 고흐는?
네덜란드 출신의 유명한 화가로, 강렬한 색감과 독특한 붓질로 그림을 그린 사람이에요. 자연과 사람들을 사랑한 그의 그림에는 농부, 들판, 하늘 같은 일상적인 모습이 자주 등장해요.

▶ 정답 247쪽

국어 실력 팍팍 늘리기

어휘력 신문 기사의 내용에 알맞도록 〈보기〉에서 어휘를 찾아 쓰세요.

> 보기　　자화상　　색감　　생동감　　주목

❶ 이번 전시에서 반 고흐의 대표작 중 하나인 〈(　　　)〉을 볼 수 있었어요.

❷ 반 고흐는 살아 있을 때 한 점의 그림만 팔릴 정도로 (　　　)받지 못한 화가였어요.

❸ 반 고흐의 그림은 강렬한 (　　　)과 독특한 붓질로 유명해요.

❹ 한 관람객은 "고흐의 그림을 실제로 보니 사진보다 훨씬 (　　　)이 넘쳤다."라는 소감을 전했어요.

문해력 아래 질문에 맞는 답을 골라 번호에 ○ 하세요.

다음 중 이번 반 고흐 전시회의 특징을 가장 잘 설명한 것은 무엇인가요?

① 반 고흐의 생애 동안 판매된 모든 그림을 전시한 행사였어요.
② 반 고흐의 그림이 대중 앞에 처음으로 공개된 전시였어요.
③ 반 고흐의 작품과 그의 감정을 깊이 이해할 기회를 제공한 전시였어요.
④ 사진이나 영상만으로도 작품의 생동감을 완벽히 느낄 수 있는 전시였어요.
⑤ 반 고흐의 작품 하나가 처음으로 1조 원 이상의 가치를 인정받은 행사였어요.

작문력 다음 질문에 대한 답을 쓰세요.

❶ 신문 기사에 나온 반 고흐의 대표 작품에는 무엇이 있나요?

❷ 이번 전시를 관람한 사람들은 어떤 느낌을 받았다고 했나요?

아시아 최대 영화제, 부산국제영화제 이야기

부산국제영화제가 열린 건물 입구

매년 가을이면 부산광역시는 이곳을 찾는 전 세계의 영화 팬과 전문가들로 크게 붐벼요. 그 이유는 부산국제영화제(BIFF)에 참여하기 위해 수십만 명의 사람들이 부산을 방문하기 때문이에요. 이 영화제는 도쿄국제영화제, 홍콩국제영화제와 함께 아시아 3대 영화제 중 하나로 꼽혀요.

부산국제영화제는 1996년에 처음 시작됐어요. 한국 영화가 세계적으로 덜 알려졌던 시절, 한국과 아시아의 영화를 세계에 알리기 위해 영화제가 만들어졌어요. 10일간 진행되는 영화제 시기에는 영화의전당과 해운대 등 부산 곳곳에서 영화를 상영하고, 감독과 배우가 직접 관객과 소통하는 다채로운 프로그램이 운영돼요.

국제 영화제는 왜 필요할까요? 다양한 나라의 문화를 알 수 있는 영화를 통해 서로 다른 사람들의 삶을 이해하는 데 도움이 되기 때문이에요. 또 영화라는 예술에 관심을 가진 사람들이 모여 아이디어를 교환하면 그동안 생각하지 못했던 창의력이 발휘되어 새로운 작품을 만들 기회를 얻기도 하죠.

부산국제영화제에 직접 가게 된다면 화면에서만 보던 영화감독이나 배우들을 직접 만날 기회가 생길지도 몰라요. 또 영화를 만드는 과정을 체험해 보는 프로그램에 참여할 수도 있겠죠? 이러한 국제 영화제에 참가해서 멋진 추억을 만들어 보고 싶지 않나요?

어휘 풀이

1 **꼽히다**: 어떤 순위나 위치에 포함되다
2 **상영**: 영화나 영상을 사람들에게 보여 줌
3 **다채로운**: 여러 가지 모습이 다양하고 풍부한
4 **발휘**: 가지고 있는 능력이나 힘을 밖으로 드러냄
5 **화면**: 텔레비전이나 컴퓨터 등에서 그림이나 영상이 나타나는 면

이것만은 꼭!

국제 영화제란?
영화감독, 배우, 영화 팬들이 모여 영화를 즐기고, 영화에 관해 이야기하는 자리예요. 관객들도 직접 영화제를 방문해 좋아하는 배우를 만나거나, 영화 상영 후 감독과 대화하는 경험을 할 수 있어요.

▶ 정답 247쪽

국어 실력 팍팍 늘리기

 어휘와 뜻을 알맞게 연결하세요.

1. 발휘 • • ㉠ 여러 가지 모습이 다양하고 풍부한
2. 다채로운 • • ㉡ 텔레비전이나 컴퓨터 등에서 그림이나 영상이 나타나는 면
3. 꼽히다 • • ㉢ 어떤 순위나 위치에 포함되다
4. 화면 • • ㉣ 가지고 있는 능력이나 힘을 밖으로 드러냄
5. 상영 • • ㉤ 영화나 영상을 사람들에게 보여 줌

 신문 기사의 내용과 일치하는 것에 ○표, 일치하지 않는 것에 ✕표 하세요.

1. 부산국제영화제는 아시아 3대 영화제 중 하나예요.
2. 부산국제영화제는 3일 동안 진행되며, 주로 영화의전당에서만 열려요.
3. 이 영화제에서는 감독과 배우가 직접 관객과 소통하는 프로그램도 운영돼요.
4. 국제 영화제는 다양한 나라의 문화를 이해하고 창의력을 발휘할 기회를 제공해요.
5. 부산국제영화제에 가면 영화 제작 과정을 체험할 기회가 생겨요.

 신문 기사의 주요 내용을 요약한 글을 따라 쓰세요.

> 1996년에 시작된 부산국제영화제는 매년 가을 부산에서 열리는 아시아의 대표적인 영화제예요. 이 영화제는 다양한 문화를 이해하고, 창의적인 아이디어를 교환하며, 새로운 작품을 만들 기회를 제공해요. 영화제에 참가한 관객들은 영화감독과 배우들을 직접 만나거나 영화 제작 과정을 체험하며 특별한 경험을 할 수 있어요.

가상현실(VR)로 체험하는 신기한 미술관

VR 헤드셋을 쓰고 미술작품을 감상하는 여성

2024년 3월, 프랑스 파리에 있는 오르세 미술관에서 특별한 전시가 열렸어요. 가상현실 렌즈를 쓰고 인상주의 화가들의 작품 속을 여행하는 체험관이 생긴 거예요. 1874년으로 돌아가 그림 그리는 화가들의 모습을 보는 특별한 경험을 할 수 있었어요.

가상현실 체험관은 VR 렌즈를 쓰고 미술관을 돌아다니며 작품을 감상할 수 있는 공간이에요. 이곳에서는 평면적인 그림을 보는 것뿐만 아니라, 그림으로 들어가 과거의 풍경을 직접 관찰할 수도 있어요. 예를 들어, 모네의 연못 옆에 서 있거나, 야외에서 풍경화를 그리는 인상주의 화가들의 옆을 지나갈 수 있는 거죠. 이런 가상현실 체험관은 우리나라의 국립현대미술관, 도립미술관 등에서도 찾아볼 수 있어요.

가상현실 체험관을 이용한 사람들은 "그림 속 세계에 직접 들어간 거 같아 너무 신기했어요.", "체험관에서 본 작품을 실제로 보니 크게 감동했어요."라며 놀라워했어요. 특히 어린이들은 "그림 속 풍경을 여행하는 거 같아서 지루하지 않았어요."라며 즐거워했죠.

앞으로 더 많은 미술관이 가상현실 기술을 도입할 거라고 해요. 이제 집에서도 미술관에 가지 않고, VR 기기를 통해 세계 유명 미술관의 작품을 감상할 수 있는 시대가 열리게 될 거예요.

어휘 풀이

1 **가상현실**: 컴퓨터 기술로 만들어진, 실제와 비슷하게 느껴지는 환경
2 **평면**: 높이나 깊이가 없이 평평한 면
3 **풍경**: 눈에 보이는 자연이나 거리의 모습
4 **도립**: 공익을 위해 시설 등을 도에서 세우거나 운영함
5 **지루하다**: 재미없고 시간이 느리게 느껴지다

이것만은 꼭!

인상주의 화가들은?
세상의 모습을 자세히 그리기보다는, 순간적으로 느낀 인상이나 분위기를 표현하려고 했어요. 그래서 이 화가들은 밖에 나가 자연을 보면서 그림을 그리는 것을 좋아했어요.

▶ 정답 247쪽

국어 실력 팍팍 늘리기

 다음 한자어가 들어간 사자성어를 따라 쓰세요.   • 쓰는 순서는 별도의 활동지를 통해 연습해 보세요.

낯 면

四　　面　　楚　　歌
넉 **사**　　낯 **면**　　초나라 **초**　　노래 **가**

뜻 : 아무에게도 도움을 받지 못하는 어렵고 힘든 상황에 빠짐

 신문 기사의 내용에 맞게 ▨에서 알맞은 표현을 골라 ○ 하세요.

① 오르세 미술관에서는 챗GPT / **가상현실** 기술을 이용한 체험관이 열렸어요.

② VR 렌즈를 쓰고 인상주의 화가들의 **작품을** / 서재를 여행하는 체험을 할 수 있어요.

③ 가상현실은 집에서도 **유명한 작품을 감상하는** / 화가들과 대화를 나누는 기회를 줄 수 있어요.

 다음 내용에 대한 나의 의견을 쓰세요.

> 미술관에서 가상현실(VR)을 이용하는 것은
> 작품 감상에 방해가 된다.

나는 이 의견에 (찬성 / 반대)한다. 그 이유는

097 가상현실(VR)로 체험하는 신기한 미술관

2026년 스페인의 사그라다 파밀리아가 완성된다!

공사 중인 사그라다 파밀리아 성당의 모습

스페인 바르셀로나의 대표적인 관광 명소인 '사그라다 파밀리아 성당'이 2026년에 완성될 예정이에요. 무려 144년 동안 지어지고 있는 이 건물은 전 세계에서 가장 오래 공사 중인 건축물로도 유명해요.

이 성당을 설계한 사람은 바로 스페인의 유명한 건축가 안토니 가우디예요. 가우디는 자연에서 영감을 받은 독특한 건축 스타일로 잘 알려져 있어요. 그는 곡선과 색깔을 활용해 마치 자연의 일부인 듯한 건물을 만들었어요. 특히 사그라다 파밀리아는 그의 유명한 작품 중 하나로, 가우디가 40년 동안 설계와 건축에 매달린 결과물이에요. 더 흥미로운 사실은 2026년이 성당을 설계한 건축가 안토니 가우디가 세상을 떠난 지 100년째 되는 해라는 점이에요.

가우디는 사그라다 파밀리아에 자연의 모습과 예수님의 생애, 가르침을 담으려고 했어요. 그는 건축가이자 예술가이기도 했지만, 깊은 신앙심을 가진 가톨릭 신자이기도 했으니까요. 하지만 아쉽게도 그동안 전쟁과 재정난, 코로나19 팬데믹 때문에 완성되지 못하고 있었지만 아직 완성되지 않은 현재의 모습도 정말 멋지고 웅장한 느낌을 주는 성당이에요.

여러분은 이렇게 오랜 시간에 걸쳐 완성되는 세계적인 건축물을 직접 보고 싶지 않나요? 사그라다 파밀리아의 모습이 담긴 사진이나 영상을 찾아보는 건 어떨까요?

어휘 풀이

1 **영감**: 창의적인 생각이나 아이디어를 떠올리게 하는 자극
2 **생애**: 한 사람이 태어나서 죽을 때까지의 삶
3 **가톨릭**: 그리스도의 정통 교리를 믿는 종교
4 **재정난**: 돈과 관련된 어려운 상황
5 **웅장한**: 크고 화려하며 기세가 당당한

이것만은 꼭!

안토니 가우디는?
스페인의 유명한 건축가로, 나무, 동물, 꽃 같은 자연의 모습에서 영감을 받아 건축물을 설계했어요. 그가 만든 구엘 공원은 동화 속 세상에 온 것 같은 기분을 느낄 수 있는 장소예요.

국어 실력 팍팍 늘리기

어휘력 다음 한자 어휘를 따라 쓰세요.

• 쓰는 순서는 별도의 활동지를 통해 연습해 보세요.

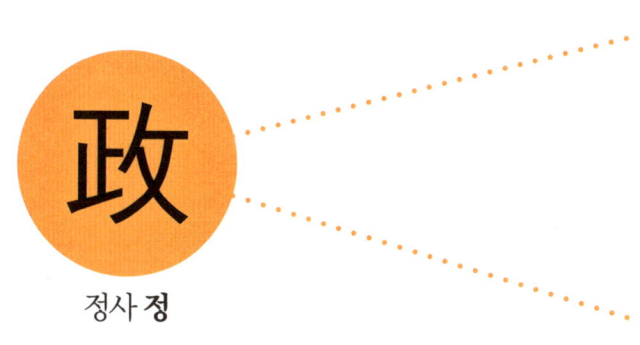

政 정사 정

家	政
집 가	정사 정
가족이 함께 생활하는 집이나 환경	

政	治
정사 정	다스릴 치
나라를 다스리는 활동	

문해력 신문 기사의 주요 단어를 빈칸에 쓰세요.

☐☐☐☐ 성당은 스페인 바르셀로나의 대표적인 관광 명소로, 2026년에 완공될 예정이에요. 144년 동안 건축되고 있는 이 성당은 세계에서 가장 오래 공사 중인 건축물로, 유명한 건축가 ☐☐☐ 의 작품이에요. 가우디는 자연에서 영감을 받아 곡선과 색깔을 활용해 성당 곳곳에 ☐☐ 의 모습과 예수님의 생애를 담아냈어요.

작문력 사그라다 파밀리아 성당에 가 본 관광객들에게 묻고 싶은 질문을 간단하게 쓰세요.

예시문   사그라다 파밀리아 성당에서 어떤 점이 가장 좋았나요?

2년마다 열리는 세계의 비엔날레 이야기

광주 비엔날레가 열린 건물의 모습

전 세계에는 2년마다 열리는 특별한 예술 행사가 있어요. 바로 비엔날레예요. '비엔날레(Biennale)'는 이탈리아어로 '2년마다'라는 뜻이에요. 비엔날레라는 말은 1895년에 열린 이탈리아의 '베니스 비엔날레'에서 처음 사용되었어요.

비엔날레는 미술, 조각, 디자인, 설치 미술 등 다양한 예술 작품을 한곳에서 볼 수 있는 큰 축제예요. 세계 여러 나라에서 온 예술가들이 자신들의 작품을 전시하고, 사람들이 자유롭게 감상하는 장소를 제공하는 것이 특징이죠. 이 행사를 통해 예술은 사람들을 하나로 묶어 주는 힘이 있다는 걸 느낄 수 있어요.

우리나라에도 유명한 비엔날레가 있어요. 바로 광주 비엔날레예요. 이 행사는 1995년에 시작됐고, 지금까지도 2년에 한 번씩 개최되고 있어요. 광주 비엔날레에서는 전통 예술뿐만 아니라 현대적인 예술 작품도 많이 볼 수 있어서 많은 사람이 찾아와요. 최근에는 부산 비엔날레, 제주 비엔날레, 영암 한옥 비엔날레와 같은 다른 비엔날레도 많이 열리고 있어요.

비엔날레는 단순히 작품을 보는 것에 그치지 않아요. 관객이 직접 참여하는 프로그램도 많아서 특별한 경험도 할 수 있어요. 만약 여러분이 비엔날레에 간다면 어떤 작품을 보고 싶나요? 여러분이 작가라면 어떤 주제의 작품을 만들고 싶나요?

어휘 풀이

1 **베니스**: '물의 도시'로 불리는 이탈리아의 유명한 관광 도시
2 **개최**: 행사를 열어 진행함
3 **전통**: 오래전부터 이어져 내려온 생활 방식이나 문화
4 **관객**: 공연, 영화 등을 보러 온 사람들
5 **주제**: 중심이 되는 생각이나 내용

이것만은 꼭!

비엔날레가 필요한 이유는?
예술가들에게는 자신을 알릴 기회이고, 관람객들에게는 전 세계의 예술 작품을 볼 수 있기 때문이에요. 사람들은 비엔날레를 통해 예술을 더 가까이에서 즐길 수 있어요.

▶ 정답 248쪽

국어 실력 팍팍 늘리기

어휘력 다음 뜻에 어울리는 어휘를 쓰세요.

1. _____ : 중심이 되는 생각이나 내용
2. _____ : 오래전부터 이어져 내려온 생활 방식이나 문화
3. _____ : 공연, 영화 등을 보러 온 사람들
4. _____ : 행사를 열어 진행함
5. _____ : '물의 도시'로 불리는 이탈리아의 유명한 관광 도시

문해력 빈칸에 알맞은 단어를 신문 기사에서 찾아 쓰세요.

1. '비엔날레(Biennale)'는 이탈리아어로 '_____'라는 뜻이에요.
2. _____ 이 사람들을 하나로 묶어 주는 힘이 있다는 걸 비엔날레를 통해 느낄 수 있어요.
3. 광주 비엔날레는 _____ 년에 시작되어 지금까지 이어지고 있어요.
4. 최근에는 _____, 제주, 영암 등에서도 비엔날레가 열리고 있어요.
5. 비엔날레에는 작품을 보는 것에 그치지 않고 관객이 직접 _____ 하는 프로그램도 많아요.

작문력 다음 질문에 대한 답을 쓰세요.

1. 비엔날레는 어떤 종류의 예술 작품을 볼 수 있는 행사인가요?

2. 광주 비엔날레에 많은 사람들이 찾아오는 이유가 무엇인가요?

한국의 모나리자, 신윤복의 〈미인도〉

신윤복의 〈미인도〉
(출처: 간송미술문화재단)

살짝 고개를 돌린 여인이 짓고 있는 부끄러운 듯한 미소. 조선 최고의 화가 중 한 명으로 꼽히는 혜원 신윤복의 〈미인도〉 속 인물의 모습이에요. 2024년 9월, 서울 간송미술관의 분관이 대구광역시 수성구에 생겼어요. 바로 이곳에 〈미인도〉가 있어요.

〈미인도〉는 조선 후기 화가 신윤복이 그린 작품이에요. 그림 속 여인은 한복을 입고, 다소곳한 자세를 취한 채 살짝 부끄러운 듯 미소를 짓고 있어요. 비단에 채색된 이 작품은 조선의 미인도 중 최고의 걸작으로 꼽히며, 한국의 모나리자라고 불려요.

미술관에서 〈미인도〉를 직접 본 사람들은 "그림 속 여인의 미소가 마치 나에게 말을 거는 거 같아요.", "그림의 색감과 섬세한 표현이 정말 멋져요."라는 감상평을 남기며 신윤복의 뛰어난 관찰력과 그림 실력을 칭찬했어요. 전시실을 방문한 사람들은 그림에 나타난 섬세한 곡선과 은은하면서도 아름다운 채색에 감탄하며, 조선 시대 여인의 우아한 모습과 신윤복 특유의 세밀한 표현력에 대해 깊은 인상을 받았다고 해요.

〈미인도〉 속 여인은 부끄러운 듯 수줍은 미소를 짓고 있는데, 그 미소에는 여러 가지 감정과 생각이 담겨 있을지도 몰라요. 여러분도 이 여인의 비밀스러운 미소를 가까이에서 보고, 그 속에 담긴 이야기를 떠올려 보고 싶지 않나요?

어휘 풀이

1 **분관**: 본관에서 나뉘어 따로 세운 건물
2 **다소곳한**: 얌전하고 공손한 태도를 보이는
3 **은은**: 겉으로 두드러지지 않으면서도 부드럽게 퍼짐
4 **세밀한**: 아주 자세하고 꼼꼼한
5 **수줍은**: 남 앞에서 부끄러워하거나 말이 적은

이것만은 꼭!

신윤복은?
조선 후기 화가로 사람들의 모습을 재미있고 생생하게 그렸어요. 사람들의 일상과 감정을 잘 표현해서, 〈미인도〉나 〈단오풍정〉과 같은 그림을 보면 그 장면을 직접 보는 것 같은 느낌이 들어요.

▶ 정답 248쪽

국어 실력 팍팍 늘리기

 신문 기사의 내용에 알맞도록 〈보기〉에서 어휘를 찾아 쓰세요.

보기   미소   관찰력   채색   화가

1 신윤복은 조선 최고의 (   ) 중 하나로 꼽혀요.

2 〈미인도〉에 있는 여인의 부끄러운 듯한 (   )는 관람객들에게 깊은 인상을 주었어요.

3 〈미인도〉는 비단에 (   )된 작품으로, 섬세하고 은은한 표현이 돋보여요.

4 〈미인도〉를 본 사람들은 신윤복의 뛰어난 (   )과 그림 실력을 칭찬했어요.

 아래 질문에 맞는 답을 골라 번호에 ○ 하세요.

다음 중 신윤복의 〈미인도〉가 한국의 대표적인 예술 작품으로 평가받는 이유는 무엇인가요?

① 〈미인도〉는 조선 후기 신윤복의 유일한 작품으로 여겨지기 때문이에요.
② 작품 속 여인의 표정이 모나리자의 미소와 완벽히 일치하기 때문이에요.
③ 〈미인도〉는 한국 최초로 해외에서 전시된 조선 시대 그림이기 때문이에요.
④ 신윤복은 조선 시대에 유일하게 여성의 모습을 그린 화가이기 때문이에요.
⑤ 작품 속 여인의 모습을 세밀하게 그려낸 표현력과 채색이 돋보이기 때문이에요.

 신문 기사 속 단어를 넣어 자유롭게 한 문장을 쓰세요.

1 **채색** 예시 나는 연필로 스케치를 하고 물감을 사용해 **채색**했다.

2 **걸작** 예시 그 작품은 모두가 감탄할 만한 **걸작**이었다.

100 한국의 모나리자, 신윤복의 〈미인도〉

내가 영화감독이 된다면?

 미래에 내가 영화감독이 되어 부산국제영화제와 같은 세계적인 영화제에 내가 만든 영화를 출품하게 된다면, 그 영화는 어떤 영화일지 설명해 보세요.

내가 만들고 싶은 영화의 제목 :

내 영화에 출연하는 등장인물 :

영화의 줄거리 :

내가 만든 영화의 포스터를 그려 보세요.

정답 및 모범 답안

1장 : 경제	232
2장 : 사회	233
3장 : 문화	235
4장 : 역사	237
5장 : 환경	238
6장 : 국제	240
7장 : 스포츠	241
8장 : 과학	243
9장 : 교육	245
10장 : 예술	247

작문력의 답안은 정답이 아니며, 여러분이 참고하도록 작성한 예시 답안이에요. 여러분이 상상하여 쓴 모든 글이 정답이 될 수 있어요.

1장 : 경제

001 두바이 초콜릿, 너도 사 먹고 싶니?

문해력
❶ ✕ ❷ ○ ❸ ○ ❹ ○ ❺ ✕

작문력
비싼 두바이 초콜릿이 그만한 가치가 있다고 생각하나요?

002 37년 만에 처음으로 1만 원을 넘은 최저임금

어휘력
❶ ㉡ ❷ ㉢ ❸ ㉤ ❹ ㉠ ❺ ㉣

문해력
❶ 최소한의 ❷ 필수적이라고 ❸ 반대

작문력
❶ **근로자**들은 최저임금 제도의 변화를 관심 있게 지켜보고 있다.
❷ 많은 **소상공인**들이 가게 운영비를 줄이기 위해 다양한 방법을 고민하고 있다.

003 국제 밀 가격이 하락하면 과잣값이 싸진다고?

어휘력
❶ 수확 ❷ 공급 ❸ 수치 ❹ 정세 ❺ 하락

문해력
❶ 밀 ❷ 200 ❸ 생산량 ❹ 내려갈 ❺ 정세

004 중고 거래로 환경도 지키고 돈도 벌어요!

문해력
중고 거래, 환경 보호, 경제적 이익

작문력
찬성 : 중고 거래가 자원을 절약하고, 버려지는 물건을 줄여 환경 보호에 도움이 되기 때문이다. 또한, 중고 거래를 통해 필요한 물건을 더 저렴하게 살 수 있어 경제적으로도 장점이 많다.
반대 : 중고 거래를 할 때 물건의 상태를 정확히 알기 어려워 실망하거나, 문제가 생겨도 보상받기 어려운 경우가 있기 때문이다. 또 중고 거래를 잘못 이용하면 사기나 개인정보 유출 같은 위험도 생길 수 있어 조심해야 한다.

005 초등학생들에게도 경제 교육이 필요할까?

어휘력
❶ 체결 ❷ 금융 ❸ 디지털 ❹ 시스템

문해력
④

작문력
❶ 초등학생 시기에 경제 교육이 필요한 이유는 금융 지식과 소비 습관이 어릴 때부터 형성되기 때문이다.
❷ 디지털 경제의 발달로 아이들이 접할 수 있게 된 새로운 경제 개념에는 간편 결제 서비스와 가상화폐 같은 개념들이 있다.

006 장난감 가격의 상승과 장난감 도서관의 인기

어휘력
❶ ㉤ ❷ ㉣ ❸ ㉡ ❹ ㉠ ❺ ㉢

문해력
❶ ✕ ❷ ○ ❸ ✕ ❹ ○ ❺ ○

007 초등학생 용돈, 얼마가 적당할까?

문해력
❶ 지나치게 적거나 많으면 ❷ 낭비 ❸ 있어요

작문력
찬성 : 용돈을 많이 받으면 돈을 관리하고 계획적으로 사용하는 습관을 일찍부터 기를 수 있기 때문이다. 또, 친구들과의 모임이나 원하는 것을 사는 데 쓸 수 있어서 자립심과 책임감도 함께 키울 수 있다.

반대 : 용돈이 너무 많으면 돈의 가치를 잘못 이해하고 낭비하는 습관이 생길 수 있기 때문이다. 적당한 용돈을 받아야 금전 관리와 절약을 배우고, 책임감 있게 소비하는 법을 익힐 수 있다.

008 AI 아나운서가 뉴스에 나온다니!

문해력
AI, 대체, 교감

작문력
AI 아나운서가 늘어나면 인간 아나운서는 어떤 역할을 해야 하나요?

009 기후 변화가 농산물 가격에 미치는 영향

어휘력
❶ 재배 ❷ 상승률 ❸ 배출 ❹ 폭염 ❺ 대응

문해력
❶ 물가 ❷ 재배 ❸ 상승 ❹ 농산물 ❺ 품종

작문력
❶ 기후 변화로 인해 농산물 가격이 오르는 현상을 '기후플레이션'이라고 한다.
❷ 기후 변화로 인한 문제를 해결하기 위해 우리가 할 수 있는 해결책은 온실가스 배출을 줄이고 지속 가능한 농업 시스템을 도입하는 방법이 있다. 또, 기후 적응형 품종을 개발하여 변화하는 환경에 맞춰 농업 구조를 변화시킬 수도 있다.

010 알리익스프레스? 테무? 해외 직구족이 늘어난 이유

어휘력
❶ 유통 ❷ 배송 ❸ 유해 ❹ 관세

문해력
③

작문력
❶ 생일인 사람은 오늘 발표 숙제를 **면제**해 준다고 한다.
❷ **해외 직구**로 물건을 사면 한국에서 사는 것보다 싸게 살 수 있다.

2장 : 사회

011 내가 본 뉴스가 가짜일 수도 있을까?

문해력
❶ ○ ❷ × ❸ ○ ❹ × ❺ ○

작문력
사람들에게 가짜 뉴스를 퍼뜨리는 이유는 무엇인가요?

012 "엄마, 티니핑 사주세요." 뜨거운 티니핑의 인기

어휘력
❶ ㉢ ❷ ㉣ ❸ ㉠ ❹ ㉤ ❺ ㉡

문해력
❶ 107종 ❷ 수집형 캐릭터 ❸ 필요하지 않은 물건을

작문력
❶ 행사에 참여하면 작은 **상품**을 받을 수 있다고 해서 친구들과 함께 갔다.
❷ 나는 장난감 자동차를 **수집**하는 취미가 있다.

013 숏폼의 시대, 숏폼의 매력과 문제점

어휘력
❶ 과의존 ❷ 조절 ❸ 자극적 ❹ 현명 ❺ 강렬한

문해력
❶ 숏폼 ❷ 재미 ❸ 과의존 ❹ 조절 ❺ 집중력

014 '다문화 학생'을 '이주배경학생'으로 불러 주세요!

문해력
이주배경학생, 차별, 다양성

작문력
찬성 : 이주배경학생만을 위한 지원이 지나치면, 오히려 다른 학생들과의 형평성이 어긋날 수 있기 때문이다. 또한 모든 학생에게 똑같이 기회를 주는 것이 더 공정하다는 의견도 있다.
반대 : 이주배경학생의 수가 점점 늘어나고 있고, 이들이 한국에서 잘 살 수 있도록 도와주는 교육 지원이나 제도가 필요하기 때문이다.

015 달리기하는 러닝 크루가 민폐족이 된 이유는?

어휘력
❶ 무질서 ❷ 공공장소 ❸ 제한 ❹ 규칙

문해력
④

작문력
❶ 러닝 크루가 최근 논란이 되는 이유는 러닝 크루가 공공장소에서 무질서를 일으키며 다른 사람들에게 불편을 주기 때문이다.
❷ 러닝 크루 활동을 할 때 공공장소에서 다른 사람들에게 피해를 주지 않으려면 러닝 크루에서 규칙을 정하고 이를 지키는 것이 중요하다. 예를 들어, 좁은 길에서는 한 줄로 가거나 음악을 시끄럽게 틀지 말아야 한다.

016 무인 아이스크림 가게는 왜 늘어날까?

어휘력
❶ ㅁ ❷ ㄷ ❸ ㄴ ❹ ㄹ ❺ ㄱ

문해력
❶ × ❷ ○ ❸ ○ ❹ ○ ❺ ×

017 어린이 5명 중 1명이 비만이라니!

문해력
❶ 과체중 ❷ 줄어들었기 ❸ 규칙적인 운동을

작문력
찬성 : 체육 시간이 늘어나면 운동을 많이 하게 되어 적당한 체중을 유지할 수 있기 때문이다.
반대 : 체육 시간을 늘리면 다른 중요한 과목의 공부 시간이 줄어들 수 있기 때문이다. 또, 운동을 싫어하거나 몸이 약한 학생들에게는 체육 시간이 오히려 부담될 수 있다.

018 아이들이 못 들어가는 노키즈존은 왜 생겼을까?

문해력
배려, 국가인권위원회, 출입

작문력
아이들이 환영받는 공간을 만들기 위해 어른들이 할 수 있는 노력은 무엇일까요?

019 결혼식 축의금을 키오스크로 낸다고?

어휘력
❶ 절도 ❷ 하객 ❸ 누리꾼 ❹ 삭막하다 ❺ 액수

문해력
❶ 축의금 ❷ 식권 ❸ 절도 ❹ 삭막하다 ❺ 편리함

작문력
① 축의금 키오스크는 축의금 절도와 빈 봉투 사기를 막기 위해 도입되었다.
② 축의금 키오스크 사용을 반대하는 사람들은 기계를 통한 축의금 전달이 삭막하며, 전통적인 방식이 더 정감 있다고 주장한다.

020 추석 폭염, 역대급 9월 무더위

어휘력
① 경보 ② 온난화 ③ 상승 ④ 재활용품

문해력
②

작문력
① 어젯밤 **폭우**가 내려서 길가에 물이 많이 고였다.
② 지구 온난화는 **기후 변화**의 한 가지 원인이라고 한다.

3장 : 문화

021 레고로 만든 스포츠카가 실제 주행을 한다고?

문해력
① ○ ② × ③ × ④ ○ ⑤ ○

작문력
다음에는 어떤 종류의 레고를 만들고 싶나요?

022 케이팝, 왜 세계적으로 인기가 많을까?

어휘력
① ㉡ ② ㉠ ③ ㉣ ④ ㉢ ⑤ ㉤

문해력
① 화려한 뮤직비디오 ② 긍정적인 이미지 ③ 쉽게 따라 하게

작문력
① 그 사람은 뮤지컬의 **안무**를 담당하고 있다.
② 이 영화는 주로 10대와 20대 **연령대**의 관객들에게 인기가 많다고 한다.

023 미국 학부모들 사이에서 부는 '태권도' 열풍

어휘력
① 채택 ② 규범 ③ 픽업 ④ 단련 ⑤ 연맹

문해력
① 태권도장 ② 규범 ③ 시드니 ④ 셔틀버스 ⑤ 성장

024 한국인 최초로 영국 그라모폰상을 받은 피아니스트

문해력
피아니스트, 2관왕, 클래식

작문력
찬성 : 임윤찬이 세계적인 시상식에서 2관왕을 차지하며, 그의 연주가 전 세계적으로 극찬을 받은 것이 한국 클래식 음악의 위상을 높였기 때문이다.
반대 : 임윤찬 개인의 성과가 곧바로 한국 클래식 전체의 성과를 대표한다고 보기는 어렵기 때문이다. 클래식 음악을 세계에 알리기 위해서는 한 사람의 성공보다 꾸준한 지원과 다양한 음악가들의 활동이 함께 이뤄져야 한다.

025 100만 명이 즐기는 서울세계불꽃축제

어휘력
① 예산 ② 사회 공헌 ③ 연출 ④ 혼잡

문해력
④

작문력
① 서울세계불꽃축제는 2000년부터 시작되었다.
② 한국팀은 원효대교와 마포대교 사이에서 동시에 터지는 '쌍둥이 불꽃'을 연출했다.

026 뉴욕에 생긴 세계 최대의 '한글벽'

어휘력
① ㉠ ② ㉡ ③ ㉢ ④ ㉣ ⑤ ㉣

문해력
① ○ ② × ③ ○ ④ ○ ⑤ ×

027 한국에도 드디어 노벨 문학상 수상자가 나왔다!

문해력
① 한강 ② 2016년 부커상 ③ 아름다운

작문력
찬성 : 한강 작가의 소설은 주제가 무겁고 문체가 철학적이어서 대중적인 인기를 얻기는 어렵기 때문이다. 주로 문학에 관심이 많은 독자들 사이에서 읽히는 경우가 많다는 의견도 있기 때문이다.
반대 : 한강 작가의 소설이 부커상을 받은 이후 전 세계적으로 번역되면서 많은 독자들에게 사랑받고 있고, 한국 문학을 세계에 알리는 데 큰 역할을 했기 때문이다.

028 스페인의 토마토 축제 '라 토마티나'

문해력
라 토마티나, 농부, 문화

작문력
'라 토마티나' 축제에서 가장 기억에 남는 순간은 언제인가요?

029 전 세계에서 사랑받는 한국 드라마

어휘력
① 섬세 ② 판타지 ③ 자막 ④ 검색량 ⑤ 공감

문해력
① 검색량 ② 10위권 ③ 판타지 ④ 감정 표현 ⑤ 자막

작문력
① 글로벌 스트리밍 서비스는 자막 서비스를 제공하여 어느 나라의 드라마든 쉽게 볼 수 있도록 했다. 따라서 한국 드라마도 이에 힘입어 인기를 얻게 되었다.
② 한국 드라마는 흥미로운 스토리, 감정적인 캐릭터, 현실과 판타지를 넘나드는 독특한 설정 등으로 전 세계에서 사랑을 받게 되었다.

030 단 하나뿐인 '나만의 우표'를 만들어 볼까?

어휘력
① 우표 ② 발행 ③ 기념품 ④ 창구

문해력
③

작문력
① 선생님께 감사한 마음을 담아 **엽서**에 짧은 글을 적었다.
② 친구가 직접 만든 팔찌를 인터넷에서 **홍보**하고 판매했다.

4장 : 역사

031 거북선의 유효 사거리는 15m!

문해력
❶ ○ ❷ ○ ❸ ○ ❹ × ❺ ○

작문력
거북선의 연구 결과를 현대 해군 전술에 어떻게 활용할 수 있을까요?

032 한글을 집현전 학자들이 만들었다고?

어휘력
❶ ㉣ ❷ ㉤ ❸ ㉠ ❹ ㉢ ❺ ㉡

문해력
❶ 학자들과 함께 ❷ 세종대왕 ❸ 집현전 학자들

작문력
❶ 아빠가 **손수** 만든 책상을 나한테 선물해 주셨다.
❷ 그 소설가는 6개월 만에 소설 **집필**을 끝냈다.

033 역사상 최악의 해양 사고, 타이타닉호의 침몰

어휘력
❶ 탐사 ❷ 잔해 ❸ 회수 ❹ 침몰 ❺ 논쟁

문해력
❶ 빙산 ❷ 동상 ❸ 침몰 ❹ 해양 ❺ 교육적

034 조선 최고의 모험기, 박지원의 《열하일기》

문해력
열하일기, 청나라, 개혁

작문력
찬성 : 《열하일기》는 청나라의 선진 문물을 배우고 조선의 학문과 경제 발전을 위해 새로운 아이디어를 제시하는 데 이바지했기 때문이다.
반대 : 당시 조선 사회의 전통적인 가치관과 다른 생각을 담고 있어 보수적인 사람들에게 혼란을 줄 수 있었기 때문이다.

035 고대 이집트의 미라, 왜 만들었을까?

어휘력
❶ 영혼 ❷ 제작 ❸ 사후 ❹ 보존

문해력
②

작문력
❶ 고대 이집트 사람들이 미라를 만들며 중요하게 여긴 신념은 죽은 후에도 영혼이 영원히 살 수 있다는 사후 세계에 대한 믿음이었다.
❷ 현대 사람들은 미라가 종교적 신념과 염원을 보여주는 중요한 유물로 연구할 가치가 있다는 의견과, 미라 제작이 과도한 종교 의식이라고 생각하는 의견으로 나뉘어 있다.

036 중세 유럽의 성은 어떻게 만들어졌을까?

어휘력
❶ ㉣ ❷ ㉢ ❸ ㉠ ❹ ㉤ ❺ ㉡

문해력
❶ × ❷ ○ ❸ × ❹ ○ ❺ ×

037 세계 최초의 금속 활자, 《직지》란?

문해력
❶ 프랑스 국립도서관 ❷ 1377년 ❸ 프랑스

작문력
찬성 : 《직지》는 세계에서 가장 오래된 금속활자본으로, 한국의 역사와 문화적 가치를 증명하는 자랑스러운 유산이자 중요한 유물이기

때문이다.
반대 : 현재 《직지》가 보관된 프랑스 국립도서관에서 더 많은 세계인들이 《직지》를 보고 그 가치를 알 수 있기 때문이다. 또, 국제사회에서는 문화유산을 공유하고 보호하는 것도 중요하기 때문에 꼭 우리나라에 있어야만 한다고 주장하기 어렵다.

038 이란의 문화, 히잡 착용의 두 가지 얼굴

문해력
히잡 착용, 교육, 의무화

작문력
히잡을 강제로 착용해야 한다는 법에 대해 어떻게 생각하시나요?

039 역사상 가장 비싼 600억 원에 낙찰된 공룡 화석

어휘력
❶ 발굴 ❷ 고생물학자 ❸ 화석 ❹ 낙찰 ❺ 권리

문해력
❶ 에이펙스 ❷ 고생물학자 ❸ 스테고사우르스 ❹ 연구 ❺ 보호

작문력
❶ '에이펙스'는 지금까지 발견된 스테고사우르스 화석 중 가장 크고 보존 상태가 좋아 과학적으로 중요한 자료로 평가받았기 때문에 높은 가격에 낙찰되었다.
❷ 공룡 화석이 개인 수집가에게 팔릴 경우, 그 수집가가 대중에게 공개하지 않을 가능성이 있기 때문에 과학적 연구와 전시에 부정적인 영향을 미칠 수 있다.

040 70년 만에 고국으로 돌아온 홍범도 장군의 묘비

어휘력
❶ 전투 ❷ 묘비 ❸ 노환 ❹ 독립

문해력
③

작문력
❶ 우리는 할아버지 **묘비** 앞에서 조용히 기도했다.
❷ 그 과학자의 **업적**은 많은 사람들에게 도움을 주었다.

5장 : 환경

041 조금씩 물에 잠기는 섬나라, 투발루

문해력
❶ ○ ❷ × ❸ ○ ❹ ○ ❺ ○

작문력
사는 곳이 물에 잠길 위험에 처하면 어떻게 대비할 건가요?

042 고래와 바다거북은 왜 비닐을 먹었을까?

어휘력
❶ ㉠ ❷ ㉢ ❸ ㉣ ❹ ㉤ ❺ ㉡

문해력
❶ 플라스틱 ❷ 해양 쓰레기 ❸ 줄이고

작문력
❶ 나는 밥을 먹고 난 후 **소화**가 잘 안 돼서 산책을 했다.
❷ 자연을 망가뜨리는 행동은 동물들에게 큰 **위협**이 된다.

043 멸종 위기에 처한 동물들을 보호하는 방법

어휘력
❶ 멸종 ❷ 서식지 ❸ 강화 ❹ 파괴 ❺ 밀렵

문해력
❶ 깃대종 ❷ 서식지 ❸ 밀렵 ❹ 멸종위기종법 ❺ 협력

044 헷갈리는 쓰레기 분리배출

문해력
쓰레기, 분리수거, 기준

작문력
찬성 : 쓰레기 분리배출은 시간이 꽤 걸리고, 분리 방법이 복잡해서 사람들에게 부담이 될 수 있기 때문이다. 또, 잘못 분리하면 오히려 재활용이 어려워지는 경우도 발생한다.
반대 : 쓰레기 분리배출을 하지 않으면 재활용이 어려워지고, 많은 쓰레기가 땅이나 바다를 오염시키기 때문이다.

045 티백 하나에 미세 플라스틱 1,200억 개가 들었다?

어휘력
❶ 티백 ❷ 세포 ❸ 체내 ❹ 종이

문해력
③

작문력
❶ 티백 차에서 미세 플라스틱이 나오는 이유는 티백이 나일론이나 폴리프로필렌 같은 플라스틱 소재로 만들어져, 물에 넣으면 미세 플라스틱이 배출되기 때문이다.
❷ 미세 플라스틱이 체내에 들어가면 세포를 다치게 하거나 염증을 일으켜 몸에 해를 끼칠 가능성이 있다.

046 음식물 쓰레기는 왜 따로 버릴까?

어휘력
❶ ㉡ ❷ ㉢ ❸ ㉠ ❹ ㉣ ❺ ㉣

문해력
❶ ○ ❷ × ❸ ○ ❹ × ❺ ○

047 500ml 페트병으로 옷을 만들 수 있다고?

문해력
❶ 폴리에스테르 ❷ 에너지 ❸ 줄이는

작문력
찬성 : 페트병은 가볍고 휴대하기 편리해서 언제 어디서든 쉽게 사용할 수 있기 때문이다. 또 가격도 저렴하고, 다양한 음료를 담을 수 있다는 장점도 있다.
반대 : 페트병을 많이 쓰면 플라스틱 쓰레기가 늘어나 환경 오염이 심각해지기 때문이다. 따라서 페트병 대신 텀블러나 개인 컵을 사용하는 게 좋다.

048 해파리 로봇이 바다 쓰레기를 청소한다고?

문해력
해양 쓰레기, 해파리 로봇, 플라스틱 오염

작문력
해양 쓰레기를 청소하기 위해 해파리 로봇 이외에 어떤 모양의 로봇을 개발하면 좋을까요?

049 기후 변화로 인해 사라지는 빙하

어휘력
❶ 지형 ❷ 감축 ❸ 규제 ❹ 인류 ❺ 대기

문해력
❶ 빙하 ❷ 지구 온난화 ❸ 대기 ❹ 재생 ❺ 일회용품

작문력
❶ 지구 온난화를 막기 위해 필요한 두 가지 정책은 온실가스 배출을 줄이는 정책과 재생 에너지를 사용하는 정책이 있다.
❷ 신문 기사에서 예로 든 두 가지 친환경 에너지는 태양광과 풍력이다.

050 종이 빨대가 플라스틱 빨대보다 친환경적일까?

어휘력
❶ 친환경 ❷ 재활용 ❸ 이산화탄소 ❹ 대체품

문해력
④

작문력
❶ 수업 시간에 과학 시험 문제에 대한 정답을 두고 **논쟁**이 벌어졌다.
❷ 종이 빨대가 플라스틱 빨대의 좋은 **대체품**이다.

6장 : 국제

051 '웃긴 노벨상', 역대 이그 노벨상 수상자는?

문해력
❶ ○ ❷ × ❸ × ❹ ○ ❺ ○

작문력
상을 받은 연구 주제를 선택하게 된 이유가 무엇인가요?

052 102번째 생일에 스카이다이빙한 할머니가 있다?

어휘력
❶ ㉤ ❷ ㉠ ❸ ㉡ ❹ ㉣ ❺ ㉢

문해력
❶ 참전 ❷ 자동차 경주 ❸ 계속할 수 있다

작문력
❶ **무모**한 행동을 하기 전에 한번 더 생각해 보는 게 좋다.
❷ 그는 열심히 노력하여 어려운 문제를 **극복**했다.

053 싱가포르, 16종의 곤충을 식용으로 승인하다!

어휘력
❶ 승인 ❷ 권장 ❸ 동향 ❹ 식용 ❺ 섭취

문해력
❶ 식용 ❷ 기후 변화 ❸ 탄소 ❹ 식량 ❺ 자원 절약

054 세계에서 가장 물가가 비싼 도시는?

문해력
싱가포르, 물가, 인프라

작문력
찬성 : 생활비, 주거비, 식비 등 모든 것이 비싼 도시에 살면 경제적인 부담이 커질 수 있기 때문이다.
반대 : 물가가 비싼 도시는 더 많은 일자리와 교육, 의료 등 다양한 기회와 편리한 인프라가 잘 갖춰져 있으므로 삶의 질을 높이는 데 도움이 될 수 있기 때문이다.

055 중국에 '결혼학과'가 생긴 이유는?

어휘력
❶ 감소 ❷ 불균형 ❸ 비용 ❹ 제도

문해력
②

작문력
❶ 중국에서 결혼 기피 현상이 일어나는 두 가지 원인은 결혼 적령기 인구 감소와 성비 불균형 때문이다.
❷ 결혼 교육을 통해 어느 정도 결혼이라는 제도를 아는 상태에서 결혼 생활을 시작하면, 결혼에 대한 만족도가 높아져서 결혼하는 사람이 늘어나게 된다.

056 백악관으로 돌아온 트럼프 미국 대통령

어휘력
❶ ㉢ ❷ ㉡ ❸ ㉣ ❹ ㉤ ❺ ㉠

문해력
❶ ○ ❷ × ❸ ○ ❹ ○ ❺ ○

057 수백만 명을 대피하게 만든 허리케인 '밀턴'

문해력
❶ 해양 ❷ 3등급 ❸ 수온

작문력
찬성: 허리케인으로 피해를 입은 사람들은 집과 재산을 잃고 큰 어려움을 겪고 있으므로 우리가 도움을 주어 그들이 다시 일어설 수 있도록 도와야 하기 때문이다.

반대: 피해를 입은 사람들을 도와주고 싶은 마음은 이해되지만, 모든 재난마다 도와주는 것이 현실적으로 어렵고, 미국이 아닌 우리나라에도 도움이 필요한 사람들이 많기 때문이다.

058 기후 변화로 인한 난민, 어디로 가야 할까?

문해력
기후 변화, 난민, 재난 방지

작문력
기후 난민으로서, 국제사회에 바라는 점이 있다면 무엇인가요?

059 행복지수 최고의 나라, 핀란드

어휘력
❶ 복지 제도 ❷ 비결 ❸ 유지 ❹ 여가 ❺ 안전망

문해력
❶ 핀란드 ❷ 덴마크 ❸ 안전망 ❹ 복지 제도 ❺ 여가

작문력
❶ 〈2024 세계행복보고서〉에서 핀란드는 세계에서 가장 행복한 나라로 꼽혔다.
❷ 행복학자들은 경제적 안정 외에 개인의 삶에 대한 만족감, 강력한 사회적 지원 등을 행복의 비결로 꼽고 있다.

060 스웨덴에서는 6살부터 초등학교에 간다?

어휘력
❶ 개편안 ❷ 유치원 ❸ 저하 ❹ 디지털 기기

문해력
⑤

작문력
❶ 우리 형은 지금 공부에 집중해야 할 중요한 **시기**이다.
❷ 나는 추운 날씨에 **적응**하기가 힘들었다.

7장 : 스포츠

061 50홈런-50도루 오타니 쇼헤이, 새 역사를 쓰다!

문해력
❶ ○ ❷ × ❸ ○ ❹ ○ ❺ ×

작문력
50홈런-50도루를 할 수 있게 된 특별한 비법이 있나요?

062 파리 올림픽에서 보여준 멋진 스포츠맨십

어휘력
❶ ㉢ ❷ ㉡ ❸ ㉠ ❹ ㉤ ❺ ㉣

정답 및 모범 답안 241

문해력
❶ 마루운동 ❷ 축하 ❸ 예의를 지키는 것

작문력
❶ 그 차는 고속도로에서 앞차를 안전하게 **추월**했다.
❷ **분단**된 나라가 하나로 합쳐질 수 있으면 좋겠다.

작문력
❶ 호날두의 몸값이 높은 이유는 뛰어난 경기력과 꾸준한 성과 때문이다.
❷ 호날두가 축구 외의 분야에서도 영향력이 큰 이유는 광고 계약과 브랜드 협업을 통해 상업적 가치를 증명했고, SNS 팔로워 수억 명을 보유할 정도로 대중에게 큰 영향력을 끼치고 있기 때문이다.

063 월드컵 92년 역사상 최초의 여성 심판 출현

어휘력
❶ 신뢰 ❷ 구애 ❸ 금녀 ❹ 주심 ❺ 역량

문해력
❶ 주심 ❷ 남성 ❸ 신뢰 ❹ 공정한 ❺ 참여

066 2시간 10분의 벽을 깬 여자 마라톤 신기록

어휘력
❶ ㉹ ❷ ㉡ ❸ ㉢ ❹ ㉤ ❺ ㉠

문해력
❶ × ❷ ○ ❸ ○ ❹ × ❺ ×

064 2024 한국시리즈, KIA 타이거즈의 V12!

문해력
한국시리즈, 우승, 야구

작문력
찬성 : 어떤 경기든 선수들의 팀워크나 실력이 기본적으로 중요한데, 그 팀워크나 실력을 키우는 임무가 감독에게 달려 있기 때문이다. 일반적으로 성적이 나쁜 팀에서 감독이 자주 교체되는 사례가 이러한 사실을 뒷받침해 준다.
반대 : 어떤 대회든 우승을 하기 위해서는 감독의 뛰어난 전략뿐만 아니라 안정적인 팀워크와 선수들의 강인한 정신력 등이 함께 조화를 이뤄야 하기 때문이다.

067 스포츠도 친환경! 환경을 지키는 그린 스포츠

문해력
❶ 오라클 파크 ❷ 수십 톤 ❸ 자원 절약

작문력
찬성 : 어차피 경기장마다 경기장을 깨끗하게 관리하는 직원들과 청소부 아저씨나 아줌마들이 있기 때문이다. 그리고 경기에 열중하고 응원하다 보면 환경 보호까지 신경 쓸 여유가 없다.
반대 : 스포츠 경기에는 많은 사람들이 모이게 되므로 자연스럽게 쓰레기도 쌓일 수밖에 없기 때문이다. 따라서 스포츠 경기를 관람하거나 관람하고 난 후에는 특히 주위를 깨끗하게 정리하려는 마음가짐이 중요하다.

065 호날두, 가장 몸값이 비싼 축구 선수?

어휘력
❶ 몸값 ❷ 기량 ❸ 수익 ❹ 광고

문해력
②

068 한국 탁구 선수단, 2개의 동메달을 목에 걸다!

문해력
탁구, 혼합 복식, 2관왕

작문력
탁구 선수들은 하루에 몇 시간씩 탁구 연습을 하나요?

069 두 팔 없이 센강을 수영한 김황태 선수

어휘력
❶ 종목 ❷ 완주 ❸ 사연 ❹ 센강 ❺ 유형

문해력
❶ 팔 ❷ 사이클 ❸ 허리 ❹ 끈기 ❺ 패럴림픽

작문력
❶ 김황태 선수는 트라이애슬론 경기에서 끈기와 열정을 갖고 끝까지 포기하지 않았기 때문에 완주할 수 있었다.
❷ 패럴림픽은 신체적 장애 및 시·감각적 장애가 있는 운동선수들이 참여하는 국제 스포츠 대회이다.

070 월드클래스 선수 18명에 꼽힌 손흥민 선수

어휘력
❶ 명단 ❷ 이적 ❸ 리더십 ❹ 유기적

문해력
④

작문력
❶ 인터넷은 요즘 사람들이 많이 사용하는 **매체** 중 하나이다.
❷ 나는 축구 경기에서 팀의 주장으로서 강한 **리더십**을 발휘했다.

8장 : 과학

071 경남 하동군을 스스로 달리는 자율주행버스

문해력
❶ ○ ❷ × ❸ ○ ❹ × ❺ ×

작문력
자율주행버스에 어떤 기능이 추가되면 좋겠나요?

072 배고픔을 느낄수록 노화가 늦어진다고?

어휘력
❶ ㉢ ❷ ㉠ ❸ ㉣ ❹ ㉤ ❺ ㉡

문해력
❶ 늦추는 ❷ 특정 유전자 ❸ 세포 손상

작문력
❶ 운동 후에는 에너지를 채우기 위해 음식을 **섭취**해야 한다.
❷ 그 사람은 **유전자** 검사를 통해 그의 아들을 찾았다.

073 2024년 노벨상을 휩쓴 인공지능 과학자들

어휘력
❶ 수여 ❷ 기여 ❸ 근간 ❹ 토대 ❺ 수상자

문해력
❶ 인공지능 ❷ 백프롭 ❸ 패턴 ❹ 순수 과학 ❺ 머신러닝

074 전 세계는 지금 비만 치료제 돌풍!

문해력
비만, 치료제, 처방

작문력
찬성: 비만 치료제가 체중을 줄이는 데 도움이 되어 고혈압, 당뇨병 같은 질병을 예방할 수 있기 때문이다. 또한, 스스로 식단 조절이나 운동이 어려운 사람들에게는 치료제가 효과적인 대안이 될 수 있다.
반대: 비만 치료제는 부작용이 있을 수 있어서 반드시 의사의 처방과 관리가 필요하기 때문이다. 자주, 많이 사용하면 건강에 더 큰 문제가 생길 수도 있다.

075 2025년 3월, 토성의 고리가 사라졌다!

어휘력
❶ 정렬 ❷ 얼음 ❸ 중력 ❹ 행성

문해력
⑤

작문력
❶ 토성의 고리는 수많은 작은 얼음과 먼지 입자들로 이루어져 있다.
❷ 시간이 지날수록 토성의 고리가 서서히 다시 보일 거라고 했다.

076 원숭이들끼리 서로의 이름을 부르며 대화한다고?

어휘력
❶ ㉢ ❷ ㉣ ❸ ㉡ ❹ ㉣ ❺ ㉠

문해력
❶ × ❷ × ❸ ○ ❹ ○ ❺ ○

077 목성으로 떠난 '유로파 클리퍼' 탐사선

문해력
❶ 29억km ❷ 바다가 ❸ 열로

작문력
찬성: 유로파 클리퍼가 얼음으로 뒤덮인 유로파의 바다를 탐사함으로써 생명체의 존재 가능성을 연구하고, 우주 과학과 기술 발전에 중요한 데이터를 제공할 것이기 때문이다.
반대: 유로파 클리퍼 같은 우주 탐사에 너무 많은 돈과 시간이 들어가기 때문이다. 그 자원을 지구의 환경 문제나 빈곤 문제를 해결하는 데 쓰는 것이 더 나을 수도 있다.

078 매년 5월 20일은 세계 꿀벌의 날

문해력
꿀벌, 유엔, 꽃가루

작문력
꿀벌들은 꽃가루를 무엇으로, 어떻게 옮기나요?

079 화성에 오아시스가 있다고?

어휘력
❶ 탐지 ❷ 생성 ❸ 거주 ❹ 오아시스 ❺ 협곡

문해력
❶ 수소 신호 ❷ 얼음 ❸ 산소 ❹ 생명체 ❺ 농작물

작문력
❶ 이전에 화성에서 발견된 물은 극지방의 얼음 형태로 발견되었지만, 이번에는 적도 근처에서 수소 신호로 물이 발견되어 활용 가치가 더 높다.
❷ 물은 생명체에게 필수적인 자원이자, 산소와 연료를 만드는 데 활용될 수 있으며, 앞으로 인간이 화성에 거주할 가능성을 높이는 중요한 의미를 지니고 있다.

080 세계에서 가장 빠른 중국의 자기 부상 열차

어휘력
❶ 온실가스 ❷ 마찰 ❸ 자기력 ❹ 절약

문해력
③

작문력
❶ 자동차가 **시속** 100km로 달리자 그는 갑자기 머리가 어지러웠다.
❷ 우리는 용돈을 **절약**하기 위해서 꼭 필요한 물건만 사야 한다.

9장 : 교육

081 수능 'N수생' 21년 만에 최다!

문해력
❶ × ❷ ○ ❸ × ❹ ○ ❺ ×

작문력
여러 번 수능 시험을 준비하면서 가장 힘들었던 점은 무엇인가요?

082 3만 이공계 인재 유출, 두뇌 유출!

어휘력
❶ ⓔ ❷ ⓛ ❸ ⓔ ❹ ⓒ ❺ ⓒ

문해력
❶ 이공계 ❷ 더 나은 연구 기회 ❸ 기업과 협력하려는

작문력
❶ 우리 동네에 새로 생긴 병원에서는 **첨단** 기계로 사람들을 치료한다.
❷ 그 회사는 창의적인 **인재**들을 찾고 있다.

083 '수포자'에 이어 '국포자'도 증가

어휘력
❶ 치우쳐 ❷ 기초 학력 ❸ 토론 ❹ 과도한 ❺ 미달

문해력
❶ 국포자 ❷ 기초 학력 ❸ 독서량 ❹ 문법 ❺ 세상

084 2022 개정 교육과정, 새로운 교과서를 만나다!

문해력
개정 교육과정, 교과서, 해결력

작문력
찬성 : 2022 개정 교육과정은 스스로 계획하고 공부해야 하는 활동이 많아져서, 자기 주도 학습이 익숙하지 않은 학생들에게는 오히려 혼란을 줄 수 있기 때문이다.
반대 : 2022 개정 교육과정은 학생들이 미래에 필요한 창의적 문제 해결력과 자기 주도적 학습 능력을 키울 수 있도록 설계되었기 때문이다.

085 아홉 번째 세계시민교육 국제회의가 열리다!

어휘력
❶ 국제회의 ❷ 국경 ❸ 다양성 ❹ 캠페인

문해력
⑤

작문력
❶ 세계시민교육 국제회의가 열리는 이유는 환경 문제, 인권 갈등, 빈곤 문제 같은 전 세계적 이슈를 해결하기 위해 국경을 넘어서는 협력과 이해가 필요하기 때문이다.
❷ 세계시민교육은 학생들에게 다양성을 이해하고 서로 존중하며 공동의 문제를 해결하는 방법을 가르친다. 또 환경 보호 운동에 참여하거나 인권 보호 캠페인을 조직할 수 있는 넓은 시각과 능력을 키워 준다.

086 여수에서 열린 글로컬 미래 교육 박람회

어휘력
❶ ㉡ ❷ ㉠ ❸ ㉢ ❹ ㉤ ❺ ㉣

문해력
❶ ✕ ❷ ◯ ❸ ◯ ❹ ✕ ❺ ◯

087 25년부터 시작되는 고교학점제 이야기

문해력
❶ 학점을 모아 ❷ 진로와 적성 ❸ 불공평하다

작문력
찬성 : 고교학점제가 학생들이 각자 흥미를 느끼는 과목을 선택해 집중적으로 학습할 수 있는 기회를 제공하기 때문이다.
반대 : 모든 학교에서 다양한 과목을 충분히 개설하지 못하여 학생들이 원하는 과목을 선택하지 못할 수도 있기 때문이다. 또한, 자기 주도적으로 과목을 선택하고 계획하는 게 어려운 학생에게는 부담이 될 수 있다.

088 AI 코스웨어, 어떤 점이 좋을까?

문해력
코스웨어, 수준, 맞춤형

작문력
앞으로 AI 코스웨어에 어떤 재미있는 기능이 추가될 예정인가요?

089 "함께 공부할까요?" 공부 브이로그 인기!

어휘력
❶ 동기부여 ❷ 알고리즘 ❸ 설문 조사 ❹ 노출 ❺ 일과

문해력
❶ 브이로그 ❷ 공감 ❸ 비결 ❹ 학습 동기 ❺ 집중력

작문력
❶ 공부 브이로그는 혼자 공부하기 어려운 학생들에게 함께 공부하는 느낌을 주고, 다양한 공부 팁과 비결을 통해 학습 동기를 높여줄 수 있다.
❷ 공부 브이로그의 영상을 찍거나 시청하는 과정에서 오히려 집중력이 흐트러져 공부에 방해가 될 수 있다는 점을 반대 의견으로 꼽고 있다.

090 수학계에서 가장 명예로운 상을 받은 한국인은?

어휘력
❶ 위상 ❷ 실용적 ❸ 토대 ❹ 필즈상

문해력
④

작문력
❶ 이 상자는 책을 정리할 때 **쓸모**가 많다.
❷ 우리 선생님은 **학문**에 대한 열정이 높으시다.

10장 : 예술

091 〈츄파춥스〉와 초현실주의 화가 살바도르 달리

문해력
❶ ○ ❷ ○ ❸ ○ ❹ × ❺ ×

작문력
만약 살바도르 달리와 직접 대화할 기회가 생긴다면 어떤 질문을 하고 싶나요?

092 잠실 석촌호수에 나타난 16m짜리 랍스터

어휘력
❶ ㉢ ❷ ㉣ ❸ ㉡ ❹ ㉤ ❺ ㉠

문해력
❶ 공원이나 거리 ❷ 공공미술 ❸ 사진을 찍으며

작문력
❶ 나는 비행기 **모형**을 조립하는 데 하루가 꼬박 걸렸다.
❷ 사람들은 미술관에 **전시**된 조각품을 보며 감탄했다.

093 아동 문학계의 노벨상, 알마상을 받은 작가는?

어휘력
❶ 선정 ❷ 미니어처 ❸ 구성 ❹ 권위 ❺ 일러스트레이터

문해력
❶ 노벨상 ❷ 최초 ❸ 동화 ❹ 청소년 ❺ 미니어처

094 AI 로봇이 그린 예술 작품, 15억 원에 낙찰되다!

문해력
아이다, 경매, 카메라

작문력
찬성 : 예술 작품은 감정, 경험, 철학 같은 인간만의 깊은 생각에서 나오는 것이기 때문이다. 또, AI는 기존의 데이터를 바탕으로 작품을 만들기 때문에 완전히 새로운 것을 창조하기는 어렵다.
반대 : AI 로봇은 방대한 데이터를 학습하여 인간이 상상하지 못한 새로운 작품을 만들어 낼 수 있기 때문이다. 또한 AI 로봇은 인간과 협력하여 창의적인 결과물을 만들어 낼 수도 있다.

095 반 고흐가 직접 그린 그림이 한국에 오다!

어휘력
❶ 자화상 ❷ 주목 ❸ 색감 ❹ 생동감

문해력
③

작문력
❶ 반 고흐의 대표작에는 〈별이 빛나는 밤에〉, 〈해바라기〉, 〈의사 가셰의 초상〉 등이 있다.
❷ 관람객들은 그림 속에서 반 고흐의 감정을 느낄 수 있어 감동적이었으며, 실제 작품이 사진보다 훨씬 생동감이 넘쳤다고 말했다.

096 아시아 최대 영화제, 부산국제영화제 이야기

어휘력
❶ ㉣ ❷ ㉠ ❸ ㉢ ❹ ㉡ ❺ ㉤

문해력
❶ ○ ❷ × ❸ ○ ❹ ○ ❺ ○

097 가상현실(VR)로 체험하는 신기한 미술관

문해력
❶ 가상현실 ❷ 작품을 ❸ 유명한 작품을 감상하는

작문력
찬성 : VR 장비를 착용하면 작품을 직접 눈으로 보고 느끼는 감동이 줄어들 수 있기 때문이다. 또, 기술을 사용하는 것에 익숙하지 않

거나 어지러움을 느끼는 사람들에게는 오히려 감상에 방해가 될 수 있다.
반대 : VR 기술은 작품을 확대하거나, 실제로 볼 수 없는 과거의 모습까지 감상할 수 있게 해주기 때문이다. 또 작품의 배경이나 숨겨진 이야기를 더 생생하게 느낄 수 있는 경험을 제공하기도 한다.

작문력
❶ 꽃잎을 빨간색으로 **채색**하니 그림이 더 생동감 있게 보였다.
❷ 그 책은 작가가 평생 노력해 완성한 **걸작**으로 꼽힌다.

098 2026년 스페인의 사그라다 파밀리아가 완성된다!

문해력
사그라다 파밀리아, 안토니 가우디, 자연

작문력
사그라다 파밀리아 외에 보고 싶은 안토니 가우디의 다른 작품이나 명소가 있나요?

099 2년마다 열리는 세계의 비엔날레 이야기

어휘력
❶ 주제 ❷ 전통 ❸ 관객 ❹ 개최 ❺ 베니스

문해력
❶ 2년마다 ❷ 예술 ❸ 1995 ❹ 부산 ❺ 참여

작문력
❶ 비엔날레에서는 미술, 조각, 디자인, 설치 미술 등 다양한 예술 작품을 볼 수 있다.
❷ 광주 비엔날레에서는 전통 예술뿐만 아니라 현대적인 예술 작품도 많이 볼 수 있어서 많은 사람들이 찾아온다.

100 한국의 모나리자, 신윤복의 〈미인도〉

어휘력
❶ 화가 ❷ 미소 ❸ 채색 ❹ 관찰력

문해력
⑤